welt

Umfeld

gsc

Dú

ERWACHT

Kerstin Scherer
Erwacht

Unter Mitarbeit von Daniel Bachmann
Lektorat: Susanne Klein, Hamburg
Umschlaggestaltung: 99designs, Katarina Prenda
Autorenfoto: © Scherer GmbH & Co. KG
Fotografien im Farbteil: © privat
Innenteil, Layout/Satz: KleiDesign, Bielefeld
Druck & Verarbeitung: Westermann Druck Zwickau

info@kamphausen.media | www.kamphausen.media

ISBN Printausgabe: 978-3-95883-623-5
ISBN E-Book: 978-3-95883-624-2

1. Auflage 2023

Bibliografische Information der Deutschen Nationalbibliothek

Die Deutsche Nationalbibliothek verzeichnet diese Publikation in der Deutschen Nationalbibliografie; detaillierte bibliografische Daten sind im Internet über **http://dnb.de** abrufbar.

Kerstin Scherer

ERWACHT

Von der unbedingten Erreichbarkeit des Glücks

Dieses Buch widme ich in tiefer Dankbarkeit:

Meinen Kindern Ben und Maya, die mir eine immerwährende Inspiration für Leben und Liebe sind.

Meinen Eltern, die auf natürliche Weise stets ihr Bestes gegeben haben, um mir ein großartiges Leben zu ermöglichen, und die zu tiefer Liebe zu ihren Kindern und Enkelkindern in der Lage sind.

Meinem Mann Hermann Scherer für seine Partnerschaft und seinen unermüdlichen Willen, jederzeit Dinge voranzubringen.

Meinem Bruder Marco, der mich am längsten kennt und meinen Weg immer unterstützt hat, auch, als sich viele von mir distanzierten.

Daniel Bachmann für die Kraft seines Geistes – was für eine Zusammenarbeit!

Annika Huck-Kamphausen und dem Kamphausen Verlag, die diesem Buch ein gutes Zuhause ermöglicht haben.

Meiner Patentante Rosemarie, die mich gelehrt hat, immer gut für andere zu sorgen, auch wenn die Sonne mal nicht für einen Menschen scheint.

Meinen Freund*innen Hans-Joachim, Michael D., Juliane, Ute, Michael M., Kristina, Uschi, Helmut, Burkhard, Ursula, Chris, Boris, Kerstin, Harald, Pasja, Holger, Simone, Silvia, Martin, Peter, Kerstin, Elisabeth, Waldi, Cordula, Georg, Michaela, Robert, die in der Lage sind, Menschen so zu sehen, wie sie wirklich sind, und auch dafür, dass wir uns nach Jahrzehnten immer noch etwas zu erzählen haben.

Meinem gesamten unfassbar großartigen Kerstin-Scherer-Team! Die Besten dieser Erde!

Herzlich willkommen zu meinem Buch ERWACHT

Zur Einstimmung habe ich ein Geschenk für Sie.

Laden Sie sich gerne meine kostenlose Meditation herunter.

Viel Freude mit der Meditation und meinem Buch.

Link:

www.kerstinscherer.com/meditation

PROLOG

Es war einmal ... so beginnen Märchen und Mythen, über die wir so oft denken: Gute Geschichte, auch gut ausgedacht, aber eben doch Märchen und damit nicht wahr. Was aber taten die Gebrüder Grimm? Sie erfanden nichts, sie sammelten nur. Sie zogen von Ort zu Ort, um alte Volkssagen aufzuschreiben, die ansonsten unweigerlich verloren gegangen wären. Im Hunsrück, wo ich aufgewachsen bin, wurden sie ebenfalls fündig, was weder Zufall noch Wunder ist. Doch was sind Volkssagen? Nichts anderes als die tiefen Wahrheiten des Lebens, vom Volk in Geschichten verwandelt, damit wir sie erzählen und weitergeben können. Denn wir Menschen können uns Geschichten merken, haben aber mit schnöden Fakten so unsere Schwierigkeiten. Das bemerken wir meist zuerst in der Schule, wovon ich selbst ein Liedchen singen kann.

Und siehe da, auf einmal sind diese Märchen nicht mehr bloß Märchen, sondern der Kern dessen, was uns Menschen im Laufe des Lebens widerfährt. Daher beginnen gute Geschichten damals wie heute mit „Es war einmal“. Auch meine Geschichte beginnt so: „Es war einmal ein kleines Mädchen ...“ Manches darin mag wie ein Märchen anmuten. Gut so. Denn es ist der Kern dessen, was mir im Laufe meines Lebens widerfahren ist. Gäbe es die Gebrüder Grimm noch, hätten sie dieser Geschichte gelauscht, um sie aufzuschreiben, damit sie nicht verloren geht.

DAS LEBEN KÖNNTE EIN TRAUM SEIN

Der beste Lehrer für Freiheit, Tod und Leben ist die Natur.

Niemand denkt zeitgleich über die eigene Kindheit, den persönlichen Erfolg sowie das Ende des eigenen Lebens nach. Oder denkt daran, dass sich zwischen der gegebenen alltäglichen Normalität und glücklichen Sternstunden mehr befinden kann als harte Arbeit oder pure Langeweile und dass das Leben gepflastert ist mit schwierigen Erlebnissen in unpassenden Augenblicken oder kleinen bis großen unerwarteten Wundern. Oft werden unangenehme Tatsachen oder Umstände geheim gehalten, und es ergeben sich Vorstellungen, als sei die Welt bei allen anderen großartig, nur nicht bei einem selbst. Kaum jemand denkt darüber nach, dass der Schlüssel darin liegen kann, das sogenannte Vergessen aufzugeben und bewusst im Hier und Jetzt zu leben. Häufig verdrängen Menschen den Wunsch nach einem erfüllten Leben, gerade so, als bestünde die Möglichkeit, immer neue Leben zu leben. Doch was wäre, wenn die geheimsten Wünsche der frühen Kinderjahre im Laufe des Lebens Erfüllung fänden und beim letzten Atemzug Friede herrschte?

Mein Leben hat mich immer wieder liebevoll oder brachial daran erinnert, einen erfüllten Weg zu gehen. Bevor wir tiefer in die unbedingte Erreichbarkeit des Glücks einsteigen, möchte ich Sie gerne auf die Reise eines schlichten Lebens mitnehmen, das eine gesunde Lebendigkeit gefunden hat:

Als mich mein Mann an diesem Donnerstagabend anrief, saß ich mit meinem Jungen auf dem Schoß im Schlafanzug auf dem Sofa und freute mich auf den ruhigen Abschluss eines anstrengenden Tages. Er wollte wissen, wann ich zur großen Eventhalle komme, der Technikcheck sei überfällig. Tatsächlich hatte ich meinen geplanten Vortrag vergessen und ehrlich gesagt auch verdrängt, denn immer, wenn ich im Programm meines Mannes auftrat, gab es Menschen, die mich dort nicht sehen wollten. Doch wie immer schaffte er es auch dieses Mal auf seine charmante Art, mich umzustimmen, zumal sich die Eventhalle gegenüber unserem Haus direkt auf der anderen Straßenseite befindet und zu unserem eigenen Unternehmen gehört. Dennoch hatte ich nur noch 16 Minuten Zeit für Make-up, Umziehen, Haarekämmen und raus auf die Bühne: „Sie freuen sich auf dich", rief mein Mann mir zu. Und ich antwortete aus Gewohnheit: „Ja, es werden wohl eine Handvoll Leute dabei sein, auf die das zutrifft."

Doch als ich an diesem Abend auf die Bühne kam, sprang das Publikum auf, rief meinen Namen und begrüßte mich mit Standing Ovations. Für einen Moment war ich so gerührt wie als kleines Mädchen, als ich die Rolle der Maria mit neun Jahren beim Krippenspiel gemeistert hatte und den Applaus im Dorf, in dem ich aufwuchs, als größtes Weihnachtsgeschenk erlebte. Schon als junges Mädchen suchte ich die Bühne, das Schauspiel, und redete gerne. Allerdings wurde ich damals rot vor Scham. Auch an diesem Abend rötete sich mein Gesicht, da zum ersten Mal der tiefe Wunsch in mir wahr wurde, mich ganz zu zeigen und mit dem Publikum eins zu werden. Und das wurden wir: Wir lachten, tanzten, weinte und fanden großartige Lösungen und Visionen. Dieser Abend war der innere Durchbruch in meinem beruflichen Leben auf der offenen Bühne. Denn bislang hatte ich vorwiegend hinter verschlossenen Türen oder vor ausgewähltem Publikum gearbeitet. Zu diesem Zeitpunkt wurde mir bewusst, dass ich schon mein ganzes Leben lang den tiefen Wunsch

> Wer errötet, erkennt dahinter seine versteckten Sehnsüchte.

in mir trug, gemeinsam mit anderen Menschen wahrhaften Erfolg zu haben.

Natürlich hatte ich an jenem Abend nicht die geringste Idee, was danach auf mich zukommen sollte an öffentlicher Zuwendung. Mir kam es jedoch vor, als erinnerte ich mich an ein früheres Leben.

Während ich mir die Frage stellte, ob Business und Spiritualität wirklich so einfach zu vereinbaren sind, wie ich es an diesem Abend erlebte, war ich schon mittendrin in meiner eigenen Geschichte und in der Zeit, als mein Leben begann. So als würde ich wie die Gebrüder Grimm einige Geschichten weitererzählen, die wie Märchen klingen.

Denn es war einmal ein Mädchen, das lebte am liebsten im Wald. Und ja, Sie ahnen es, dieses Mädchen bin ich. In dem kleinen Ort im Hunsrück, in dem ich aufwachse, ist der Wald ganz nah. Er ist Teil des Alltags der Menschen hier, aber für mich ist er viel mehr: Er ist mein Leben. Er ist meine Zuflucht. Er ist mein Unterschlupf. Wann immer ich nicht weiß, wo mir der Kopf steht – und das ist oft der Fall –, gehe ich in den Wald. Wann immer die Menschen mich schief von der Seite anschauen, weil ich in ihren Augen seltsam bin, flüchte ich mich in den Wald. Würde ich diesen Menschen erzählen, dass ich dort mit Tieren spreche und die Tiere mit mir, hielten sie mich für verrückt. Dieser Wald war für mich der sicherste Ort nach meinem Elternhaus. Obwohl der Hunsrück eine uralte Kulturgegend ist, voller Märchen und Mythen und damit voller Lebensgeschichten von Menschen vor unserer Zeit, scheinen die Menschen der heutigen Zeit das meiste davon vergessen zu haben. Sie denken nicht mehr daran, dass es schon immer Mädchen, Frauen, Jungen und Männer gab, die anders waren als die anderen. Sie haben es deshalb vergessen, weil man diesen Mädchen, Frauen, Jungen und Männern viel Böses angetan hat. Es gibt viele Orte, die ich in meinem Leben aufgesucht habe, an denen sich Beispiele dafür zeigen. Da, wo ich heute lebe, in Mastershausen, gibt es außerhalb des Ortes einen Hügel, der in diesen Zeiten, von denen ich gerade spreche, als Richtstätte diente. Auch wenn dort heute ein Türmchen steht, von dem aus man einen schönen Blick übers Land hat, meide ich den ehemaligen Galgen. Ich spüre das Leid, das dort geschehen ist; die Qual vieler Unschuldiger, denen man nach dem Leben trachtete. Damals genügte es, Mädchen wie mich des „bösen Blicks" zu bezichtigen … – doch warum rede ich von damals? Das ist mir in unserer scheinbar so modernen Zeit häufig passiert, wovon ich Ihnen erzählen werde.

Leider haben die Menschen auch etwas anderes vergessen: Diese Mädchen, diese Frauen, diese Jungen und diese Männer, die anders waren, leisteten der Gesellschaft wichtige Dienste. Ich will Ihnen ein weiteres Beispiel nennen aus einer Gegend, in der ich immer wieder gerne Urlaub mache: Zwar hat der Hunsrück so manche Ähnlichkeiten mit dem Allgäu, aber im südlichen Teil Bayerns liebe ich die hohen Berge, den weiten Blick auf ganze Gebirgsketten und tief eingeschnittene Täler mit diesen endlosen Wäldern, in die ich so richtig eintauchen kann. Oft besuche ich den Ort Ofterschwang im Allgäu. Hier sitze ich auch gerade, während ich dieses Buch schreibe, und schaue von meinem Chalet aus auf die Oberstdorfer Bergkette. Dieser Ort ist sehr bekannt für ein wunderschönes Hotel, die Sonnenalp. In diesem schönen Hotel verbringe ich häufig ein paar Ferientage, und oft erinnere ich mich an all die Geschichten, die über Heiler, vor allem über die sogenannten Sympathieheiler, hier erzählt wurden. Leider geraten die langsam in Vergessenheit. Es waren Frauen und Männer, die anders waren und die ihre ungewöhnlichen Fähigkeiten in den Dienst der Gesellschaft stellten. Die Menschen hier im Allgäu beschrieben es mir einmal mit diesen Worten: „Stell dir das Allgäu vor 200 Jahren vor. Damals gingen die Winter von Oktober bis April. Die Berge waren tief verschneit. Meist lag der Schnee über 1,50 Meter hoch. Überall dort oben lagen Bauernhöfe, die über ein halbes Jahr lang von der Außenwelt abgeschnitten waren. Wurde dort jemand krank, brauchte man einen Heilkundigen – und das waren die Sympathieheiler, Christbeter, Feuerlöscher, Warzenwegbeter, Kräuterheilkundler.“ Meist waren es Bauern und Bäuerinnen, die ein großes Wissen hatten über Heilkräuter, Gebet, Heilsteine, Weihrauch etc. Doch vor allem heilten sie durch Handauflegen, woraus das Wort „Sympathie“ entsprang, oder durch überlieferte Gebete, christliche Gebete, hellseherische Fähigkeiten, gepaart mit Visionen der Voraussagen und vielem mehr. Die über Generationen hinweg übertragenen Gebete wurden an die nächste Generation meist mit einer kleinen Initiation weitergegeben, damit nicht nur der Text, das Wort, sondern auch die Heilkraft übertragen wurde. Heute vereinfachen wir das in der Sprache gerne und nennen es eher „kraftvolle Empathie“ oder besser noch „kraftvolles, wissendes Mitgefühl“. Ihre Heilerfolge würden so manchem gestandenen Arzt den Mund vor Staunen offen stehen lassen, so viel ist sicher. Mit dem Aufkommen der Schulmedizin wurden diese Heiler ins Abseits gedrängt und immer wieder bekämpft. Sicher gab es auch hier Menschen, die eine Art Machtmissbrauch begangen haben, das steht außer Frage. Doch es gibt zahlreiche Erinnerungen vieler Menschen, die große Erfolge überlieferten.

Heute möchte ich einer dieser Menschen sein, die einige dieser Geschichten überliefern. Denn ich habe sie selbst erlebt – wie etwa die Sache mit den Warzen: Es war 2001, als ich unschöne Warzen an meinem rechten Daumen entdeckte. Was ich auch tat – und das war einiges, schließlich bin ich in vielen Therapiegebieten ausgebildet –, ich bekam sie nicht weg. Ich weiß nicht mehr, wer es war, doch jemand empfahl mir, zum Warzenwegbeter ins Oberallgäu zu gehen. Ich rief an und der Mann sagte, dass diese Behandlung nur bei einem speziellen Mond möglich sei und ich dazu drei- bis maximal fünfmal kommen müsse. Ich ließ mich darauf ein. Bei meinem ersten Termin war ich ein wenig überrascht, einem freundlichen Mann in seiner Küche am Tisch gegenüberzusitzen.

Offenbar hatte ich mir einen Warzenwegbeter anders vorgestellt. Ein Jesuskreuz hing an der Wand, und ich dachte, es wird wohl ein christliches Gebet werden. Tatsächlich sprach er solche Gebete, legte den Finger knapp über die Warze und meinte dann, ich bräuchte nicht mehr zu kommen. Ich war überrascht. Auch weiter sprach er kaum mehr ein Wort, und ich fühlte eine gewisse Enttäuschung. So fuhr ich mit meinen Warzen auf dem Daumen wieder nach Hause und dachte, dass ich mir den Weg wohl hätte sparen können. Doch 14 Tage später fielen die Warzen einfach ab und kamen nie mehr wieder.

Mein damaliger Hausarzt meinte, dass Warzen ohnehin irgendwann abfallen und das alles Zufall gewesen sei. Doch ich hörte damals schon auf, an Zufälle zu glauben. Stattdessen schickte ich meine Patient*innen, die mit Warzen in die Praxis kamen, zu dem Heiler. Und es hat immer funktioniert. Als der Warzenwegbeter zwei Jahrzehnte später starb, wurde mir sein Gebet gegeben: Trotzdem habe ich es nie geschafft, Warzen wegzubeten, weil es nicht nur am Gebet liegt, sondern an der weitergegebenen Kraft. Es benötigt eine sogenannte Initiation. Eine Initiation ist wie eine Art Einweihung. Es ist so, als würde sich bei dieser Übergabe einer Kraft, die man von einem Menschen erhält, der die Technik, das Wissen und Können beherrscht, etwas in einem erinnern. Darüber kommt der Erwerb der Fähigkeit, gepaart mit der einhergehenden Kraft. Nun bekam ich nur den Text, nicht aber die Übergabe durch den Lehrer. So erklärt es sich, dass Fähigkeiten in uns angelegt sind, aber dennoch erst erweckt werden müssen. Durch Erfahrungen, Erkenntnisse, Einsichten, aber eben auch durch gute Lehrer oder Leitfiguren.

Damals lebte ich selbst in dieser Region, wovon ich Ihnen noch näher erzählen werde. Eines Tages, als ich beim Mittagessen mit einer Freundin saß, hörte ich einen Schrei der Nachbarin, den ich nie vergessen werde. Auf dem Weg kam uns schon ihr Mann entgegen. Er habe bereits den Krankenwagen gerufen, aber wir sollten schnell zur *Feuerlöscherin* fahren und sie holen. Ich hatte nicht die geringste Ahnung, wen er meinte, meine Freundin zum Glück schon. Sie erklärte mir unterwegs, dass im Allgäu solche Frauen oder

Männer zum Reduzieren von Brandwunden herbeigerufen werden. Es seien Geistheiler, die noch am Ort des Unfalls die Schmerzen und Ausbreitungen von Brandwunden deutlich reduzierten. Denn die Nachbarin hatte sich einen Topf mit kochender Suppe über die Synthetikkleidung gekippt und sie litt fruchtbare Schmerzen. Ich staunte, dass der Notarzt die Feuerlöscherin gewähren ließ, bevor er in Aktion trat. Und es wirkte: Deutlich schmerzfreier wurde unsere Nachbarin in die Klinik gebracht. Später war von den Brandwunden kaum mehr etwas zu sehen.

Ich war beeindruckt, wie Geistheilung und Schulmedizin ohne Einwände miteinander umgingen. Übrigens wurde die Feuerlöscherin selten mit Geld, sondern eher mit Lebensmitteln für ihre Dienste bezahlt. Wir hätten diese und andere großartigen Taten völlig vergessen, hätten nicht einige Menschen darüber berichtet. Als Beispiel dient hier ein katholischer Pfarrer – und nicht irgendeiner, sondern der Stadtpfarrer von Freiburg, der damals wichtigsten Stadt im Südwesten. Seine Vorgesetzten waren, gelinde gesagt, darüber nicht gerade begeistert. Doch diesem Heinrich Hans Jakob war das egal. Er war ein Sturkopf, der erfolgreichste Volksschriftsteller seiner Zeit, dazu ein Revolutionär und ein Verfechter demokratischer Ideen. Gut vierzig Jahre lang, zwischen 1860 und 1900 tat er, was heute Reporter oder Dokumentarfilmer tun: Er drang in die verstecktesten Täler des Schwarzwalds vor und kletterte auf die höchsten Berge, um Menschen zu befragen und zu porträtieren. Er hat uns die Sympathieheiler als Zeitzeugen erhalten. In seinen Schriften können wir heute noch lesen, auf welche Weise Leute wie der „Hättichsbur vom Harmersbachtal“ oder Andreas Huber, ein wahrer Star seiner Zeit, gearbeitet haben. Nehmen sich Volkskundler diese Berichte vor, stellen sie überrascht fest, dass diese Sympathieheiler so heilten, wie wir es von Schaman*innen indigener Volksstämme auf der ganzen Welt kennen. Das heißt, auch bei uns wurden einmal Menschen auf dieselbe Weise gesund gemacht, wie es noch einige traditionelle Heiler*innen in Afrika, Asien und Südamerika tun.

Ich war sehr dankbar, als ich das erfahren habe, denn noch immer belächeln mich viele Menschen oder greifen mich gar verbal oder körperlich an. Das erinnert mich immer wieder an meine Kindertage. Eine meiner größten Ängste als kleines Mädchen war es, ausgeschlossen zu sein, nicht dazuzugehören, anders zu sein. Ab einem gewissen Alter wollen Kinder nicht einzigartig sein, sondern so wie ihre Freunde. Kein Wunder, hatte ich doch kaum Gleichgesinnte unter den Kindern meines Alters. Und kein Wunder, dass meine Eltern manchmal nicht mehr ein noch aus wussten mit mir. Auch wenn ich ein fröhliches, lebendiges und redegewandtes Kind gewesen bin und meine Eltern wahrlich liebend, kam ich nicht gut in der Welt zurecht. Ich habe Dinge vorhergesehen, die häufig wenig glücklich waren. Sehr früh hatte ich den Eindruck, eine Art Kinofilm bei vielen Menschen wahrzunehmen. So schaute ich bei Spaziergängen durch das Dorf auf die Häuser und nahm Dinge wahr, die mich erschreckten. Es waren meist schlimme Geschichten über Missbrauch, Gewalt oder Untreue. Die Menschen fragten meine Eltern: „Wie kann ein Kind sich so eine Unverschämtheit ausdenken und diese auch noch erzählen?“ Und was fängt ein Vater mit seiner Tochter an, die plötzlich innehält, in eine Ecke starrt und sagt: „Ein enger Vertrauter hat einen Herzinfarkt“, obgleich wir zu dem engen Vertrauten meines Vaters nur losen Kontakt pflegten? Keiner bei uns in der Familie hatte diese Gabe, oder sollte ich besser sagen, diese Last? Damals wusste ich noch nicht, dass es Heilerdynastien gibt, in denen die Gabe der Hellsichtigkeit sogar von einer Generation zur anderen weitergegeben wird, was aber nicht sehr häufig vorkommt.

Kein Wunder also, dass in meinem Zusammenhang das Wort „Hexe“ fiel und sehr viel seltener das Wort „Schamanin“. Viele Menschen haben heute bei „Schamane“ das Bild eines Verrückten vor Augen, der mit Hörnern auf dem Kopf das Kapitol stürmt, oder jemanden, der im Regenwald sitzt, um mit Drogen zur Bewusstseinserweiterung zu gelangen. Das ist eine völlig falsche Vorstellung: Schaman*innen sind Menschen, die Naturkräfte erspüren und in langen intensiven

Lehrjahren gelernt haben, mit ihnen zum Wohle der Gemeinschaft umzugehen.

Vieleicht staunen Sie, wenn ich Ihnen jetzt drei Namen von Schamanen nenne, weil Sie von ihnen anderweitig vernommen haben: Da ist der heilige Franziskus, ein relativ bekannter christlicher Heiliger, der sich allen Geschöpfen verbunden fühlte. Er sprach mit Tieren, Pflanzen, Steinen. Ein Kerl mit Ecken und Kanten und überraschenden Ansichten, mit denen er die Menschen in seinen Bann zog. Er lebte ums Jahr 1200, als in Italien ein gesellschaftlicher Umbruch stattfand. Franziskus hatte eine fröhliche Jugend, idealisierte die Würde des Rittertums, zog in den Krieg zwischen den Städten Assisi und Perugia. Dabei geriet er in Gefangenschaft und erkrankte schwer. Es wuchsen Zweifel in ihm, ob er dem wahren Sinn des Lebens folgte. So zog er sich zum Gebet zurück, um den Willen Gottes zu erfragen. Und er erhielt eine Antwort in der kleinen Kirche San Damiano. Dort vernahm er eine Stimme, die sagte: „Franziskus, geh und stell mein Haus wieder her, das – wie du siehst – ganz verfallen ist!" Weil er zunächst nicht wusste, was damit gemeint ist, nahm er den Auftrag einfach wörtlich und begann mit der Sanierung der halb zerfallenen Kirche. Sein Vater, ein reicher Tuchhändler, fand das gar nicht lustig und schleppte ihn zum Bischof. Und was tat Franziskus? Riss sich dort die Kleider vom Leib, um bis zu seinem Lebensende nur noch das Habit des Einsiedlers zu tragen. Damals hatten reiche Bürger geschmückte Ledergürtel, in denen sie ihr Geld aufbewahrten. Franziskus band sich einen Strick um den Leib, was besagte: „Ich brauche kein Geld mehr." Seine Lebensweise der Hinwendung zu allen Geschöpfen war derart vorbildlich, dass ihm viele Menschen folgten. Franziskus nannte jede Kreatur „Schwester" und „Bruder". In seinem „Sonnengesang" verband er das Wunder der Schöpfung mit dem Lob Gottes.

Ich liebe es heute selbst, beim Leiten des Wortgottesdienstes in unserer Kirche oder im Kloster Himmerod die Predigt mit den Worten

„Liebe Schwestern und Brüder im Herrn" zu beginnen. In dieser Anrede empfinde ich die Verbundenheit der Menschen untereinander mit dem Fokus auf den Glauben. In diesen Worten findet sich Gott direkt in der Gemeinschaft. Denn so wie Franziskus wandeln auch wir gemeinsam auf den Spuren Jesu. Wenn wir einen gedanklichen Schritt weitergehen, war Jesu ebenfalls ein Schamane. Damit möchte ich die Bedeutung Jesu keineswegs reduzieren. Für mich ist Jesus Vorbild, Wegweiser, Gott, Himmel, Erde, Heilung und Wissen zugleich. Er stand ganz und gar und unmittelbar mit der Schöpfung in Verbindung. Wahrscheinlich würden wir Jesus heute auch einen „Guru" nennen, was ebenfalls ein negativ besetzter Begriff ist. Nur eines ist sicher: Er und viele andere sind ein Tor zu Gott. Sie ermöglichen einen Blick auf die lichtvolle Seite des Seins, die wir im Trubel des Alltags zu vergessen scheinen.

In einem meiner letzten Seminare kam ein junger Mann zur Aufstellung, sehr erfolgreich im Aktien-Trading und in der Unternehmensberatung auf Führungsebene, dazu frisch geschieden. Im Grunde hegte er lediglich die Absicht, ein wenig zu sich zu finden, um verloren gegangene Kraft wiederzugewinnen.

Ich möchte nun nicht auf die Aufstellungsarbeit eingehen, sondern auf deren Inhalt und Ergebnis: Dieser junge Mann hat sein Leben lang alles richtig gemacht. Absolvierte eine grandiose Schullaufbahn, promovierte in jungen Jahren, lernte eine wunderschöne, intelligente Frau kennen, die er später heiratete. Doch er schaffte sich auch einen engen Rahmen der Ordnung in seinem Leben, um so erfolgreich zu sein. Die beiden bekamen zwei Kinder, die ebenfalls eine reibungslose Schullaufbahn absolvierten, und alles schien zu sein, wie erhofft. Doch wo waren die Lebendigkeit, die Lebensfreude, die frühere Verrücktheit, die sie miteinander geteilt hatten, geblieben? Seine Frau versuchte viel, um ihn in dieses lebendige Dasein mitzunehmen, doch er war starr, mutlos, fühlte sich wie lebendig begraben. Als

> Faulheit – Feigheit – Fixation die drei Fs der Unterbrechung des Glücks und des Erfolges.

seine Frau ihn verließ, starb in ihm alles. Er wirkte gebrochen, und nichts von dem jungen Mann von früher war mehr erkennbar. So auf sich selbst zurückgeworfen, bemerkte er seine eigene Feigheit, Faulheit und Fixation. Doch gelang es ihm noch immer nicht, lebendig zu werden. Denn manchmal ist es so, dass wir über Generationen hinweg die gleiche Thematik des immer gleichen Schicksals mit uns tragen. Zwar hatte sich in seinem Fall weder Vater noch Großvater scheiden lassen, dennoch rangen auch sie um gesellschaftliche Anerkennung und finanzielles Wachstum. Als ihm in der Aufstellungsarbeit bewusst wurde, dass er noch nie wirklich in die Augen seines Vaters geschaut hatte, liefen ihm die Tränen über die Wangen. Ihm wurde ermüdend bewusst, dass er zeit seines Lebens um die Anerkennung des Vaters rang. Er sehnte sich nach einem lobenden Wort, nach einem anerkennenden Blick, was er jedoch nie erhielt. Wenn Tränen kommen, sind wir unserer eigenen Wahrheit nahe. Er stellte sich der Frage, warum er in diese Familie hineingeboren wurde. Als zweites Kind wollte er, wie viele andere seiner Generation auch, die Familie retten. Ich erinnerte ihn an diesen Tag an Franziskus. Denn Franziskus hatte diesen Mut zu bemerken, wann der eigene Lebensweg falsch und Veränderung nötig ist, wenn es das Leben fordert. Genau das tat der junge Mann auch. Wir können Wunder auch rückwirkend erleben. Er hatte den tiefen Wunsch, seine Familie zu retten, aber auch viele andere Menschen. Er ist noch heute in der Beratung tätig, kann aber jetzt dabei die Menschen immer in Respekt und Würde sehen, und vor allem ist er in der Lage, Anerkennung anzunehmen und sich darin frei zu fühlen.

> **Wenn Tränen kommen, sind wir der eigenen Wahrheit nahe.**

> **Wunder können wir auch rückblickend erleben.**

Ich habe Ihnen noch einen weiteren Schamanen versprochen, den ich ganz bewusst ebenfalls aus der christlichen Glaubensrichtung wähle: Um das Jahr 360 wurde im ägyptischen Dorf Koma ein Kind geboren, das den Namen Antonius erhielt. Bestimmt hat schon die eine oder der andere ein Gebet an ihn gesendet, wenn es Probleme in der eigenen Familie gab. Seine Eltern starben, als er 17 Jahre alt war, mit der Folge, dass Antonius sich in sich zurückzog. Seine Freunde fanden das seltsam, und als er dann auch noch mit Askese anfing und sein Hab und Gut verschenkte, hatten sie gar kein Verständnis mehr. Das kann man alles bei seinem Biografen Athanasius nachlesen. Ja, Antonius hatte einen Biografen, weil er später sehr berühmt wurde: als Schamane und Hellsichtiger, der in der Wüste lebte und dem abertausende junge Männer dorthin folgten. Am Ende waren es so viele, dass um die Einsiedelei eine Wüstenstadt entstand. Das lag auch an seinem Ruf als Heiler, der ihn viel kostete, weil es anstrengend ist, so gefragt zu sein – und auch davon werde ich Ihnen noch erzählen. Antonius gestand: „Die Leute verlangten Dinge, die meine Kraft überstiegen." Seine Jünger nannten ihn „Abba", also „Vater". Eines Morgens im Jahr 313 war dieser Vater spurlos verschwunden; ganz so, wie es Schamanen immer wieder tun.

Während ich das schreibe, sitze ich noch immer im Allgäu in meinem Chalet und blicke auf die Berge mit ihren Menschen, über die ich so viele Wunder berichtet bekommen habe. Ist das alles Schnee von gestern oder gar von vorgestern, zumindest bei uns in der westlichen Welt? Anderswo hören wir von Menschen wie João Teixeira da Faria, bekannt unter dem Namen „João de Deus". Für viele Menschen ein wahrer Heiler. Oder Jun Labo von den Philippinen. Beide operierten mit bloßen Händen. Wer sich an sie gewandt hat, bekam Hilfe.

Mein Vater war selbst Betroffener und Zeuge, da er nach einer Prostatakrebsdiagnose absolute Heilung erlangte. Obgleich ich mich ein Leben lang mit den Phänomenen der Heilung und Wunder beschäftige, war ich dennoch überwältigt von diesem Erfolg.

Jun Labo, der Mann, der mit bloßen Händen operiert, stand täglich vor dem Jesus-Bild, um dann in Trance seine ungewöhnliche Arbeit zu vollziehen. Vielleicht ist er mir deshalb so vertraut, denn mir fiel Jahre später auf, dass wir das gleiche Bildnis und damit die gleiche

Energie nutzen. Wie so vielen besonderen Heilern gelang es ihm nicht, neben der Anwendung seines großen Talents ein langfristiges stabiles Familienleben aufzubauen. Er heiratete mehrere Male viel jüngere Frauen und gründete immer wieder eine neue Familie.

Als João de Deus zu seiner Zeit im kleinen brasilianischen Dorf Abadiânia als Geistheiler arbeitete, strömten abertausende Menschen dorthin, trotz der schwierigen mehrtägigen Anreise im Omnibus. Tag für Tag saß João de Deus dort auf einer Bühne auf einem Stuhl, umgeben von zig Heiligenbildern – Jesus, Maria, die zwölf Apostel. Sein Blick war meist leer, wenn er sich in Trance befand. In diesem Zustand nahm er geistige Operationen an den Patient*innen vor, aber auch sichtbare Operationen, die er meist filmen ließ. Oft filmten die Teams aus aller Welt auch die Räume, in denen die Patient*innen Hunderte Rollstühle und Krücken zurückgelassen hatten, die sie nach einer Behandlung nicht mehr brauchten. Im Haus „Casa de Dom Inácio" hingen Hunderte Urkunden, Orden, Auszeichnungen und Dankesbriefe aus aller Welt, darunter die Ehrenmedaille des peruanischen Präsidenten, da João seinen schwer erkrankten Sohn geheilt hat. Als ich ihm damals begegnete, war ich im ersten Moment zwar etwas irritiert, doch wie heißt es so schön: Wer heilt, hat recht. Doch das ist Vergangenheit: Vor einigen Jahren wurde der Geistheiler wegen sexueller Belästigung zu 19 Jahren Haft verurteilt. Unter seinen Anhängern kursiert die Meinung, damit habe ihn eine feindliche Ärzteschaft aus dem Weg geräumt, wie sie das schon oft getan habe. Ich allerdings kann sagen: Ich habe von João de Deus einiges gelernt – ich habe aber auch später einige seiner Opfer in meiner Praxis gehabt. Und ich war unfassbar enttäuscht darüber, wie sehr ein Mensch seine Spiritualität so missbrauchen kann, um andere zu manipulieren und ihnen einen solch großen Schaden zuzufügen. Auch Menschen, die keinen körperlichen Missbrauch bei ihm erlebt haben, beschrieben dennoch einen erheblichen emotionalen

> Wer heilt, hat recht, so heißt es immer wieder. Doch wo Gesundheit mit Härte und Macht erkämpft wird, ist so manche Heilung dahin.

Missbrauch. Es gibt leider viele Geschichten über Heiler, die dem spirituellen Missbrauch und dem körperlichen Missbrauch verfallen. Auch Gurus, die ich persönlich kannte, waren der ausgeprägten Sexualität sehr zugewandt und hatten meist junge und häufig wechselnde Partnerinnen und Partner. Da gab es immer wieder eine erschreckende Abhängigkeit zu beobachten, wie sie ähnlich vielleicht auch bei Osho, seiner Sekretärin und „rechten Hand“ Sheela und der Bhagwan-Gemeinschaft zutage trat. Ich gehörte eigentlich auch zu jenen Menschen, die das Dunkle um diese Personen gerne beiseitegeschoben hätten. Wie schön wäre doch eine Verwirklichung des Traums, den wir alle in uns tragen: in einer erfüllenden, gebenden, freien und liebenden Gemeinschaft zusammenzuleben. Im Grunde ist das doch der Anspruch auf der Suche nach einer neuen Gemeinschaft und Lebensweise – auch für mich. Die gesellschaftlichen Normen, begleitet von Schuld, Unterdrückung und konservativen Vorgaben, erzeugen manchmal Angst. Machen wir uns dann auf die Suche nach der Angstursache, stolpern wir automatisch über die Sehnsucht nach Liebe, Vertrauen, Freiheit, Entfaltung. So wird in Kommunen freie Liebe und natürliche Kommunikation, Achtsamkeit und das Ausleben der eigenen Fähigkeiten ganz groß geschrieben. Eine wundervolle Idee, wie ich finde, doch bislang erlebte ich auch dort zwar ein anderes Konstrukt, aber dennoch enge Vorgaben, gepaart mit Hierarchien. Erst als ich diese Hierarchien und Ordnungen als natürliche Gruppengegebenheit angenommen habe, empfand ich innere Freiheit, wie und wo auch immer ich lebte.

Tragen wir den Wunsch nach einer erfüllenden, gebenden, freien und liebenden Gemeinschaft des Zusammenlebens in uns?

Natürlich fällt in diesem Zusammenhang auf, dass es sehr viel weniger berühmte Heilerinnen gibt als berühmte Heiler. Doch hatten diese Frauen „die Macht“, handelten sie ähnlich wie die Männer, zumindest jene, auf die ich traf. Ich glaube, über den Missbrauch durch Frauen war ich noch fassungsloser, da ich damals noch so das

Bild der zarten, gebenden und beschützenden Frau im Sinn hatte, dass diese Geschichten unter meinem geistigen Radar liefen, bis ich sie bei anderen sah. Doch nur wer ohne Schuld ist, werfe den ersten Stein. Und deshalb überprüfe ich mich ständig, um nicht auch in diesen Sog zu geraten. Das innere Ego verleitet schnell dazu, ein wenig neben der Spur zu laufen. Doch selbst wenn wir nur ein wenig entgleisen, fahren wir in die falsche Richtung. Wichtig ist, im Kampf mit dem Ego nicht zu verhärten und dennoch klar zu sein. Davon bekam ich eine Ahnung, als ich auf Hiah Park traf, die koreanische Mudang-Schamanin, welche die Welt mit ihren ekstatischen Tänzen begeistert, doch eine harte, geradezu furchteinflößende Frau sein kann. Dies könnte ein anderer Autor auch über mich schreiben, denn ich werde oft gefragt, ob diese Härte vonnöten sei. Ob ich immer so klare, direkte Worte finden muss? Und ich kann nur antworten: Ja.

Das innere Ego verleitet schnell dazu, ein wenig neben der Spur zu laufen.

Weshalb das so ist, möchte ich erzählen: Ein junger Mann aus der Nähe meines Heimatortes besuchte meine Seminare, da er immer wieder dunkle Gedanken und Frustrationen hatte. Dabei war er ein unglaublich lieber Mensch. Ganz ehrlich, Sie kennen vielleicht auch so einen Menschen, der nie ein böses Wort über andere verliert und immer gute Gründe für das Fehlverhalten anderer findet. Nie habe ich von ihm jemals böse Nachrede oder Niedertracht erlebt. Ebenso kein Urteil. Er selbst erlebte dies wiederum schon. Als Landwirt war es für ihn nicht leicht, eine Frau zu finden, und er verliebte sich ausgerechnet in eine Frau, bei der er keine Chance hatte. Sie lebten eine Beziehung, sie heiratete aber einen anderen. In der Schule wurde er gehänselt, getreten und gemobbt. Im Elternhaus herrschten stets ein rauer Ton und eine harte Hand. Vielleicht wurde er gerade deshalb eine Persönlichkeit, die sich zurücknahm, für andere da war und wahre Freundschaft lebte. Er war mir ein weitaus besserer Freund als ich ihm später eine Freundin. Eines Morgens klingelte in einem Hotel mein Telefon, doch ich konnte nicht sprechen, weil ich meine sechs

Monate alte Tochter stillte. Wir waren häufig unterwegs, da mein Mann damals täglich in einer anderen Stadt einen Vortrag hielt. Das war anstrengend, doch mir war es wichtig, dass mein Mann und unser Kind sich häufiger sehen konnten. Ich hinterließ dem Anrufer eine kurze Nachricht, dass ich mich nach dem Frühstück melde. Dadurch kam meine Hellsicht leider zu spät. Ich saß mit meiner Kleinen am Frühstückstisch eines großen Restaurants. An meinem Nachbartisch saßen laut sprechende Personen, sodass jedes Wort zu verstehen war. Ich steckte mir gerade eine Cocktailtomate in den Mund, als ich das schreckliche Ereignis vor meinem inneren Auge sah. Meine Kleine weinte zeitgleich und die Menschen am Nebentisch lachten unmittelbar über meine Unfähigkeit, anständig zu essen, weil der Saft der Tomate über den Tisch spritzte. In mir entfachte das eine Vielzahl von Gefühlen, aber vor allen Dingen eines: Scham. Es war jedoch nicht meine Scham, sondern die des lieben Menschen, den ich so gut kannte. Ich versuchte, meinen Anrufer sofort zu erreichen, hatte nun aber seine schreiende Mutter am Telefon: Ich solle sofort kommen. Als ich nach vier Stunden Fahrt in der Klinik eintraf, lag er bereits hirntot auf der Intensivstation – genau so, wie ich ihn vor meinem geistigen Auge gesehen hatte. Solche Patienten sehen aus, als würden sie schlafen und gleich wieder aufwachen. Er lag alleine in einem Zimmer der Intensivstation und das Zucken seiner Hände erinnerte noch an ein ganz normales Leben in seinem Körper. Es gibt viele schwere Entscheidungen für die Angehörigen in solchen schicksalhaften Situationen, die fast unmöglich zu treffen sind. Ich klärte die Familie über alle fünf Stadien des Sterbens auf, und sie entschieden sich abschließend für eine Organtransplantation. Das ist ein großer Teil meines Lebens: Menschen durch harte Krisen zu begleiten.

Die 5 Phasen des Sterbens nach Kübler-Ross

Phase 1: Nicht-wahrhaben-Wollen
Phase 2: Wut
Phase 3: Verhandeln
Phase 4: Depression
Phase 5: Akzeptanz

Ich ging in jenen Tagen hart mit mir ins Gericht, denn wenige Wochen vorher hatten wir ein Telefonat geführt. Er hatte mich in diesem Telefonat temperamentvoll, ja fast schon euphorisch nach einem Klinikaufenthalt in der Psychiatrie gefragt, ob es nicht eine tolle Idee sei, jetzt mit über vierzig Jahren noch einmal zu studieren und was aus dem Leben zu machen. Er wolle ein Maschinenbaustudium absolvieren. Ich wollte sagen, dass ich es für keine gute Idee hielt. Er hatte schließlich eine großen Landwirtschaftsbetrieb mit viel Land und vielen Tieren. Ich konnte nicht sehen, wie er das schaffen sollte. Doch ich traute mich nicht, ihm die Freude zu nehmen oder ihm das Gefühl zu geben, dass er nicht intelligent genug sei. Das hat ihm später leider das Leben gezeigt. Er war mit dem berufsbegleitenden Studium neben seiner Selbstständigkeit sehr überfordert. Für mich bedeutet heute wahre Freundschaft, auch unangenehme Dinge auszusprechen und Schwellenwärterin zu sein. Diese Erfahrung führte dazu, dass ich immer ehrlicher wurde. Ich halte es für wichtig, einem Menschen, der mich um Hilfe bittet, keine Pflästerchen aufzukleben, sondern die Wunde heilen zu lassen. Doch solche Geschichten erleben wir vor allen Dingen dann, wenn es auch etwas mit uns selbst zu tun hat. Mit ihm sind meine Angst, Schuld, Scham und Sorge, anderen Menschen nicht zu gefallen, gestorben und erwacht ist das freie Bedürfnis, Menschen zu dienen und den ganz eigenen Weg des Lebens zu beschreiten. Es war so, dass sein Tod irgendwann meine Akzeptanz fand, aber gleichzeitig sollte sein Schicksal auch ein wenig Sinn ergeben. Wenn das Schicksal die Endgültigkeit vor unsere Tür legt, können wir daran zerbrechen oder für dieses Schicksal einen besseren Weg einschlagen. So als würde eine unsichtbare Macht einen Menschen vorauslaufen lassen, um aus den Themen anderer zu lernen und einen besseren Weg zu finden. In diesen und in anderen extremen Situationen wurde mir der Satz meines Lehrers bewusst: „Kerstin, es gibt immer eine Lösung, wenn du nur auf das Gute ausgerichtet bist." Denn an den Tränen des eigenen Bedauerns geht das Glück vorbei. Und wem nützt schon Selbstmitleid?

Es gibt immer eine Lösung, wenn du nur auf das Gute ausgerichtet bist.

Die ganze Welt ist beseelt

Wir Menschen sind es immer wert, der- oder diejenige zu sein, die wir sind. Es bedarf keiner exorbitanten Leistungen, um etwas Gutes aus dem Leben zu machen. Wir sind bereits ein einzigartiges Geschenk für diese Welt. Daher stellt sich für mich vielmehr die Frage, aus welchem Teil in uns die eigenen Entscheidungen getroffen werden. Für mich gibt es stets den Körper, die Seele, den Geist, die Psyche und das eigene Ego. Darauf werde ich noch intensiv eingehen.

> Wir Menschen sind es immer wert, der- oder diejenige zu sein, die wir sind.

Denken wir noch einmal zurück an den Machtmissbrauch verschiedener Heiler – doch auch Frauen sind nicht gegen die Versuchung des Machtmissbrauchs gefeit. Das erzählt uns J. R. R. Tolkien in seinem Roman „Der Herr der Ringe" sehr eindringlich: Die Elbin Galadriel zeigt dem Ringträger, was passieren würde, trüge sie den einen Ring, der über Gollum und Bilbo zu Frodo gekommen war: eine eisige Herrscherin, die beseelt davon, Gutes zu tun, ganz und gar ihr Mitgefühl verliert. Anders gesagt: Jeder Mensch hat die Wahl, den dunklen schwarzen Wolf in sich zu nähren oder aber den hellen weißen Wolf. Doch nur wenige gehen bewusst damit um, in der täglichen Praxis für die redliche Seite zu sorgen.

Es stimmt, dass die Schulmedizin es nicht gerne sieht, wenn ein Geistheiler ihre Regeln aushebelt. Das war immer so. Es überwiegen Geschichten über Schamaninnen, Hellsichtige und Geistheiler aus fernen Ländern und vergangen Zeiten, in denen die Akteur*innen oft der Schwindelei beschuldigt werden oder eines noch schlimmeren Verbrechens. Es scheint fast so, als dürfte es den Schamanismus in unserer modernen Gesellschaft nicht geben. Nun gibt es zwar sicher keinen eigenen Studiengang für Schamanismus und sind die Vorgänge häufig für das bloße Auge nicht sichtbar. Doch sollen wir deshalb nicht daran glauben, dass die ganze Welt beseelt ist? Sollen wir nicht daran glauben, dass es Sinn ergibt, mit Tieren und Pflanzen zu sprechen? Wir haben schließlich eine große Sehnsucht danach, nicht wahr? Bücher und Filme boomen, in denen die Realität nicht so mausgrau daherkommt, wie das bei uns im realen Leben oft der Fall ist. Da gibt es Zauberlehrlinge, mutige Hobbits, Thor mit dem Hammer und andere Superhelden aus dem Marvel-Universum – und junge Mädchen, die dank ihrer enormen Kräfte diktatorische Herrscher zu Fall bringen. Wie oft lernt unser Sohn Texte aus diesen Universen in Windeseile auswendig, wobei andererseits beispielsweise die Deutschregeln häufig wiederholt werden müssen, bis er sich diese merkt. In den Religionen verbindet sich diese Anderswelt noch mit der unsrigen Welt. Was ist davon zu halten, wenn Millionen Pilger*innen voller Hoffnung nach Lourdes reisen, nach Santiago de Compostela, nach Fátima, Mekka oder Varanasi?

Sollen wir nicht mehr daran glauben, dass die ganze Welt beseelt ist?

Wenn zwar die Austritte aus den beiden großen Kirchen in Deutschland wie ein reißender Strom sind, doch der weltweite Glaube nicht kleinzukriegen ist? Wenn ein Mann wie Toby Gad auf einmal vom „Baum der Weisheit" schreibt? Toby Gad? Ein deutscher Musikproduzent, der es in den USA bis an die Spitze geschafft hat und Madonna, Beyoncé und John Legend die Songs auf den Leib schreibt. Der bei „Deutschland sucht den Superstar" in der Jury saß und der in seiner gerade veröffentlichen Biografie vom „Wisdom Tree" im Griffith Park in Los Angeles erzählt. Über diesen Baum sagt man, dass er Wünsche erfüllen könne. Toby Gad hatte einen Wunsch, nämlich ein Haus im Grünen. Immer wieder erklomm er den Berg zum „Wisdom Tree". Dann erhielt er eines Morgens eine E-Mail: Es sei ein Haus zu verkaufen, das er auf diesem Weg bewundert hatte, ein Traumhaus, ganz in der Nähe des Baums. Plötzlich ging sein Wunsch in Erfüllung, und es war nicht die Traumfabrik von Hollywood, der er das Wunder zuschreibt, sondern dem „Wisdom Tree".

Aber ich möchte gar nicht so weit weg gehen. Als ich zwölf Jahre alt war, kam das Babysitting bei uns auf. Die Amerikaner waren auf dem Flughafen Hahn stationiert und brauchten immer Hilfe bei der Betreuung der Kinder oder leichten Hausarbeiten – und ich brauchte das Geld. Eine amerikanische Familie wohnte mit ihren beiden süßen Kindern direkt neben uns. Und ich liebte es dort zu sein. Alles roch ganz anders, die Süßigkeiten und die Limonade aus den USA schmeckte viel besser, der Weihnachtsbaum stand schon einen ganzen Monat vor Heiligabend, ein Wasserbett hatte ich bis dahin noch nie gesehen und Halloween war mir völlig neu – oh, das musste Amerika sein! Ich blätterte deren Kataloge durch, wenn die Kinder schliefen, und gegen unsere schnöden Eiche-Rustikal-Möbel, dekoriert mit Häkeldeckchen, waren diese Möbel farbig und cool. Mir gefiel besonders eine mintfarbene Küche mit einer weißen Essgruppe. Diese Farbe habe ich später lange gar nicht mehr gesehen. Als ich mit meinem Mann zusammen später unser heutiges Anwesen besichtigte, kamen wir mit dem Makler in die Küche. Und da war sie! Meine Traumküche von damals – in Mint.

Es hatte viele Jahre gedauert, keine Frage. Doch ich äußerte meine Erfahrung, und die Frau, die uns damals das Haus verkaufte, antwortete lächelnd: „An so etwas glauben doch nur kleine Kinder." Ich meinte darauf entspannt: „Stimmt, denn irgendwann wird aus Glauben Wissen."

Und wie oft habe ich es erlebt, dass Menschen sich etwas Spezielles wünschen und diese Wünsche tatsächlich in Erfüllung gehen, nur eben nicht immer direkt, sondern dann, wenn sie bereit waren für dieses Wunder.

Man spricht auch vom „Wisdom Tree", vom Baum der Weisheit oder vom Baum der Erkenntnis oder der Entscheidungen. Ich kenne solche Bäume, manche von ihnen seit meiner Kindheit. Als ich auf der Flucht vor der Welt, die mich ablehnte, tiefer in die Wälder rund um mein Heimatdorf eindrang, gelangte ich zu ihnen. Aus dem Dorf führte eine Straße in den Wald, und es galt für mich, ungesehen am letzten Haus vorbeizukommen. Dort wohnte eine Frau, die es natürlich nur gut mit mir meinte, wobei oft nichts schlimmer ist als Menschen, die es gut mit einem meinen. Wann immer sie mich entdeckte, rief sie meine Mutter an und sagte, das Mädchen sei schon wieder in den Wald gelaufen. Das konnte an einem x-beliebigen Schultag sein, zu allen Tageszeiten. Formuliere ich es zu krass, wenn ich gestehe, dass die Schule für mich die Hölle war? Ich mochte nicht stillsitzen, ich träumte mich weg, ich wollte woanders sein. Hätte es mir geholfen, wenn ich damals schon von den zahlreichen Studien gewusst hätte, die nachweisen, dass ein beachtlicher Teil an erfolgreichen Menschen enorme Schulprobleme hatte? Damit meine ich nicht nur anerkannte Wissenschaftler wie Albert Einstein oder Justus Liebig oder Geistesgrößen wie die Literaturnobelpreisträger Thomas Mann oder Hermann Hesse: Viele Menschen, die ich heute berate, haderten mit dem Schulsystem, in das sie nicht hineinpassten. Ich passte auch nicht rein, da ich Lehrer brauchte, denen ich vertraute. Schon früh mochte ich liebevolle Menschen. Und so lief ich wieder in den Wald, vorbei an der Aufpasserin im letzten Haus, und am Ende des Schuljahrs wurde meine Mutter zum Klassenlehrer gerufen, der verkündete: „Ihr Kind war zwanzig Tage nicht anwesend, also krank." Er mochte mich überhaupt nicht. Und nein, ich war nicht krank, denn ich war im Wald, bei Schnee, Eis, Regen, Sturm und in der Sommerhitze. Dort saß ich stundenlang reglos auf einem Stein oder einem umgefallenen Baum, bis die Tiere Zutrauen fassten. Ich kommunizierte mit ihnen. Ich sprach mit den Pflanzen, mit den Steinen. Fragte mich meine Mutter, was ich dort machte, sagte ich nichts. Suchte ich Halt und Trost, setzte ich mich unter einen Baum.

Meine Mutter wusste sich oft nicht mehr zu helfen, weil ich in ihren Augen das Gegenteil von ihr verkörperte. In den konservativen Fünfzigerjahren wurde sie Hausmädchen und lernte ihr Metier mit aller Strenge und Disziplin. Sie hatte eine sehr harte Chefin, von der sie behauptete, dass sie sie manchmal sogar gehasst, aber wohl auch überaus viel von ihr gelernt habe. Meine Mutter ist eine sehr intelligente

Frau, die im Laufe ihres Lebens vielfach unterschätzt wurde. Sie hätte gerne etwas anderes gelernt, doch damals kam man selten aus der eigenen Gesellschaftsschicht heraus. Dazu hatte sie einen Stiefbruder, der sie nicht sehr geschätzt hat. Aus seiner Sicht verständlich, wenn man nach dem Tod der eigenen Mutter eine Stiefmutter und ein quirliges Mädchen vor die Nase gesetzt bekommt, das auch noch Papas Liebling ist. Später kam dann eine Schwiegermutter in ihr Leben, die keinen Sinn für wahren Zusammenhalt und Familie besaß. Und das auch noch in einem fremden Dorf, in dem es einem schwergemacht wurde, einer Gemeinschaft anzugehören. Doch ich bin dem Lebenslauf meiner Mutter heute sehr dankbar, denn dieser hat mich „parkettfähig" gemacht. Doch spießig fand ich diese Umgangsweisen der Fünfziger schon. „Über den Umgang mit Menschen" heißt das Hauptwerk des Schriftstellers Adolph Freiherr Knigge, das 1788 auf den Markt kam. Die darin beschriebenen „guten Umgangsformen" haben heute noch Konjunktur. Knigge-Bücher stehen regelmäßig auf den Bestsellerlisten – und daran ist nichts auszusetzen. In der Zeit aber, in der meine Mutter Hausmädchen wurde, achtete man sehr darauf, die guten Umgangsformen zu wahren. Oftmals nur zum Schein, den es aber unter allen Umständen zu bewahren galt. Die „feine Etikette" wurde mir von meiner Mutter eingetrichtert. Nur so wurde ich parkettsicher, und ich bin aber auch froh darüber, dass ich Fliesen legen kann und Zement anrühren und viele andere handfeste Dinge, die ich von meinem Vater lernte. Er war Kfz-Mechaniker und hat zeit seines Lebens Lkws repariert, aber auch sonst alles, was instand gesetzt werden musste. Sein Grundsatz ist, keine Angst vor einer Herausforderung zu haben, was ich eins zu eins übernommen habe. Wenn ich einen Glaubenssatz im Hinterkopf behalten habe, dann diesen: „Habe nie Angst vor Arbeit. Packe sie einfach so gut an, wie du kannst." Dennoch war er nie so streng wie meine Mutter. Beide vereinte, dass sie nicht nur hart arbeiteten, sondern härter. Wenn für manche Menschen Arbeit das halbe Leben ist, war es für meine Eltern das ganze. Mit jedem Jahr, das ich älter wurde, konnte ich ihr Dasein besser respektieren und anerkennen. Meine Entscheidung, eine erfolgreiche Geschäftsfrau zu werden, lässt sich davon ableiten. Der Weg dorthin war steinig und gefahrvoll, wovon ich Ihnen noch erzählen werde, doch kann ich heute mit Fug und Recht behaupten: Ich habe nie vergessen, woher ich komme. Ich bin mir niemals zu schade, Dinge selbst in die Hand zu nehmen. Ich weiß, dass der Ausspruch „Von nichts kommt nichts" wahr und Disziplin die Voraussetzung ist, um Großes zu erschaffen. Mit einem Lächeln im Gesicht kann ich an dieser Stelle festhalten: Im Grunde war ich selbst als Mädchen im Wald sehr diszipliniert. Das muss man schließlich erst einmal schaffen, immer wieder dorthin zu gelangen, wo man gar nicht sein darf.

Doch in der Schule hatte ich wenige Erfolgserlebnisse. Selten hatte ich eine Antwort auf die Fragen des Lehrers und dafür aber von Tag zu Tag mehr Angst vor der Schule, fast schon Panik. So manche Nacht konnte ich schon in diesem Alter nicht schlafen. Ich erinnere mich daran, dass ich auf die Nennung meines Namens – Kerstin – mit Zittern reagierte, und selbst wenn der Lehrer nur „Kerze" sagte, schreckte ich bei den ersten drei Buchstaben aus meinem Tagtraum auf und zitterte innerlich wie Espenlaub. Ich hatte das Gefühl, zu nichts zu taugen und dumm zu sein wie Brot. Hässlich noch dazu. Auch im Sportunterricht saß ich immer und immer auf der Ersatzbank. Wenn die Schüler*innen die Namen für die Gruppen aussuchten, hatte ich keine Chance, und wenn der Lehrer mich irgendwann ganz zum Schluss noch dazu packte, da die Gruppe sonst ungleich gewesen wäre, versagte ich im Spiel.

Ich fühlte mich als Loserin und saß zu 80 Prozent am Rand auf der Bank. Wer so etwas erlebt hat, kennt aber auch die menschlichen Engel im Feld. Es gab ein Mädchen in meiner Klasse, intelligent, sportlich, freundlich, die mich trotzdem so manches Mal als Erste aufgerufen hat. Sie können mir glauben, es gibt Menschen, die vergisst man nie. Zum Beispiel war ich unfassbar schlecht im Fach Textiles Gestalten, viel besser war ich in Werken. Ich konnte überhaupt nicht stricken, und einmal lautete die Aufgabe, eine Schlange zu stricken. Es wurde bei mir immer nur ein Knäuel Schaf, keine Schlange. Ein Mädchen lieh mir dann ihre Strickschlange und ich brachte sie zur Lehrerin und gab sie als die meine aus. Natürlich wusste diese Lehrerin, dass das nicht stimmte. Sie sagte kein Wort und gab mir eine gute Note. Am Tag danach ging ich wieder zu ihr und gestand unter Tränen, dass es nicht meine gewesen war. Ich hatte nachts nicht schlafen können und fühlte mich schrecklich. Sie sagte zu mir, dass sie häufig beobachtete, dass ich schlechte Noten bekäme für Dinge, die ich einfach nicht konnte, und man mir für anderes, was ich gut machte, aber gar keine Note gab. Die Note für die Schlange würde sie nun so lassen, wenn ich ihr verspräche, immer ehrlich mit meiner Leistung zu sein. Bis heute habe ich dieses Versprechen gehalten, und in meinen Angeboten wird es niemals Mondpreise, unlauteren Wettbewerb oder Ähnliches geben.

Und dann gab es noch die Mitschülerinnen in meiner Klasse, die mir neutral gegenüberstanden. Die mich sogar einmal zu ihrem Geburtstag einluden, was eben nicht oft der Fall war. Sie versuchten, mich auch ab und zu zum Sport zu animieren, denn sie waren selbst sehr fit. Ihnen gegenüber schämte ich mich und versagte auch in der Freundschaft. Zwar versuchte ich, immer alles gut zu machen, doch ich erzielte das Gegenteil. So wie sie waren nicht alle Kinder brutal und abwertend zu mir, doch manchmal erinnern wir uns nicht mehr an das Gute, da sich die Ereignisse schmerzlich in der Seele einbrennen und Jahrzehnte später erst heilen können.

> Niemand denkt zeitgleich über die eigene Kindheit, den persönlichen Erfolg, sowie das Ende des eigenen Lebens nach.

Vielleicht erinnern Sie sich an den ersten Satz des Buches: „Niemand denkt zeitgleich über die eigene Kindheit, den persönlichen Erfolg sowie das Ende des eigenen Lebens nach.“ Das Leben zeigt uns häufig ähnliche Herausforderungen. Diese beginnen oft in der Kindheit und können im Erwachsenenleben verändert werden. Wir werden manchmal sogar sehr hart herausgefordert. Dann können wir uns klein machen oder über uns selbst hinauswachsen – hinein in ein besseres, glücklicheres Leben.

Ich erinnere mich an einen lauen Sommerabend, der außergewöhnlich schön war. Wir hatten den ganzen Tag Hüpfkästchen und Gummispringen gespielt und waren im ganzen Dorf herumgeturnt. An diesem Abend gab es mein Leibgericht – Nudelauflauf von Mama. Wie immer aß ich für zehn. Nach dem Duschen zog ich ein frisches Nachthemd an und schlüpfte in ein frisch bezogenes Bett. Kennen Sie noch diesen Geruch von frisch gewaschener Wäsche, die in der Sonne getrocknet und nach dem Bügeln gleich aufgezogen wird? Das Fenster stand offen und durch die Lamellen der Rollladen schien die untergehende Sonne noch ins Zimmer und zeichnete Lichtlinien auf mein Federbett. Der Geruch, das geborgene Gefühl und die vertrauten Geräusche der Heimat erzeugten in mir ein paar Minuten des Glücks. Im Hunsrück gibt es dafür einen Begriff: „Geheischnis". Und immer wenn ich auf Glück angesprochen werde, erinnere ich mich im Hier und Jetzt an diesen Moment, frei von allen Sorgen und ganz in dem, was ist. Und so wechselte mein Leben zwischen Glück und Drama wie das vieler Menschen. Erst als ich das alles einmal für mich durchgearbeitet habe und loslassen konnte, erinnerte ich mich auch an viele tolle Menschen in der Schule und im Dorf, die ich noch heute sehr schätze. So gerne denke ich an das Spielen mit den Kindern auf den Feldern und in den Wäldern rund um das Dorf und an mein Kinderzimmer zurück. Und in besonders schwierigen Momenten erschaffe ich mir und meiner Familie vor allen Dingen eines: „Geheischnis".

Ich halte gerade im Schreiben für einige Minuten inne, denn ich habe auf einmal den Duft von Holz in der Nase. Dem folge ich noch immer, auch heute, ja, auch heute Morgen: In der Regel stehe ich vor den Hühnern auf, um 5:00 Uhr morgens. Wenn die erste Morgendämmerung aufkommt, zieht es mich mit meinen Hunden in den Wald. Ich weiß, dass ich für den Rest des Tages viel Zeit in geschlossenen

Räumen verbringen werde und viele anspruchsvolle Situationen auf mich zukommen – in unseren eigenen Fernsehstudios, in meinen Therapieräumen, in unseren Büros und Meetingräumen, in meinem Podcaststudio und Webinaren. Doch diese frühen Morgenstunden gehören mir und meiner tiefen Freundschaft mit dem Wald, der Natur. Der Duft des Waldes lockt mich an.

Wissen Sie, wie es sich anfühlt, wenn Sie am Morgen Nebel einatmen? Jeden Tag ist die Natur anders. Ich kann täglich den gleichen Weg gehen, doch die Natur zeigt mir, dass sie sich täglich verändert und sich entwickelt. Mit Wetter- und Jahreszeitenwechsel unterliegt sie einem stetigen Prozess. Als dieser Lockdown, die Maskenpflicht und mehr auf uns zukamen, war ich unfassbar dankbar dafür, auf dem Land zu leben. Ich konnte zu jeder Tages- und Nachtzeit mit den Kindern und den Tieren in der Natur sein. Wie damals, als ich ein kleines Mädchen war. Der Wald hat immer grüne Gebiete, auch wenn tiefer Winter herrscht, gibt es bemooste Areale. Ein grandioses Mittel gegen Stress und negative Gedanken.

> Der Wald ist ein grandioses Mittel gegen Stress und negative Gedanken.

Bei einem Spaziergang überlegte ich mir, wie es wohl wäre, wieder in einer Stadt zu wohnen und keine größeren Veränderungen zu erleben. Mir ist bewusst, dass das ein wenig eigenartig für viele klingen mag, hat man in einer Stadt doch so viele Möglichkeiten.

Das sehe ich durchaus und doch: die gleichen Häuser, Dächer, Pflastersteine und Farben tagein tagaus. Wenn ich in den Wald gehe, ist kein Tag wie der andere, nichts ist zu wiederholen. Die Natur verändert sich täglich und nicht nur das Wetter. Jeden Tag eine neue Stimmung, ein neuer Eindruck. Für mich bedeutet die Natur ein großes Vorbild an Freiheit, Wandel und gleichzeitig an Beständigkeit. Auf der einen Seite ein Widerspruch, doch was gibt es schon Beständigeres als den Wandel? Das hat mir die Stadt in dieser Dimension nie gezeigt. Ich war es damals ja auch gewohnt, dass

> Was gibt es schon Beständigeres als den Wandel?

die Rehe zu mir kamen; ich war es gewohnt, dass Mäuse aus ihren Löchern schlüpften und sich vor meine Füße setzten. Es gab einen Dachs, den ich meinen Freund nannte. Ich war unschuldig, furchtlos und kümmerte mich nicht darum, dass manche Tiere gefährlich sein können. Ich beobachtete den Dachs und seine Familie über Monate hinweg und lernte viel über seine Aussagekraft. Dachse sind unglaublich arbeitssame, starke und selbstbewusste Tiere.

Anfänglich habe ich mich bei dieser Begegnung sehr erschreckt, doch mir ist es immer schon schwergefallen, anderen Menschen meine Wut zu zeigen. Und immer wenn ich die Dachse beobachtete, wurde die Wut in mir geringer. Das ist eine Art und Weise, die Welt wahrzunehmen, die mit dem schamanischen Wissen in Beziehung steht. Wenn Tiere zu uns kommen oder uns auf intensive Art und Weise begegnen, hat das eine Bedeutung. Wer immer wieder Elstern in den Bäumen seines Gartens hat, bekommt einen klaren Hinweis auf einen Mangel in seinem Leben, denn das ist die Aussagekraft dieser Tiere. Sie kennen ja sicher den Begriff der „diebischen Elster" und somit steht sie für den Verlust an Energie. Als Unternehmerin achte ich täglich auf diese Wegweiser meines Lebens. Eines Morgens wollten mein Mann und ich einen Vertrag unterschreiben, bei dem es um eine Summe in Höhe von 120.000 Euro ging. Das tätigen wir nicht alle Tage, doch der Deal hörte sich sinnvoll an.

Als ich durch den Park unseres Anwesens ging, setzte sich ständig eine große Elster vor mir auf einen Ast und krächzte auf der rechten Seite. Es heißt: Kommt eine Elster von rechts, verlieren wir Geld, von der linken Seite verlieren wir emotionale Ausgeglichenheit. Ganz am Ende meines Weges kam eine weitere Elster von links. Ich überdachte die Fakten und wusste, dass ich den Deal nicht unterzeichnen werde, aber auch, dass mein Mann das nicht gutheißen würde.

> Kommt eine Elster von der rechten Seite, verlieren wir Geld.

Es ist nicht verwunderlich, dass die vielen Tauben in den Städten auf den Frieden zwischen den Menschen aufmerksam machen möchten oder die Maus auf den menschlichen Perfektionismus, ständig alles in kleinteiliger Ordnung halten zu wollen. Es ergibt Sinn, sich das Wesen der Tiere genau anzuschauen und dieses zu spüren. Dann ist ein Übertrag ins eigene Leben ein äußerst preiswerter, aber wertvoller Ratgeber.

Es ergibt Sinn, sich das Wesen der Tiere genau anzuschauen und dieses zu spüren.

Der Schamanismus hat viele Beschreibungen und Gesichter. Für mich bedeutet er, den Gesetzen der Natur zu folgen und die Elemente Feuer, Wasser, Erde und Luft zu nutzen. Nichts auf dieser Welt ist Zufall, und aus meiner Denkweise ist der innere Mikrokosmos, die Art, wie ich die Welt sehe, was ich denke, welche Werte ich lebe und wie sich mein Charakter ausgebildet hat, das, was sich im Außen zeigt. Ich hatte dafür meine Lehrer und Lehrerinnen und bin ihnen bis heute in tiefer Ehrerweisung verbunden, auch wenn ihre Seelen den Körper und diese Erde bereits verlassen haben. Dazu gehörten Bert Hellinger und die Schamanin, die nicht genannt werden möchte, Thich Nhat Hahn, Wayne Dyer, Christa Schaffrick-Yellowtail, Franziska Krattinger, Arno Gruen, Pater Martin aus Himmerod.

Begegnung mit dem Adler

In einer schweren Zeit, in der ich sehr dunkle Gedanken hatte, besaß ich weder den Mut, in eine psychiatrische Klinik zu gehen, noch eine andere Art von Hilfe anzunehmen. Ich hätte es als beschämend und schwach empfunden, auch wenn ich heute anders darüber denke. So suchte ich mir damals keine Hilfe, sie wurde mir dann aber sozusagen von oben zugewiesen. Es gab eine Frau in der Schweiz, die als alte europäische Schamanin galt. Sie wurde als mürrische, wie ein Eremit lebende Kräuterhexe beschrieben. Sie hatte ich mir nicht als Hilfe ausgesucht, sondern als Trainingscamp für Spiritualität. Als ich sie anrief und um Termine bat, meinte sie nur, dass sie mich erst einmal anschauen müsse. Sie arbeite nur mit Menschen, die auch so weit sind, all das zu tun, was zu einer schematischen Ausbildung dazugehört. So fuhr ich zu ihrem alten Häuschen. Sie bat mich in die Stube und sagte, dass sie den Blick in mir sehe, ich aber ein Kind sei, dass verwöhnt in der Welt herum- und schmollend hinter jedem Drama herlaufe.

Sie meinte, wer den Blick habe, habe für menschliche Dummheiten keine Zeit. Ich senkte den Kopf und wusste, was sie meinte: Alkohol, zu viele Feiern, ungesunde Ernährung. Für ihre Behandlung verlangte sie einen Preis, den ich mir nicht leisten konnte. Sparsamkeit war für mich bis dahin auch ein Fremdwort. Sie aber meinte, ich sollte sparen, und wenn ich den Betrag bis zu einem festgelegten Termin zusammenhätte, könne ich kommen. Ich sparte, was nur ging, hatte bis zu dem vereinbarten Datum aber immer noch nicht genug zusammen. Daher packte ich meinen Lieblingspullover aus Kaschmirwolle, fünf schöne Edelsteine und eine Salzkristalllampe zusammen und brachte ihr das. Die Heilerin schaute sich alles an und wollte wissen, ob ich alles dabei hätte, damit wir morgen in der Früh los könnten: Rucksack, Taschenmesser, Erste-Hilfe-Set, Isomatte, Proviant für drei bis vier Tage, Bergschuhe, passende Kleidung.

Danach gab sie mir einiges von meinem Geld zurück und meinte, mehr wolle sie doch nicht nehmen. Ich vermutete, dass sie mich nur testen wollte, wie ernst mir dieser Weg sei, und bei Gott, es war mir so ernst wie noch nie in meinem Leben. Auf der einen Seite schüchterte sie mich mit ihrem Blick und ihrer klaren harten Sprache ein, auf der anderen Seite hoffte ich insgeheim, dieses niederfrequente Leben positiv zu verändern.

> Wenn du dir durch das künstliche Licht die Augen verdirbst, siehst du nicht, was wichtig ist.

Wir gingen frühmorgens im Dunkeln beizeiten los. Sie erlaubte mir keine Stirnlampe, sondern sagte, der Mond scheine hell genug.

„Wenn du dir durch das künstliche Licht die Augen verdirbst, siehst du nicht, was wichtig ist.“ meinte sie. „Merk dir das fürs Leben.“ Wir starteten am Fuße der Oberstdorfer Bergkette. Sie schickte mich kilometerweit vor, vorbei an einsamen Höfen und an Kühen, die nach dem Almabtrieb bereits wieder gut unten angekommen waren. Ich mochte das Läuten ihrer Glocken, denn es beruhigte mich. Ich erinnerte mich immer daran, wie ich als Kind frei von Angst gewesen bin, und es gelang mir mehr und mehr, mein inneres Kind von damals und mich zu verbinden. Ich ging weiter durch ein langes flaches Tal und der Sternenhimmel wurde immer klarer. Dann wurde es steinig und steil. Das Geröll machte das Gehen schwerer. Plötzlich setzte sich die alte Frau vor mich hin und gab mir eine Scheibe Brot. Ich fand es schon ein wenig spooky. Immer wieder tauchte sie wie aus dem Nichts auf und verschwand wieder hinter mir. Irgendwann meinte sie, dass der Pfad nun noch schwerer werden würde und ich mich noch ein letztes Mal stärken sollte. Das Ziel war ein Felsvorsprung vor dem Gipfel. Da es bewölkt war, konnte ich diesen Felsvorsprung überhaupt nicht sehen, sonst wäre ich womöglich umgekehrt. Ich bin noch nie ein besonders extremer Mensch gewesen. Vielmehr schätzte ich die Sicherheit, und bisher hatte ich eine eher romantische Vorstellung von der Bergwelt gehabt – das hier war anders. Und so ging es weiter Richtung Gipfel. Zu Beginn der Dämmerung erreichte ich einen Bergsee und machte Rast.

Es war wunderschön dort. Die Stille und Klarheit des Wassers, in dem sich das Licht brach, wirkten kraftvoll und schön zugleich. Doch schon bald fing es an zu regen. Ich wusste bereits, dass dies kein Grund sein durfte, um umzukehren. Aber der Wind wurde heftiger. Es dauerte gefühlt nur wenige Minuten, bis der Wind zu einen Sturm wurde. Die Tannenzweige und kleine Steine schlugen gegen mein Gesicht, bis kleine Stellen bluteten. Aber ich wanderte weiter. Inzwischen gab es keine Grünfläche mehr, sondern nur noch Gipfelgestein. Da stand sie wieder vor mir und sagte, dass dies nun die letzte Pause sei, bevor sie mich am Felsvorsprung alleine lassen würde.

Mich alleine lassen? Das war ich doch schon die ganze Zeit! Wo kam sie überhaupt immer wieder her? Was sollte ich dort tun? Ich wurde innerlich richtig wütend, und mit jedem Meter wurde es schwerer, den Weg zurückzulegen. Eine Geschichte nach der anderen kam mir in den Sinn, über Menschen und Situationen, die mich mit Wut in Kontakt gebracht hatten, und mit der Zeit war ich richtig wütend. Bei mir im Hunsrück würde man sagen „fuchsdeiwelswild". Und obwohl sie die ganze Zeit kaum ein Wort mit mir gesprochen hatte, erntete sie meine geballte Wut. Wortlos – mein stärkster Ausdruck in der Wut. Sie sagte nur kurz: „Geh auf den Felsvorsprung. Stell dich deiner Angst, deinem Versagen, und warte, bis dir der Adler begegnet. Dann komm wieder runter."

Echt jetzt?! So viel Geld für nichts?

Die letzten Höhenmeter begleitete sie mich schweigend bis zum Feldvorsprung. Sie hatte in ihrem Korb auf dem Rücken viele Tannenäste mit, aus dem sie mir eine kleines Zelt für die Nacht baute. Unter dem Zelt hatte ich meine Isomatte und -folie, darüber ebenfalls Tannenzweige. Das fand sie schon ziemlich affig, dieses neumodische Zeug, aber ich glaube, sie erlaubte mir schwachem verwöhnten Mädchen diese Möglichkeit. Schließlich sind die jungen Leute ja so empfindlich. Bevor sie ging, hatte ich einen kleinen Augenblick das Gefühl, ihr Mitgefühl zu bekommen, denn ihr Blick wurde kurz sanfter, dann ließ sie mich alleine.

Den Tag über fand ich es schön da oben. Ich saß auf dem Fels mit einem Blick in die Ferne. Mal ging ich in Meditation, mal machte ich mir kleine Notizen, manchmal nickte ich kurz ein. Doch dann kam der Abend, es wurde dunkel und kalt und ich hörte jedes Geräusch um ein Vielfaches lauter. Von Stunde zu Stunde bekam ich mehr Angst. Angst vor mir, Angst vor dem Leben, Angst vor dem Tod. Irgendwann in der Nacht war ich dem Wahnsinn nahe vor lauter Angst, innerer Unruhe und dem Bedürfnis, einfach nach Hause zu laufen. Doch irgendetwas in mir wusste: Würde ich jetzt abbrechen, käme ich schwächer zurück.

> Wenn ich jetzt abbreche, komme ich schwächer zurück.

Ich durchlief viele Schichten der Gefühle in mir. Zuerst tat ich mir unsagbar leid, bemitleidete mich selbst. Dann wurde ich wütend auf Gott und die Welt. Danach schämte ich mich für alles, was ich anderen angetan hatte. Für jedes Fehlverhalten, andere verletzt, gedemütigt und/oder beschämt zu haben. Ich nahm mir einen größeren Steinbrocken und schlug mit einem kleineren Stein Kerben hinein für jede Idee, die mir zu Situationen meines Lebens einfiel. Auch für Verhaltensweisen, die mir selbst schadeten. Wir alle haben immer wiederkehrende Muster, die auftauchen, obwohl wir sie selbst in uns ablehnen. Ein Beispiel: In meinem Bekanntenkreis gab es einen erfolgreichen, intelligenten Mann, der später Arzt wurde. Immer wenn ich in seinem Umfeld war, sagte ich Dinge, die peinlich waren, oder mir passierten Missgeschicke. Was auch immer da in mir getriggert wurde. Ich nahm mir fest vor, mich anders zu verhalten, schaffte es aber nicht.

Ich versuchte, geistige Entschuldigungen an diesen und weitere Menschen zu senden, doch das reichte nicht aus. Vielmehr war es an der Zeit, mir selbst zu verzeihen, und darüber wurde es hell und meine Gefühle wieder friedlich.

„Hoffentlich kommt heute der Adler", dachte ich, denn noch so eine Nacht würde ich nicht überstehen. Ich stieg ein Stück ab, um mich zu waschen und meine Toilette zu verrichten. Denn einige Höhenmeter tiefer gab es wieder Sträucher, hinter denen ich mich verstecken konnte. Dann stieg ich wieder auf. Ich saß wieder in meiner kleinen Höhle, schaute in die Ferne und wurde müder und müder. Aus purer Langeweile ging ich mehr in Meditation und aß und trank immer weniger. So kam über die folgende Nacht eine Art veränderter Geisteszustand. Ja, eine spirituelle Freundin hatte recht: Es braucht keine Drogen, um in andere Sphären zu gelangen. Sich der eigenen Wahrheit zu stellen und andere Ebenen des Geistes einzunehmen ist ein extremer, aber deutlich gesünderer Weg. Für mich kommen bis heute keine bewusstseinsverändernden Substanzen außer Muskatnuss oder mein geliebter Weihrauchlikör infrage.

Es braucht keine Drogen o. Ä., um in andere Sphären zu gelangen.

Ich weiß heute nicht mehr, wie oft es Tag und wieder Nacht wurde, ich weiß nur noch, dass ich Zeiten hatte, in denen ich bitterlich weinte, schrie und innerlich Sachen durcharbeitete, die mir zuvor nicht als Problem bewusst gewesen waren. Ich hasste meine Lehrerin, die mich dahin gebracht hatte, beschimpfte sie laut, obwohl sie nicht da war, und fühlte mich gefesselt an einen Platz, den ich zwischendrin ebenfalls hasste.

Es gab eine Nacht, da zog ein Gewitter auf und ich lief ein Stück abwärts, um mich zu schützen. Doch es gab weder eine Hütte noch eine Höhle und der See sowie der Wald waren große Gefahrensorte. Ich suchte weiter, bis ich ein Felsspalte fand, in die ich mich zurückzog. Bislang hatte ich nie Angst vor Gewitter gehabt, aber jetzt war ich der Witterung schutzlos ausgeliefert. Selbst in dieser Felsspalte fühlte ich mich nicht sicher. Der Ort war eiskalt und die Wände nass. Kleine Insekten kletterten überall herum. Und ich erlebte einen inneren Kampf, den ich so nicht kannte. Die Bergwelt ist rauh und unberechenbar. Vielleicht ist sie deshalb für mich ein Symbol des Lebens geworden. Von wunderschöner Romantik bis Tod und Verderben ist alles dabei. Das beschreibt der Autor des Buches „Schlafes Bruder“ sehr gut, wie ich finde.

Von wunderschöner Romantik bis Tod und Verderben ist alles dabei.

Es gab damals den Satz unter Schamanen: Du musst dem Tod nahe sein, diesen kurz küssen, um umzukehren und Menschen unerschrocken begleiten zu können und das Leben anzuerkennen, wie es ist.

Du musst dem Tod nahe sein, diesen kurz küssen, um umzukehren und Menschen unerschrocken begleiten zu können und das Leben anzuerkennen, wie es ist.

Die Einsamkeit machte mir wie immer wenig aus. Bis heute empfinde ich die Einsamkeit als deutlich leichter als die reflektierende Beziehungsebene. Das Wetter wurde wieder besser und ich kletterte aus dem Felsspalt hervor und ging zu dem Felsvorsprung zurück. Nach diesem Unwetter war mir plötzlich alles egal. Ich akzeptierte die Natur und mich. Ich erkannte die natürliche

Macht in der Natur und in mir. Ich wusste: Ob ich da oben bleibe oder wieder absteige, ist meine ganz eigene Entscheidung. Ob ich ein Feuer entzünde und meinen Unterschlupf anzünde, alles das ist meine eigene Entscheidung. Wir alle können die Entscheidung treffen, einem Menschen das Leben zu nehmen, doch wir haben nicht die Macht, es einem Menschen zu schenken. Somit hat unsere natürliche Macht Grenzen, die wir einer anderen Ebene zuschreiben. Mit einer anderen Ebene meinen wir den Himmel, Gott, das menschliche Denken, Bewusstsein, Licht. Es gibt viele Worte dafür. Meine Lieblingsworte dafür sind Vorstellungskraft, liebevolles Bewusstsein, Himmel. Für mich gibt es etwas über uns, das diese Macht besitzt, die über unsere Denkweise hinausgeht. Für die einen ist es die Natur, für die anderen Gott.

Meine Lieblingsworte dafür sind Vorstellungskraft, liebevolles Bewusstsein und Himmel.

Jeder sucht sich das selbst aus. Denn zu 70 Prozent ist unser Leben vom freien Willen des Menschen geprägt. Und je tiefer ich in das geistige Bewusstsein eingestiegen bin, desto mehr spürte ich, wie sehr sich meine Seele aus dem menschlichen Körper hervorhob. Irgendwann war ich reines geistiges Bewusstsein, später liebevolles Bewusstsein und damit eins mit dem, was ist. Wir haben die Möglichkeit, mit unserem Geist in hohe Ebenen aufzusteigen und wie aus einer Leuchtturmperspektive das eigene Leben zu betrachten. Es entstehen Bilder oder ganze Filme der Erkenntnis, die angebunden sind an unsere angeborene Weisheit.

Sobald der Weise in uns erwacht, gibt es keinen Weg mehr zurück. Dann ist es uns unmöglich, mit niederfrequenteren Menschen und Themen zu leben. Es ist so, als würden wir ohne Liebe leben, wenn wir unseren Entwicklungsstand untergraben. Es entstehen Lebenslinien, die krank machen oder heilen. An diesen Punkt kam ich nach ca. sieben Tagen da oben. Ich war wieder dieses kleine Mädchen, das einsam in der Höhle eingeschlafen war, und plötzlich kam der Adler und flog seine Kreise auf Augenhöhe. Ein faszinierender Anblick! Und ich wachte auf. Es erinnerte mich an ein Gedicht von Rainer Maria Rilke:

Ich lebe mein Leben

Ich lebe mein Leben in wachsenden Ringen,
die sich über die Dinge ziehn.
Ich werde den letzten vielleicht nicht vollbringen,
aber versuchen will ich ihn.

Ich kreise um Gott, um den uralten Turm,
und ich kreise jahrtausendelang;
und ich weiß noch nicht: bin ich ein Falke, ein Sturm
oder ein großer Gesang.

Damals ist der kleine Mensch Kerstin aufgewacht. Aufgewacht aus einem jahrelangen menschlichen Schlaf des Dahinlebens, des groben Seins, des lebendigen Tods. Meine Gedanken waren dunkel und negativ. Ein tiefer Selbstangriff, der zerstörerisch wirkte. Seither ist mir der Geist unglaublich wichtig. Ich achte darauf, was auf meinen Geist fällt, welche Gedanken, Menschen meines Umfelds, Bücher, Zeitschriften, Filme ich meinem Bewusstsein zumute. Alles hat darauf Einfluss.

> Aufgewacht aus einem jahrelangen menschlichen Schlaf des Dahinleben, des groben Seins, des lebendigen Tods.

Ich stelle mir den Geist wie ein horizontloses, weites, völlig grenzenloses Feld vor. Aus dem Samen, der auf dieses Feld fällt, erwächst später die Frucht. Der Geist ist ebenso die größte menschliche Freiheit in uns, denn ganz gleich, was mir jemals Schlechtes widerfahren ist, welche Einschränkungen man mir von außen auferlegt hat, wie oft ich beschimpft, gedemütigt oder angegriffen wurde – ich entschwand in meinen Geist. Deshalb fühle ich mich niemals manipuliert oder eingeschränkt in meiner Meinungsfreiheit. Wenn ich als Kind gewusst hätte, welch große Stärke das sein kann und welch spezielle Form von Intelligenz in uns Menschen liegt, hätte ich mir viel depressives Gedankengut, geringes Selbstwertgefühl und einige

Ängste ersparen können. Ich spürte, dass ich viel zu viele Jahre „verschlafen“ hatte, und ich wünsche jedem Menschen, dass er bewusst im Hier und Jetzt seine Talente, Fähigkeiten und Möglichkeiten anerkennt, um diese in die eigene Kraft zu bringen, die inneren Themen wie durch ein Nadelöhr zu durchschreiten und die Freiheit zu integrieren.

Ich spürte, dass ich viel zu viele Jahre „verschlafen" hatte.

Nach dem Erreichen einer tiefen Einsicht und der Begegnung mit dem Adler verbrannte ich meine kleine Unterkunft. Das Feuer war nach Wind, Wasser und Luft das einzige Element, dem ich auf dem Berg noch nicht begegnet war. Danach stieg ich ab ins Tal und sah die Welt mit ganz anderen Augen. Ich sah ein Haselhuhn, das ich so in der freien Natur noch nie gesehen habe. Haselhühner erinnern uns an die Fähigkeit, aufrichtig zu handeln und sinnvolle Taten zu vollbringen, das Ego völlig außen vor zu lassen und einer natürlichen Hackordnung des Lebens wertfrei zu begegnen. „Ab jetzt möchte ich redlich arbeiten, verantwortungsbewusst die materielle Welt mit der unsichtbaren Welt verbinden und mich aufrichtig in den Dienst der Menschen stellen“, dachte ich. Solch friedliches Glück hatte ich mir eine Woche vorher noch nicht einmal im Ansatz vorstellen können. Doch wie ich schon beschrieben habe, sind Wunder auch rückwirkend erlebbar. Ich versöhnte mich mit der gesamten Welt meiner Vergangenheit und Gegenwart.

Das Feuer war nach Wind, Wasser und Luft das einzige Element, dem ich auf dem Berg noch nicht begegnet war.

Zu meiner Lehrerin kehrte ich lange nicht zurück, denn der tiefe Prozess, den sie in Gang gebracht hatte, dauerte Monate. Erst als ich dazu in der Lage war, erklärte sie mir das Sehen, das Handauflegen, die Wirkung von Heilkräutern und christlichen Gebeten in Notsituationen. Sechs Jahre später bat sie um ein Treffen. Schaman*innen sterben nicht einfach, sondern sie gehen bewusst in den Übergang zum Tod. Sie übertrug mir ihr Vermächtnis, sie gab mir ihre Kraft und Verantwortung.

Kurz darauf wurde ich mit einem grippalen Infekt schwer krank. Das hohe Fieber brachte mich in weitere Höhen geistigen Bewusstseins. All das machte mich zu einer reiferen Frau, und somit kann ich heute sagen: Es gibt ihn auch in Deutschland, der Schweiz, Österreich, Holland, Belgien, ja in jedem Land Europas, den europäischen Schamanismus. Er ist kein wissenschaftliches Studium, dessen bin ich mir bewusst; wir verlassen uns auf Empirie und die Erzählungen über die Erfahrungen. Wir fassen die Erkenntnisse aus der Natur, des Himmels und menschlicher Wirkungsweisen sowie aus den Aufstellungsarbeiten zusammen, um sinnbringende Lösungen für ein leichteres, freieres Leben zu gestalten.

Wir verlassen uns auf Empirie und die Erzählungen über die Erfahrungen.

Jeder Mensch hat sein eigenes Krafttier. Für mich ist und bleibt es der Adler. Kurz vor dem Übertragen der Kraft und dem Tod meiner Lehrerin hat man ihr einen abgestürzten Adler gebracht. Sie sagte, sie habe ihm die Schwingen abgenommen und als unser größtes Geschenk von oben angenommen. Eine Schwinge nahm sie mit ins Grab, die andere übergab sie mir. Das ist der Grund, weshalb man mich häufig beim rituellen Arbeiten am Feuer und an der Luft mit dieser Schwinge in der Hand erlebt.

Der Adler ist für mich der Vogel des großen Geistes. Er erinnert mich daran, dass das Denken eines einzelnen Menschen mit dem Denken aller verbunden ist. Der Adler hat die Fähigkeit, in den Himmel aufzusteigen und große Kreise zu ziehen. Wenn wir es schaffen, uns von ihm ermuntern zu lassen, in die höheren Ebenen unseres Denkens hineinzugehen und darüber hinaus die Freiheit des Geistes zu entfalten, können wir unsere Pflichten, Sorgen und Nöte eine Zeit lang hinter uns lassen, um unser Leben aus einer höheren Warte zu betrachten und Resümee zu ziehen. Wer es dann schafft, sich für Lösungen im Leben zu entscheiden und die eigenen Handlungen danach auszurichten, dem bzw. der wird es wie einem Adler gelingen, auf den Punkt zu kommen – und das mit größtem Erfolg.

Innerer und äußerer Kosmos

Und dennoch versuchte ich immer wieder, ein Leben zu leben, das von Gemeinschaft und Menschen geprägt ist. Als die Kinder größer wurden, war mir die Gemeinschaft eines Dorfes wichtig. In dem kleinen Ort, in dem ich mit meiner Familie lebe, kam meine Art bei einigen Dorfbewohner*innen nicht so gut an. Es liegt in meiner Natur, die Dinge anzupacken und wenig darüber zu sprechen. Es ist mir nicht gelungen, in dieses Vereinsleben des Dorfes zu passen. Meine Freund*innen sind ähnlich gestrickt und ebenfalls Unternehmer*innen. Wir bekamen die Gewitter, die sich über uns zusammenzogen, oft gar nicht mit. Wenn wir aus dem Nichts angegriffen werden, obgleich wir den aufrichtigen Eindruck haben, aus ehrlichen, guten Impulsen heraus zu handeln, dürfen wir uns die Frage stellen, was genau in uns selbst gerade im Angriff ist. Wo machen Sie sich Vorwürfe, die meist gar nichts mit dieser aktuellen Situation zu tun haben? Welche Entwicklung in Ihnen halten Sie mit den Angriffen im Außen auf? Das ist die Wirkung vom inneren und äußeren Kosmos.

> Wo machen Sie sich Vorwürfe, die meist gar nichts mit der aktuellen Situation zu tun haben?

Wir Menschen tappen immer wieder in die Falle von Schuld oder Erfolg. Entweder verdecken wir mit den Masken des Dramas die eigenen Thematiken oder haben Angst vor dem nächsten Schritt in den weiteren Erfolg. Wir sind durchaus in der Lage, diese inneren Konflikte im Außen auszutragen. Aber dennoch empfinden wir das verständlicherweise als Umweg. Somit erkannte ich nach einigen Gesprächen, dass es Zeit für mich war, mich zurückzuziehen und die Kraft, die ich früher im Ehrenamt investiert habe, für meine eigene Arbeit mit Menschen und die Bühne zu nutzen. Ab diesem Moment hatte ich keine ruhige Zeit mehr. Es kamen immer mehr Anfragen von Menschen in Not, steigende Teilnehmerzahlen, größere Hallen, solvente Kund*innen.

Dennoch singe ich heute in einem wundervollen Ensemble mit einigen angenehmen Frauen, die sehr autark sind in der eigenen Kraft. Es herrschen weder Machtkampf noch künstlich erzeugte Hierarchien, und das ist für mich ein wahrer Segen. Denn ich halte es für sehr wichtig, etwas zu tun, womit kein Geld verdient werden muss und bei dem auch keine Rangeleien um Hierarchien herrschen. Auch in meinen Seminaren ist mir ein Teil des Ehrenamtes geblieben. Denn es gibt so viel Not auf diesem Planeten, dass Geld nicht die einzige Motivation sein sollte, um eine kraftvolle Arbeit zu leisten. Der Teil in mir, der angetreten ist, um für Menschen in extremen Notsituationen da zu sein, wird immer gegeben sein. Im vergangenen Jahr waren die Nöte der Menschen besonders groß. Denn es fehlen in unserer Gesellschaft an vielen Stellen die Gemeinschaft, Hilfe, Verbundenheit und das Mitgefühl. Dabei geht die menschliche Sehnsucht genau in diese Bereiche hinein. Nicht nur deshalb ist mir die Verbundenheit mit allem und jedem im Alltag so gewahr. Denn je größer die Not in extremen Krisensituationen ist, umso mehr benötigen wir diese Werte.

Nicht nur deshalb ist mir die Verbundenheit mit allem und jedem im Alltag so gewahr. Denn je größer die Not in extremen Krisensituationen ist, umso mehr benötigen wir diese Werte.

Ab einem gewissen Bewusstseinszustand begegnete mir der Mäusebussard oder der Rote Milan deutschlandweit fast täglich. Mal flog er dicht über die Frontscheibe meines fahrenden Autos, mal saß er am Wegesrand und flog trotz der flitzenden Hunde nicht weg. Ich liebe diese Vögel, die hoch oben in den Lüften sowohl das große Ganze als auch das kleinste Detail im Blick haben. Dabei ziehen sie in aller Seelenruhe ihre Kreise, bis sie in einer enormen Geschwindigkeit die Beute fangen. Das ist auch ihre Aussagekraft:

Wie oft ziehen wir aus einer höheren Warte betrachtend Kreise über unserem Leben und erfassen alles, was sich längst erübrigt hat oder nach Entscheidungen ruft. Die Bedeutung unseres Lebens erkennen und fähig zu sein, unserem wahren Erfolg zu begegnen, heißt auch, schnell und mutig agieren zu können. Wenn ich manchmal am frühen Morgen noch sehr müde bin und dennoch losziehe, denke ich an das Sprichwort: „Nur der frühe Vogel fängt den Wurm." Und dann denke ich weiter: Ja, aber auch nur den ersten!

Es gibt immer wieder Chancen, doch wie viele ergreifen wir tatsächlich und sind zusätzlich bereit, anderes loszulassen, um Raum für das Neue zu schaffen?

Im Alltag tendieren wir dazu, den Fokus zu verlieren. Kein Wunder bei dem, was Tag für Tag auf uns einströmt. Der Bussard erinnert uns daran, wie wichtig Intuition und das bedeutungsvolle Zusammentreffen von Ereignissen sind. In diesem Zusammenhang haben wir das Deuten von Träumen verloren. Dabei meine ich nicht den Versuch, Träumen wie in der Psychoanalyse gleich unterdrückte Triebe zu unterstellen. Ich rede von Traumdeutung, wie es zum Beispiel die Medizinmänner vom Stamm der Lakota beherrschten. Damals war es Sitte, aus einem wiederkehrenden Traum eines Heranwachsenden dessen Leben zu deuten und ihm danach seinen wahren Namen zu geben. Einer der berühmtesten Anführer der Lakota, Crazy Horse, bekam auf diese Weise seinen Namen von seinem Vater, denn so hörte sich sein Traum an: Unter mächtigem Donnergrollen bricht während eines schweren Gewitters ein Pferd mit Reiter aus einem See. Feindlich gestimmte Weiße versuchen vergeblich, ihn mit ihren Gewehren zu treffen. Doch der Einzige, der ihn verletzt, ist ein Angehöriger des eigenen Volkes. Der Vater von Crazy Horse sah durch den Traum voraus, dass sein Sohn lange Zeit wie unverwundbar sein würde, aber eines Tages durch Verrat aus den eigenen Reihen sterben sollte. So ist es auch geschehen.

Im Alltag tendieren wir dazu, den Fokus zu verlieren.

Menschen, die von Donner träumen, waren bei den Lakota dazu bestimmt, als Medizinmänner und -frauen ihrem Volk zu dienen. Ich selbst träume seit meiner Kindheit vom Donner, was mich damals zutiefst beängstigte. Es hat lange gedauert, bis ich herausfand, was tatsächlich dahintersteckt. Allerdings bemerkte ich in mir immer eine Faszination gegenüber indianischen Völkern. Und so sollte es wohl sein, dass ich von einer indianischen Schamanin, die mit einem Medizinmann verheiratet war, ebenfalls ausgebildet wurde. Sie war völlig schonungslos und brachte mir als Erstes die Akzeptanz für den weiblichen Körper bei. Sie war fürchterlich schnell verärgert, wenn ich auch nur geringe Makel an mir entdeckte. Sie grollte dann wie der Donner in meinem Traum, denn der weibliche Körper ist ein Geschenk der Natur und in der Lage, Kinder zu gebären und diese zu nähren, weich und kraftvoll zugleich. Ich weiß nicht, wie viele Menschen ich in der Physiotherapie schon nackt gesehen habe. Ich habe sie alle angefasst, und jedes Gewebe eines Menschen ist anders und einzigartig. Somit kann ich nur zustimmen: Ja, der menschliche Körper ist vieles, aber eines ist er nie – hässlich.

> Die Menschen, die von Donner träumen, waren bei den Lakota dazu bestimmt, als Medizinmänner und -frauen ihrem Volk zu dienen.

Dennoch sollten wir uns die Frage stellen, warum wir so mit uns umgehen und dieses Selbstbild beschießen. Für viele Menschen ist es eine Ausweichmöglichkeit, sich entweder Feinde im Außen zu suchen oder sich selbst zur Zielscheibe werden zu lassen, um dem inneren Selbsthass zu begegnen. Wenn ich seitdem so manches Mal in meinem Leben frustriert vor dem Spiegel stand, sah ich ihren mahnenden Blick vor mir und erinnerte mich an die Worte der Meisterin. Ich bemerkte dann direkt, dass ich mir mit mehr Mitgefühl begegnete. Es geht um Gleichberechtigung. Aber nicht um die Gleichberechtigung zwischen den Geschlechtern, sondern um die Gleichberechtigung aller Anteile in mir. Dieses Mitgefühl hat zwar die dienende Funktion, uns Menschen zu schützen, aber es enthält auch eine Schattenseite, wenn bestimmte Anteile unbewusst bleiben. Es entsteht dadurch eine Funktion, mit der ein Mensch über die eigene Opferhaltung manipulieren kann.

> Es geht nicht um die Gleichberechtigung zwischen den Geschlechtern, sondern um die Gleichberechtigung in mir.

Wenn ein Kind leidet und innere Schmerzen erlebt, wird es automatisch zum Opfer und wendet sich auf natürliche Weise seiner Bezugsperson zu. Das erleben wir auch bei Haustieren, dass sie intuitiv bei einem Schmerz durch Verletzung direkt zu Herrchen oder Frauchen laufen. Doch gibt es Kinder, die dieses frühe Opfersein und den inneren Schmerz so stark unterdrücken mussten, da ihnen kein Mitgefühl entgegengebracht wurde, sondern Strafe. Und so entsteht weiteres Leiden. Wie auch in diesem Beispiel aus einer Aufstellung:

Stefan[1] ist Anfang 1960 geboren und hatte einen Vater, der in einem Spielkasino arbeitete. Somit arbeitete der Vater nachts und wollte am Morgen länger schlafen, damit er den Tag übersteht. Immer dann, wenn das dem Vater nicht gelang, weil äußere Geräusche ihn aufweckten, erhitzte er mit einem Feuerzeug ein Fünf-Mark-Stück und hielt es Stefan auf den Rücken. Danach sperrte er ihn in den Kartoffelkeller und schloss die Tür ab. Stefans Wut fand keinen Weg, seine Verzweiflung bei seiner Mutter keinen Anklang, da Jungs nicht jammern durften und sie ihn ständig bei jedem Geräusch ermahnte. Somit konnte er schon im Jugendalter laut seiner eigenen Beschreibung kein Mitgefühl mehr aufbringen. Er empfand nichts bei dem Leid seiner Mitschüler*innen. Die typische Folge, die sich daraus ergab, war Selbstmitleid und die stetige Suche nach Feinden im Umfeld.

Er bejammerte ständig sein Aussehen, kleidete sich absolut akkurat. All das, wofür seine Eltern ihn bestraft, wofür sie ihn missbilligt hatten, wurde in seinen selbsternannten Feinden zur Zielscheibe eigenen Selbsthasses. Er erklärte mir vor seiner Aufstellung, dass sein Vater immer frustriert gewesen sei. Er hatte ständig die Reichen und Schönen im Spielkasino vor Augen, die so viel Geld besaßen, dass sie es einfach verzocken konnten, während er zu Hause eine fette Frau sitzen hatte und am Ende des Monats kein Geld mehr auf dem Konto. Die Brandmale auf seinem Rücken wurden für Stefan die

1 Name geändert

lebenslange Erinnerung an den Selbsthass seines Vaters und damit an seinen eigenen.

Auch ohne körperliche Gewalt können Verletzungen aus der Kindheit das innere Kind vom erwachsenen Menschen trennen.

Deshalb ist es sinnvoll, sich bei Feinden im Leben drei Hauptfragen zu stellen:

1. Wofür wurde ich in den ersten Lebensjahren von meinen Eltern bestraft?
2. Was haben meine Eltern an mir missbilligt?
3. Sind das die gleichen Impulse oder Angriffe, die ich auch bei meinen Feinden im Außen erlebe?

Wenn wir unseren Körper oder Teile davon, sogenannte Problemzonen, als Feinde erkoren haben, wird es ein wichtiger Prozess sein, sich dem eigenen inneren Bild gewahr zu werden.

Ein sehr erfolgreicher Manager und Autor rief mich eines Morgens an, um eine Aufstellung zu buchen. Allerdings würde er das nur machen, wenn die Gruppe eine Verschwiegenheitserklärung unterschreibe und keine Frauen mit im Raum seien außer mir, denn ich sei für ihn aufgrund meiner Rolle in dieser Arbeit „Non-Sex", also ohne Geschlecht. Weiter erwartete er eine Videodokumentation und, und, und. Ich ließ ihn ausreden, da sich die Hauptthemen schon durch dieses Telefonat ergaben. Es ist häufig sinnvoll, mehr zuzuhören, als selbst zu sprechen. Selbstverständlich ließ ich mich auf den Deal nicht ein, aber er kam dennoch zu meinem Seminar. Im maßgeschneiderten Anzug, mit Krawatte und Einstecktuch. In meinem Seminar gibt es keinen Dresscode, erst recht nicht den Dresscode „Business Attire". Für mich ist es immer spannend, mit Menschen zu arbeiten, die so „perfekt" und einflussreich sind. Ich habe da das Bild des indischen Springkrautes vor mir. Es sieht schön aus, ist sehr

Ich habe da das Bild des indischen Springkrautes vor mir.

raumfordernd und vereinnahmend, auffällig und exotisch. Drückt man jedoch auf die Kapsel der Pflanze, fällt schnell der Samen heraus. Manchmal platzt die Kapsel richtig auf. Wenn man die Blätter lange genug kochen würde, wären sie auch nicht mehr giftig. So war es auch bei diesem Mann. In der Aufstellung wollte er keine Gefühle, am besten überhaupt nichts von sich selbst zeigen. Ich nenne das gerne: „Da will jemand sein Gesicht nicht zeigen." Heinrich Böll schrieb in der Erzählung „Mein trauriges Gesicht" zu diesem Sich-nicht-ins-Gesicht-sehen-Können: „Ich aber muss versuchen, gar kein Gesicht mehr zu haben, wenn es mir gelingt, die nächsten zehn Jahre bei Glück und Seife zu überstehen." Und so war es bei ihm auch, denn er aktivierte alle Schutzmechanismen, um bloß keine wahren Erfahrungen und Gefühle widerzuspiegeln. Doch da waren auch die großen Themen: Sexsucht, Frauenverachtung, Alkoholismus, Suizidgedanken.

In meiner Aufstellungsarbeit lasse ich die Teilnehmer*innen manchmal diverse Sätze nachsprechen. Das sind Sätze, die einem Hellwissen entstammen. Stellen Sie sich das praktisch so vor: Die Mutter wird durch eine fremde Person stellvertretend an eine intuitiv gewählte Stelle im Raum gestellt und die Lösungssätze werden nachgesprochen. Somit stand ihm eine Stellvertreterin seiner Mutter gegenüber und sprach zu ihm: „Ich verachte dich, mein Sohn, weil du mich verlassen hast. Alles hast du für mich getan, alles. Du hast täglich auf mich reagiert, mich glücklich oder unglücklich gemacht, und jetzt hast du mich verlassen." Da brach er in Tränen aus. Seine Mutter war sein extremes Stimmungsbarometer. Handelte er so, wie sie es wollte, war sie eine lebendige, liebende Mutter. Verhielt er sich aber nicht so, wollte mit seinen Freunden spielen und das Haus verlassen oder war er freundlich zu seinem Vater, reagierte sie laut oder leise depressiv oder weinerlich. Daher musste er alles tun, um ihr Glück zu erfüllen, und schenkte ihr sein Glück damit ganz.

Kinder sind nicht dazu da, ihre Eltern glücklich zu machen oder sich in deren Beziehung einzumischen. Sie haben das Recht auf ihr eigenes freies Leben, das von den Eltern unterstützt werden sollte. Hier lief alles anders. Mit den Jahren entwickelte er einen derart großen Selbsthass, dass Frauen seine Zielscheibe wurden. Er riss sie auf mit Lovebombing und Charme, um sie wenig später zu erniedrigen und zu strafen. Bis heute weiß ich nicht, ob die Bilder alle echt waren, die ich gesehen habe. Wenn ja, war es ein Verbrechen.

> Kinder sind nicht dazu da, ihre Eltern glücklich zu machen oder sich in deren Beziehung einzumischen.

Die Frauen empfanden sich als Opfer und brauchten oft Jahre, um sich von diesem emotionalen Missbrauch zu erholen. Es nahm ihnen ihr Selbstbewusstsein und ihre Würde.

Ich werde oft gefragt, warum ich mit solchen Menschen arbeite. Dafür gibt es durchaus Gründe. Denn bestenfalls verändert sich dieser Mensch hin zum Besseren und ist damit eine Bereicherung für die Gemeinschaft. Mir geht es selten um eine einzelne Person, sondern um all die Menschen in Partnerschaft, Familie und als Mitarbeiter*innen, die eine deutliche Erleichterung dadurch erfahren. Die Betrachtung von Opfer und Täter ist immer relativ. So wie bei der Henne und dem Ei. Wer weiß schon, was zuerst auf dieser Erde war.

Unser Planet inspiriert mich täglich dazu, den Weg zur Erde zu suchen. Es gibt diese faszinierende Erde mit all ihren Kontinenten und Ländern, ihrer Farbigkeit und Einzigartigkeit, eingepackt in ein grenzenloses Universum. Mit all diesen Tieren, Pflanzen und Steinen. Mit den Elementen Feuer, Wasser, Erde und Luft. Nichts davon hat der Mensch erschaffen. Spätestens in diesem Bewusstsein können wir erkennen, dass wir uns zwar ernst, aber nicht zu wichtig nehmen sollten. So erging es mir in der indianisch-schamanischen Ausbildung. Ich erinnerte mich wieder an Tiere. Ich lernte, sie wieder zu beobachten und den Kreislauf des Lebens zu schätzen. Meine indianische Lehrerin fing

> Unser Planet inspiriert mich täglich dazu, den Weg zur Erde zu suchen.

zum Beispiel zum Abendessen mit einem Lasso vom Pferd aus ein Huhn, um mit ihrer Beute den Stamm zu versorgen. Die indianische Tradition hat von Grund auf sehr viel mit der weltweiten religiösen Praxis des allgemeinen Schamanismus gemein.

Es gibt den Glauben an eine sogenannte andere Seite. Auf dieser anderen Seite existiert eine andere Wirklichkeit, zu der nur durch einen tranceähnlichen Zustand und hohe Konzentration gewechselt werden kann. Befindet man sich in diesem Zustand, ist es einem möglich, dort die Ebenen zu wechseln. Wir, die das praktizieren, sind in der Lage, die Ebene von Zeit und Raum komplett zu verlassen. So wie ein Adler, der in die Höhen aufsteigt, und wie all diese großen Greifvögel, die ihre weiten Kreise ziehen.

> Auf dieser anderen Seite existiert eine andere Wirklichkeit.

Das ist natürlich eine freie Interpretation, jedoch erinnert mich Rilkes Gedicht bis heute daran, da all das in mir und in dieser Welt Anklang findet. Wie sollte es Sinn ergeben, in die unsichtbaren Welten zu schauen, wenn der Bezug zu diesem Leben fehlt? Somit sind der Wunsch nach Erfahrung, Erkenntnis, Einsicht und die genaue Beobachtung die Grundvoraussetzungen für die sinnvolle Übertragung in die Lebenspraxis. Die Natur bietet erste Übergänge vom Unsichtbaren zum Sichtbaren. Selbst Tierwesen, die wir oft gar nicht richtig wahrnehmen, geben Hinweise. Ein Seestern zum Beispiel vermittelt uns unbegrenzte Möglichkeiten. All das sind keine Hirngespinste, sondern die Auswertungen von Beobachtungen über Jahrhunderte und Jahrtausende hinweg. Auch ich lernte vor allem durch Beobachtung: Im Wald gab es einige Bäche, in denen Forellen lebten. Diese betrachtete ich stundenlang ganz still und lernte dabei vieles über ihre Aussagekraft. Im Grunde genommen tat ich nichts anderes als das, was den schamanisch begabten Kindern der indigenen Völker die Alten und Weisen mit auf den Weg geben, nur dass ich zu in dieser Zeit keinen Mentor hatte. Ich musste es mir selbst beibringen, tat das aber voller Begeisterung und ohne zu ahnen, in was ich mich da unterwies.

Das ist ohnehin der beste Lernprozess: wenn er einem übergeordneten Ziel dient, das wir noch gar nicht kennen.

War das der Grund, warum ich in manchen Nächten sogar aus dem Fenster kletterte, um in den Wald zu kommen? Zumindest hatte ich die Gewissheit, dass die Nachbarin um diese Zeit den Schlaf der Gerechten schlief. Die Straßenlampen hatten damals noch ein sehr gelbes Licht, das Dorf wirkte nachts fast unwirklich und der Wechsel in den Wald war ein krasser Bruch. Doch ich hatte nie Angst. Vielleicht war das meinem kindlichen Leichtsinn geschuldet. Doch im Wald fühlte ich mich sicher. Heute weiß ich, dass dies eine gesunde Entwicklung meines Urvertrauens war. Ein Vertrauen, das gerade in den Zeiten der weltweiten Krisen Kraft, Resilienz und Sicherheit bietet.

Ich fand im Wald eine kleine Höhle. Irgendwann einmal, in einem anderen Jahrhundert, hatte man hier Schiefer abgebaut, und so war die Höhle entstanden. Nach und nach wucherte der Wald sie zu, und die Wahrscheinlichkeit war groß, dass sich keiner an sie erinnerte. Jedenfalls war ich dort immer ungestört, sodass ich anfing, mir die Höhle wohnlich einzurichten. In unserem Dorf gab es eine alte Fabrik, auf deren Gelände ich einige leere Ölfässer entdeckte.

Auf dem Gelände lagerten sie manches Mal altes Gerümpel, damals mehrere ausgemistete Matratzen. Vielleicht kennen Sie die noch. Solche Matratzen waren früher dreigeteilt. Ich kann heute gar nicht mehr sagen, wie ich kleines, dünnes Mädchen sie, wenn es auch nur ein Drittel einer Matratze war, kilometerweit in den Wald geschleppt habe. Doch mein Vater hatte sich einen kleinen Rollwagen gebaut, um sein Auto zu reparieren, also ein Brett mit vier Rollen darunter. Und mit diesem Wagen, Strick und Matratze ging es ab in den Wald. Ich hatte ein Ziel, und das kennen wir ja:

> **Wer ein Ziel hat, wird den Weg dorthin gehen.**

Wer ein Ziel hat, wird den Weg dorthin gehen. Ich ging ihn, mitsamt Matratze und noch einigen anderen Utensilien, mit denen ich meine Höhle ausstaffierte. So bunkerte ich Kleider in Müllbeuteln, hortete Brot und Wasser und hatte meine Geheimsachen in Gläsern verstaut, in denen meine Mutter im Herbst normalerweise Kirschen einmachte.

Rückblickend wird mir klar, dass ich mir eine kleine schamanische Sammlung angelegt hatte – Geheimsachen eben –, ganz in der Intuition, ohne zu wissen, was ich da tat. Obwohl die Höhle feucht war und meistens ganz schön kalt, traute ich mich nicht, ein Feuer zu entzünden. Heute bin ich die Feuermeisterin: Die schamanischen Feuer, die ich entzünde, können gar nicht groß genug sein. Vielleicht ahnte ich, dass ein Feuer mich verraten könnte – nicht nur sein Schein, sondern sein Geruch. Doch ich lernte erst im Indianerstamm, dass jedes Element seine eigene Macht hat und es gilt, diese Macht zu kontrollieren. Trotz Kälte und Feuchtigkeit fühlte ich mich pudelwohl in der Höhle. Mehr als einmal schlief ich auf der Matratze ein und wachte erst auf, wenn es längst dunkel war. Ich hatte, wie bereits beschrieben, keinerlei Probleme, mich nachts im Wald zurechtzufinden. Die Probleme begannen erst dann, wenn ich zu Hause ankam. Stelle ich mir vor, meine Kinder würden tun, was ich damals tat, kann ich die Reaktion meiner Mutter nur allzu gut verstehen. Doch damals hat sie mich sehr erschreckt, und ich hatte irgendwann nur noch Angst. Angst vor der Schule, Angst vor zu Hause, Angst vor Freunden. Im Wald hatte ich allerdings niemals Angst, nur außerhalb des Waldes. In der Schule, wo ich schlecht war, war die Angst da oder nach einem Streit mit meiner Mutter, weil ich meinen Schulranzen wieder nicht organisiert bekam. So auch in der einen Nacht, in der ich zuerst einen dieser Träume hatte, die so real sind, dass wir nicht wissen, ob wir träumen oder wach sind. Meine Mutter war zum Elternabend gegangen. Wie damals üblich, trug sie Stöckelschuhe und ich hatte deren Klack-klack-klack im Ohr. Das vermischte sich mit meinem

Herzschlag. Ich erwachte, tapste in die Küche und zum Schrank mit den Süßigkeiten. Auf einmal stand Mutter neben mir. Sie war noch gar nicht aus dem Haus, und ich erschrak zu Tode. Sie lachte, als sie mich beim Naschen erwischte, doch ich ging tief erschreckt zurück ins Bett. Ich konnte die Süßigkeit nicht genießen, sondern sorgte mich sehr, was meine Mutter beim Elternabend wohl hören würde: Ihre Tochter schwänzt die Schule, außerdem ist sie unkonzentriert und zeigt schlechte Leistungen. Darüber schlief ich wieder ein. In dieser Nacht hatte ich das erste Mal den Traum des Donners. Er kam vier Mal, nicht laut, sondern verhalten grollend wie bei einem Wintergewitter. Auf einmal sah ich einen Jungen aus meiner Schule, wie er tot auf dem Boden lag. Dann sah ich eine Frau aus dem Dorf, die einen Autounfall hatte. Ich bekam Panik und weinte. War ich wach? Schlief ich? Auf einmal sah ich unsere Dorfkirche vor mir. Daneben gab es einen Reiterhof, er brannte lichterloh. Dazwischen verlief ein dunkler Weg. Jetzt war er mit einem smaragdgrünen Licht erleuchtet. Ich wusste instinktiv, dass es das Licht vom Erzengel Raphael war. Ich spürte Trost, aber auch Elend in der Gewissheit, nicht mit ihm gehen zu können, sondern weiterleben zu müssen. Ich sehnte mich nach seiner Geborgenheit, nach dem ursprünglichen Zuhause auf der anderen Seite des Lebens, nach dem Sterben und dem Dorthin-Kommen.

Dann klingelte mein Wecker und es war früher Morgen. In meinem Schulranzen fand ich Brote, die ich vor Wochen vergessen hatte, und alles war mit Schimmel überzogen. Ich war völlig gerädert. Ich stahl mich aus dem Haus, lief in den Wald zu meiner Höhle und legte mich dort auf die Matratze. An diesem Morgen hatte ich eine tiefe Wahrnehmung, so wie ich sie heute in den Aufstellungen habe. Ich roch Gras und Tau und moosige Erde in den unterschiedlichsten Ausprägungen, ich roch selbst die Sonnenstrahlen. Gleichzeitig wusste ich, dass es passieren würde: Der Junge aus der Schule würde sterben, der Autounfall würde passieren. Ständig fühlte ich diese irre Panik. Wie sollte ich darüber mit jemandem sprechen?

Ich wandte mich an den damaligen Pfarrer und nutzte dazu den Beichtstuhl. Ich weinte in der Kabine, die immer ein wenig modrig roch. Ich kniete nieder, mein Blick konzentrierte sich auf die Rautenform des Holzgitters zwischen uns. Darüber war eine dünne Folie gezogen, die einige Löcher aufwies. Es fiel mir unsagbar schwer, darüber zu sprechen. Der Pfarrer reagierte freundlich. Er war sogar so „nett" und informierte meinen Lehrer – bitte sehen Sie mir die Ironie nach. Ich kann bis heute nicht verstehen, warum das Beichtgeheimnis nicht für mich galt. Am nächsten Tag wurde ich von meinem Lehrer nach vorne zitiert. Er spuckte mich an und brüllte, wie sehr er es bedauere, dass Schläge verboten seien. Als Strafe für meine kranke Fantasie musste ich den ganzen Morgen in der Ecke des Klassenraumes stehen. Nie wieder habe ich im Kindesalter mit einem Menschen über meine Eingebungen gesprochen. Umso mehr flüchtete ich in den Wald.

In der Höhle lag ich auf der Seite und meinen Kopf drehte ich so, dass die Steine das Licht reflektierten. Wie kleine Diamanten sahen sie aus. Doch an diesem Tag entstand eine undefinierte Panik in mir und die überwältigende Lawine der Gefühle und drohenden Unheils ließen mich förmlich regungslos werden. Vor meinem inneren Auge sah ich mehrere heftige Explosionen und Tote, außerdem Menschen die vor dem Fernseher sitzen und die gleichen Bilder sahen. Ich war unfähig, mich zu rühren, und schließlich schlief ich darüber ein. Als ich aufwachte, weinte ich und fühlte mich sehr einsam.

Gerne hätte ich mich an meine Eltern oder Freunde gewandt, doch das konnte ich nicht mehr. Und aus all dem fühlte ich zum ersten Mal in meinem Leben unsagbare Wut und blieb dennoch regungslos. Ich verstand diese Bilder damals 1986 auch gar nicht. Und dann stand auf einmal das Reh da. Ich lag noch immer auf der Seite und wir schauten uns minutenlang in die Augen. Plötzlich wurde ich ruhig und friedlich und es stellte sich Sanftmut ein. Wie wenn ich meiner Mutter begegnen würde und ihr sagen könnte: „Mama, ich habe diese Vorahnungen. Mama, ich schaffe das alles nicht." Und wie meine Mutter mich in Sanftmut anschauen und dabei sagen würde: „Ich liebe dich genau so, wie du bist." Oh, heute weiß ich, dass sie das gesagt hätte. Aber glauben konnte ich es damals noch nicht.

> Seit diesem Jahr ist das Reh mein Appell an die Sanftmut und das Vertrauen in die Intuition anderer Menschen.

Seit diesem Tag ist das Reh mein Appell an die Sanftmut und das Vertrauen in die Intuition anderer Menschen. Begegne ich heute einem dieser wunderbaren Tiere im Wald, weiß ich: Ich war gerade im Vorwurf gegenüber einer Situation und damit verbundenen Menschen. Es sind vorgefertigte Meinungen, denn wir wissen ja nicht, ob es tatsächlich so ist. Sie sind der Spiegel unseres Inneren. Die Kraft des Rehs ist die eines Sehers, ein anmutiges Tier, das nicht in Rudeln, sondern einzeln lebt. Dennoch ist es zart und mutig zugleich. Somit erinnert eine Begegnung mit dem Reh daran, dass es an der Zeit ist, unseren Weg nicht brachial umzusetzen, sondern mit einer Art angenehmer, zarter Durchsetzungskraft. Diese Begegnung besagt, dass es in uns selbst entstehen darf, an uns zu glauben und den eigenen Weg unbeirrt, aber ohne Kampf zu gehen.

In Baiersbronn im Schwarzwald, ein Ort, den ich ebenfalls öfter aufsuche, hatte man mir erzählt, dass es den Wald, wie wir ihn heute kennen, vor 200 Jahren nicht mehr gab. Riesige Flächen waren abgeholzt worden, die Bäume zu kilometerlangen Flößen gebunden und über den Rhein nach Amsterdam verschifft worden. Diese Stadt soll auf Schwarzwald-Tannen stehen, und die Handels- und Kriegsflotten vieler Länder waren aus Schwarzwälder Holz gezimmert. Den Rest verbrannten Köhler zu Asche für die Glasindustrie. Die Landschaft war immer im Wandel, und das war in meiner Heimat genauso. Der Wald, in dem ich mich als Mädchen verkroch, war nicht immer so gewesen, wie ich ihn vorfand. Das hatte Folgen zu dieser Zeit, als meine Hellsichtigkeit zutage trat. Denn im Wald traf ich auf verstorbene Menschen, die dort einst gelebt hatten. Für mich war das normal, es hat mich nie erschreckt. Wie mit den Tieren sprach ich auch mit den Geisterwesen. Doch ein Gedanke setzte sich in mir fest: Was ich erlebte, durfte ich auf keinen Fall weitererzählen. Ich war ohnehin die Außenseiterin, das hätte mein Schicksal endgültig besiegelt. Die meisten Kinder konnten nichts mit mir anfangen und ließen mich das spüren. Es verging kein Tag, an dem ich nicht geschubst und verhauen wurde. Zwei Jungs aus meiner Klasse machten es sich zur Angewohnheit, mir auf dem Weg zur Schule aufzulauern. Ich hatte, wie gesagt, ohnehin schon Angst, in die Schule zu gehen, weil ich schlecht war und mich langweilte. Und da war ich nun, mit einer viel zu dicken Brille, einer komischen Frisur, die meine Mutter selbst fabrizierte, und wurde jeden Tag von denen, die mich auf dem Kieker hatten, eingesperrt, an einen Baum gefesselt oder geschlagen. Sie machten meinen Schulranzen kaputt und zerrissen meine Bücher. Zu Hause gab es neuen Ärger, weil ich zu spät dran war und nicht erzählen wollte, wie mich die Jungs drangsalierten. So hatte ich oft richtig Angst und es tat auch oft körperlich sehr weh. Denke ich an diese Zeit zurück, spüre ich manchmal noch die Not meiner Kindheit. Ich war ein einsames kleines Mädchen, und auch wenn mich meine Eltern innig liebten, standen sie auf verlorenem Posten. In dieser harten Zeit war mir der Wald mit seinen Bewohnern und Geisterwesen wie immer der beste Trost.

Mir war völlig bewusst, dass es genügend Menschen um mich herum gab, die mich als verträumte Verrückte ansahen. Allerdings passierte es öfter, dass ich mein „Sehen" und „den Lauf der Zeit" nicht auseinanderhalten konnte. Ich sagte zum Beispiel zu einem Dorfbewohner Hallo, als er beim Rasenmähen hinter dem Haus war, und fragte, warum denn seine Frau weggezogen sei. Da müsse ich mich täuschen, meinte er. Als er Wochen später wieder betrunken vor der Tür stand, rief er, ich sei schuld, dass seine Frau weggelaufen sei. Auch als die Nachbarin bei einem schweren Busunglück ums Leben kam, meinte der Ehemann, dass ich sein Haus nie mehr betreten dürfe. Warum? Weil ich nicht gewollt hatte, dass

> Vorsicht! Es geht um das „Sehen" hinter den Dingen.

sie mit dem Bus fährt. Ich habe dieses Haus tatsächlich nicht mehr betreten.

Ich habe mich oft gefragt, warum ich nur die schrecklichen Dinge wahrgenommen habe. Es gab eine Zeit, in der ich nur noch Todgeweihte sah. Einmal feierte eine Nachbarstochter Polterabend. Ich schaute einem Pärchen im Garten von meinem Zimmerfenster aus zu, wie sie sich küssten, und hatte plötzlich die Eingebung, dass der junge Mann bald nicht mehr leben würde. Sein Bruder hatte immer einen kleinen Fuchsschwanz als Dekoration an seinem Gürtel, und der Fuchs steht in der Naturwelt für List und Tücke, aber auch für Verlust. Immer wieder hatte ich diese Ahnungen, die ich als Kind kaum in Worte fassen konnte. Ich habe versucht, mit Erwachsenen darüber zu sprechen. Es war auch nicht so, dass man mich nicht ernstnahm, vielmehr erweckten diese extremen Bilder die Angst vor dem Tod in den Menschen, die ich darauf ansprach, so als sei es ansteckend, über den Tod zu sprechen. Ich wandte mich ein letztes Mal an den damaligen Bestatter, der mir einfach nicht glauben konnte. Und dann starb der junge Mann bei einem Autounfall und sein Bruder nahm sich das Leben. Der Bestatter schaute mir nach diesem schicksalhaften Vorfall nie mehr in die Augen. Kein Wunder, dass es mir nicht mehr gelang, angstfrei zu leben und mich auf irgendetwas in meinem Leben wie etwa Hausaufgaben zu konzentrieren oder irgendeine Ordnung zu finden.

Es gab eine alte Frau im Dorf, die ihren Sohn ebenfalls bei einem Autounfall verloren hatte. Sie bat mich in ihr Haus, weil sie den Blick in meinen Augen erkannte. Sie setzte sich vor mich hin und sagte, dass es völlig normal sei, dass ich die Geister sehe. Dabei hatte ich nie etwas erzählt. Sie ließ mich an ihrer Zeremonie teilnehmen. Wir saßen mit Kerzen am Küchentisch und jede von uns hatte ein Blatt Papier und einen Bleistift in der Hand. Bei abgedunkeltem Licht rief sie laut ihren verstorbenen Sohn. Er führte auf unsichtbare Weise ihre Hand, um ihr zu schreiben, und diesen Text las sie laut vor.

Auch wenn es funktionierte, wollte ich damit nichts zu tun haben, legte den Bleistift schnell wieder hin und verschwand so schnell ich nur konnte durch die Haustür und zurück auf die Straße.

Dennoch mochte ich diese Frau sehr gerne, und als sie mich zur Sterbebegleitung an ihr Totenbett ins Krankenhaus bat, ging ich hin. Sie wurde einmal kurz wach und schaute mich an. Erst sagte sie zu mir: „Kerstin, jetzt ist es endlich vorbei“, und etwas später rief sie den Namen ihres Sohnes. Sie setzte sich kurz auf und ich hatte den Eindruck, sie begegnete ihm in diesem Moment wirklich und die beiden fielen sich glücklich in die Arme, bevor sie friedlich einschlief. All das wurde mehr und mehr mein Alltag, aber auch eine Art Parallelleben zu dem sogenannten normalen Leben.

Ein Kind mit Fantasie

Als der Atomunfall von Tschernobyl überall eine große Angst auslöste, hatte ich keine. Ich hatte auch innere Bilder gesehen von Fülle und Wohlstand. Doch die dunklen Erinnerungen in mir dominierten.

Die Hölle, wie ich meine Jahre in der Grundschule nenne, endete an dem Tag, als ich in die Hauptschule kam. Das hat maßgeblich mit einigen engagierten Lehrer*innen zu tun. Lehrer*innen, die an mich glaubten und die erkannten, dass Mathematik nicht zu meinem Lieblingsfach werden würde, ich aber die deutsche Sprache liebte. Von der Lyrik war ich zuerst angetan, später auch von Prosa. Als ich in der neunten Klasse war, hatte ich deutlich an Selbstbewusstsein gewonnen. Meine Deutschlehrerin verhalf mir zu meiner ersten öffentlichen Rede, sowohl was den Ausdruck als auch was das „Wording“ betrifft. Nie werde ich das Zitat von Eugen Roth darin vergessen: „Ein Mensch schaut in die Zeit zurück und sieht: Sein Unglück war sein Glück.“

Es war ein Zitat aus meiner Abschlussrede als Schulsprecherin – ein Spruch, wie auf mich gemünzt. Ich bin meinen Lehrer*innen sehr dankbar, dass sie mit ihrer intelligenten, humorvollen und gediegenen Art die Bildung meines gesunden Charakters förderten und ich meinen Frieden damit machen konnte, diesen Schulweg gewählt zu haben. Auf allen weiterführenden Schulen kam es mir zugute, dass in den ersten Jahren nach der Grundschule Charakterbildung, Ordnung und Kreativität im Vordergrund standen. Es hat niemanden mehr interessiert, auf welchem Wege ich die mittlere Reife, Examen etc. erreichte. Jeder Mensch geht seinen eigenen Weg – nämlich den Weg, zu dem er geboren wurde. Wir entwickeln unsere Persönlichkeit und reifen immer wieder in eine neue Kraft hinein.

Jeder Mensch geht seinen eigenen Weg – nämlich den Weg, zu dem er geboren wurde.

So war auch „das Sehen" in dieser Zeit auf den weiterführenden Schulen nicht mehr die Hauptsache. Apropos sehen: „Das Kind guckt so komisch", hieß es, und das hatte nichts mit den acht Dioptrien zu tun, welche meine „Panzerglasbrille" korrigieren sollte. Manchmal zückten meine Eltern den Fotoapparat, weil sie festhalten wollten, wie eigenartig oder irre ich guckte. Das war das Wort, dass fiel: nicht komisch, sondern irre. Und irre klingt nach gefährlich und dumm, das weiß jedes Kind. Also versuchte ich, nicht irre zu gucken, doch es gelang mir nicht. Es sah aus, wie wenn man sich festguckt, nur extremer. Der Grund war: Ich sah Dinge, die andere nicht sahen.

Eines Tages spielte ich mit meinem Bruder und seinem Freund Mensch ärgere dich nicht. Als mir mein Bruder den Würfel reichte, weil ich an der Reihe war, sah ich auf ihm den Punkt für die Zahl 1. Allerdings sah ich noch mehr: Ich sah eine blaue Farbe, die sich änderte, als ich eine 3 würfelte. Dann war auf einmal alles gelb. Bei 2 sah ich rot und so bei jeder weiteren Zahl eine andere Farbe. Als dieses Phänomen das erste Mal auftrat, starrte ich den Würfel an, guckte also wieder einmal irre. Ich konnte es mir nicht erklären. Heute weiß ich natürlich, dass man solche Menschen Synästhetiker nennt und den ganzen Vorgang Synästhesie. Das Wort stammt aus dem Griechischen und bedeutet „Vermischung der Sinne". Da gibt es nicht nur Leute, die hinter Zahlen Farben sehen, sondern auch welche, die Töne in Formen oder Farben erkennen. Viele Menschen mit hoher Intelligenz sind darunter oder Künstler*innen wie Johann Wolfgang von Goethe, Wassily Kandinsky, Vladimir Nabokov oder die Siegerin des European Song Contest 2014, Conchita Wurst. Einmal legten meine Eltern eines der Fotos, auf denen ich diesen Blick hatte, dem Schulpsychologen vor, weil sie befürchteten, ihr Kind könnte von Sinnen sein. Das hätte schlecht ausgehen können für mich, doch der Psychologe beruhigte meine Eltern nach einer intensiven Testbatterie für eine gewisse Zeit mit den Worten, dass ihre Tochter einfach zu viel Fantasie habe.

Mein Bruder hat sich diese Sorgen um mich nie gemacht. Er nahm mich so wie ich war. Gut, er wird nicht müde zu erwähnen, dass er ein verwöhntes Einzelkind geblieben wäre, wenn ich ihm in seinem siebten Lebensjahr nicht dazwischengekommen wäre. Aber er sagt lächelnd dazu, wie langweilig ihm dann heute sei.

Wahrscheinlich haben die älteren Geschwister einen größeren Einfluss auf die Erziehung der kleineren Geschwister als die Eltern. Denn die Meinung meines Bruders gehört zu den wichtigen Säulen in meinem Leben, auch wenn wir völlig unterschiedliche Lebenswege gehen. Wir sind beispielhaft dafür, dass die gleichen Werte auf unterschiedliche Lebenskonzepte übertragen werden können und ein gewisses Charakterprofil sich auf vielen Ebenen ausdehnen kann.

Als ich begann, dieses Buch zu schreiben, stellte ich mir die Frage, wie weit meine Erinnerungen zurückreichen sollten und wie offen und ehrlich ich hier sein möchte. Tatsächlich reichen meine Erinnerungen sehr weit zurück, noch bis vor mein zweites Lebensjahr. Und nun, mit Mitte vierzig, soll es mir gleichgültig sein, wie meine Worte gewertet werden oder wie über sie geurteilt wird. Vor ein paar Jahren habe ich aufgehört, etwas zu verstecken, was mich zu einem großen Teil ausmacht. In der Bibel gibt es viele

Passagen über Menschen, die nahe bei Gott sind, und Visionen, Vorhersagen oder Bilder an andere Menschen weitergeben, um ihnen zu dienen. Dass der Schulpsychologe damals diese Diagnose gestellt hat, war großartig. Und ja, einiges an meinem Verhalten mag ungewöhnlich gewesen sein, aber weist lediglich darauf hin, dass ich früh ein waches Bewusstsein entwickelte und mich nach wie vor bis in mein zweites Lebensjahr zurückerinnere. Ich weiß noch, wie ich auf der Couch meiner Eltern im Wohnzimmer lag und interessiert die Farben und Muster der Wolldecke betrachtete, die meine Mutter darüber gebreitet hatte. Sie hatte sich zu mir gesetzt, um mir die Milchflasche zu geben, und auch diese Flasche sehe ich genau vor dem inneren Auge. Außerdem hatten wir ein Aquarium, mit Neonleuchten erhellt, und ich erinnere mich an die kleinen Fische mit blauen Streifen, die darin schwammen. Doch vor allem die Milchflasche blieb mir in Erinnerung – womöglich auch, weil ich Milch nicht vertrug und heftig darauf reagierte. Dazu ist ein Gefühl abgespeichert: Meine Eltern arbeiteten sehr hart, hatten das Haus, in dem wir wohnten, mit eigenen Händen gebaut. Weil mein Vater und auch meine Mutter aus armen Familien stammten, war es ihnen wichtig, das Haus so schnell wie möglich abzubezahlen. Das schafften sie in der Rekordzeit von vier Jahren, mit der Folge, dass sie rund um die Uhr schufteten, ähnlich, wie ich es heute tue. Am Abend jedoch war Ruhe, und ich genoss die plötzliche Abkehr von der betriebsamen Hektik. Und wissen Sie, wie ich heute entspanne – chillen sagt man, nicht wahr? – wenn einer meiner 14-Stunden-Arbeitstage zu Ende geht? Am liebsten auf dem Sofa! Nur nicht mit einem Fläschchen Milch, sondern manchmal mit einem Gläschen Wein, meistens mit gutem Tee.

Meine Mutter arbeitete mittlerweile bei einer Familie im Dorf, die sehr wohlhabend war. Mit dem Begriff „Millionäre" konnte ich damals nichts anfangen, doch wenn ich dort zu Besuch war, sah ich mit eigenen Augen, wie sehr sich diese Lebensweise von der Lebensweise meiner Eltern unterschied. Ich hatte als Kind nie den

Eindruck, dass es uns an etwas fehlte. Es war bei uns wie bei anderen Familien in den Siebzigern und Achtzigern auch. Es galt zu sparen, man konnte nicht alles haben, und dennoch hatten wir von allem genug. Und trotzdem faszinierten mich Reichtum und Wohlstand. Das war auch bei einer weiteren Familie der Fall, die ebenfalls sehr vermögend war und die an mir aus irgendeinem Grund einen Narren gefressen hatte. Ich durfte dort zu jeder Tages- und Nachtzeit ein- und ausgehen, was, wenn ich heute zurückblicke, doch etwas merkwürdig war. Damals kümmerte es mich nicht. Ich ging mit dem Hund spazieren, schwamm im großen Pool und saugte regelrecht auf, was alles drin sein kann, wenn Menschen zu Geld kommen.

Um Ihnen an dieser Stelle einen Schnelldurchgang durch mein Leben zu geben, was die monetäre Seite angeht: Lange Jahre war ich arm wie eine Kirchenmaus. Heute sage ich mit viel weiblichem Selbstbewusstsein: Ich bin reich. Denn Geld an sich ist nichts Schlimmes, im Gegenteil: Geld ist neutral und es liegt an uns, ob wir Gutes damit tun oder nicht. Damals in meiner Kindheit vernahm ich jedoch häufig den Satz: „Geld verdirbt den Charakter.“ Nein, Geld verdirbt nicht den Charakter, sondern enthüllt eher den Charakter desjenigen, der so einen Satz im Mund führt.

Ich hatte die Hölle der Grundschule auf der einen Seite und meine Flucht in den Wald. Ich hatte auf der anderen Seite aber auch meine Eltern, die mir mit ihrem enormen Fleiß Sicherheit, Wohlstand und Verbundenheit vorlebten, inklusive des Wissens, dass immer alles möglich ist, wenn man nur will. Und ich hatte die reichen Nachbarn, die mir ihre Häuser öffneten und vermittelten, was alles möglich ist. Sie zeigten mir, wie wichtig eine gewisse Autonomie ist. Als einzige wohlhabende Menschen weit und breit waren sie ebenfalls Außenseiter, doch das schien sie nicht zu stören.

Eine dieser Nachbarsfamilien besaß eine Spedition, und ganz oft trank ich abends noch eine Limonade in deren Büro. An jenem

Abend stand die Sonne recht tief, der Nachbar saß an seinem Schreibtisch und seine Frau auf dem Kanapee daneben. Ich schmiegte mich an den Golden Retriever auf dem Boden. Sie sagte zu ihrem Mann, wie dankbar sie sei, dass die Sonne in ihr Leben falle, bei dem, was sie in ihrem Zuhause alles erlebt hat. Ich glaube heute, er vergötterte seine Frau, denn er antwortete ihr aufrichtig, dass er ihr immer die Sonne ins Leben holen werde.

Er sagte häufig: „Wer fleißig war und es wirklich wollte, hatte in diesen Jahrzehnten in Deutschland alle Möglichkeiten, erfolgreich zu sein." Das wollte ich auch! Erfolgreich sein! Neben Disziplin erwähnte der Nachbar noch einige seiner Firmengeheimnisse, und eines wurde mir an diesem Abend klar: Freunde macht man sich mit Erfolg nicht, denn ständiges Abwägen zwischen Menschlichkeit und Business gehörte dazu.

Die folgenden drei Gesetze sind mir in Erinnerung geblieben und ich fasse sie wie folgt für mich zusammen:

Treffen Sie eine Entscheidung und bleiben Sie dabei.

Als Henry Ford darauf aufmerksam gemacht wurde, dass die eckige Karosserie seines berühmten T-Modells nicht sehr verkaufsträchtig sein würde, blieb er beharrlich bei der Entscheidung. Sein Erfolg sollte ihm recht geben, wie wir später gesehen haben. Er hielt ein Revidieren für zu zeit- und geldaufwendig. Außerdem orientierte er sich nicht an anderen.

Aufrichtigkeit ist unbezahlbar und kostet manchmal Geld, das es wert ist.

Immer wieder bewerten Menschen die Geschäftsgebaren eines anderen. Aufrichtigkeit kann verletzend, aber auch offenbarend sein. Sich ganz zu zeigen, wie man ist, bringt am Ende die größte Energie – und damit Geld.

Behaupten Sie niemals, Sie hätten keine Chance gehabt.

Wie oft fallen einem Chancen einfach so in einen Schoß? Selten. Dann gilt es, sich diese Chancen zu erschaffen. Es dauert manchmal für unseren Verstand nur Sekunden, um solche Chancen zu kreieren. Wie lange hat es wohl gedauert, Eis in warme Schokolade zu tunken und damit etwas Neues zu erschaffen?

Zusammengefasst können wir sagen: Wenn ein Mensch diszipliniert arbeitet, seine Talente, Fähigkeiten und gesunden Menschenverstand benutzt, wird aus Kreativität Innovation, aus Wissen natürliche Macht und aus den eigenen Impulsen folgt ein sinnvolles Leben, das ich in drei Punkte fasse:

Sicherheit – Geld – Leben

Es taucht hier also die Fantasie, von der ich laut meinem Schulpsychologen zu viel hatte, in einem positiven Zusammenhang auf. Heute weiß ich, dass aus der Fantasie die Fähigkeit zu großer Vorstellungskraft erwächst. Wer heute meine Seminare besucht, weiß, wie sehr die Vorstellungskraft darin Teil des Prozesses ist.

Die Kraft des Wortes

Nach wie vor haben Musik, Gesang und Ton für mich eine sehr große Bedeutung. Sowohl im Hobby als auch im Beruf. Was uns nicht weiter verwundern sollte, weil im Schamanismus aller indigenen Völker Musik und Rhythmus von höchster Bedeutung sind. In einer Zeit lange vor unserer war das Ohr ein wichtigeres Sinnesorgan als das Auge, da das ganze Universum auf Klang, Rhythmus und Schwingungen aufgebaut ist. So steht im Johannes-Evangelium: „Im Anfang war das Wort, und das Wort war bei Gott, und Gott war das Wort." Dieses Wort ist Klang, wie jedes Wort Klang ist, egal, ob wir es singen oder sprechen. Das führt uns noch sehr viel weiter zurück

Und das Wort war bei Gott.

als die Bibel: Bereits in den Upanischaden lesen wir über den „Ur-Ton“, einen kosmischen Laut, der alles in Bewegung setzt und alles zusammenhält. Dieser Ton wird auch in den Veden beschrieben. Dort heißt er „Anahàd“, der unbegrenzte Ton. Bei den Sufis ist es Saute Surmàd, der Klang, den Mohammed bei seiner ersten Offenbarung in der Höhle am Berg Hira vernahm. Der berühmte Sufi-Musiker Hazrat Inayat Khan sagt dazu: „Dieser Ton ist die Quelle aller Offenbarung.“ Aus seinem Klang heraus entwickelten sich die Mantras, die wir heute noch benutzen. Auch das Amen entstand aus dem Ur-Laut OM. Andere Mantras unserer christlichen Welt sind Ave Maria, Halleluja, Osanna und Kyrie Eleison. Sie alle haben eine wohlordnende Macht. Das lässt sich mittlerweile sichtbar machen: Wird ein Wassertropfen mit Mantras bespielt, ordnet sich seine Molekularstruktur in harmonische Formen. Es ist faszinierend, diesen Prozess mit einer hochauflösenden Kamera auf die Leinwand zu bringen und das Publikum staunen zu lassen.

„Und das Wort war bei Gott.“ In der Aufstellungsarbeit ist ein Ton, ein Wort manchmal die Lösung für alles. Wir können so viel denken, überlegen, transformieren. Doch manchmal ist der Wegweiser und Türöffner ein einziges Wort. Wir haben solche Begriffe als Kraft- und Machtwörter im alltäglichen Gebrauch, Wörter mit einer großen Wirksamkeit, ohne dass wir uns dessen bewusst sind. Es sind Wörter wie danke – bitte – stopp – geh – bleib – nein – halt – weiter oder auch Sätze wie in diesem Bibelzitat: „Fürchte dich nicht, denn ich habe dich erlöst. Ich habe dich bei deinem Namen gerufen!“ (Jesaja 43,1)

Wie oft habe ich es in der Aufstellungsarbeit erlebt: Wer seinen Namen ganz oder teilweise ablehnt, lehnt gleichsam ungelöste Themen in sich ab. Im Teeniealter ist ein Hadern mit dem eigenen Namen völlig normal, denn es geht um die Frage der eigenen Identität, des eigenen Seins. Doch im Erwachsenenalter spielen die Ordnungen des Lebens – und auch die Namensgebung – eine prägnante Rolle in unserem Leben.

Ein guter Freund von mir heißt David-Alexander[2]. Er trat als David in mein Leben und es war schnell klar, dass David innerlich zu sich sagte: „Lieber nehme ich etwas von mir zurück, als anderen zu viel zuzumuten."

Er hatte Furcht vor Ablehnung und Trennung. Seine Frau hat sich nach 21 Jahren Ehe von ihm getrennt und die drei Kinder brachen den Kontakt zu ihm ab. Für ihn ein tief schmerzlicher und auch kaum nachvollziehbarer Weg seiner Familie.

Als David wieder David-Alexander gerufen wurde, kam eine gesunde Kraft zurück und er beschrieb sich mehr und mehr als vollständig.

Vielleicht ist mir das „So zu sein, wie man gemacht ist" aufgrund meiner Geschichte wichtig. Auch ich habe meinen Namen lange nicht gut gefunden. Erst seit ich mich ganz gezeigt habe, mit all dem, was mich ausmacht, mag ich den Namen „Kerstin", und ich bin sehr froh, keinen zweiten Namen zu haben. Denn jeder Name bringt ein Lebensthema mit sich, und ein Doppelname ist dann von großer Relevanz und als ganzer Name zu sehen, wenn ein Bindestrich dazwischen ist.

Denke ich heute an den Ort meiner Kindheit zurück, fällt mir aber auch dieser wunderbare Satz ein: „Man braucht ein ganzes Dorf, um ein Kind zu erziehen." So sagte man früher, und heute ist dieser Satz aktueller denn je: Zahlreiche Studien weisen nach, dass die Probleme vieler Heranwachsender durch die Struktur der Kleinfamilie entstehen. Das liegt auch auf der Hand. Stimmen dort die Verhältnisse nicht, bekommt das Kind kaum eine andere Meinung und Lebenskultur mit als diese Unstimmigkeit. Erzieht hingegen ein ganzes Dorf ein Kind, ist das etwas ganz anderes. Meine Vielfältigkeit von heute beruht unter anderem darauf, dass ich von vielen Menschen wertvolle Impulse aufnehmen durfte. Damals in meiner Kindheit standen die Türen sämtlicher Häuser stets offen, und das nicht nur

2 Name geändert

im übertragenen Sinne. Unser soziales Netzwerk hieß: draußen sein. Ich erinnere mich gerne an die Frau, die den Tante-Emma-Laden betrieb. Wenn ich ein Beispiel für eine herzensgute Frau brauche, kann ich sie anführen. Sie hatte immer ein freundliches Wort für alle Menschen, auch für uns Kinder, und schenkte gerne denen etwas, die nichts hatten. Und sie tat das ganz unauffällig, ohne große Worte, en passant, wie das so schön im Französischen heißt, also wie im Vorbeigehen. Das wahrte die Würde derer, die darauf angewiesen waren, und drückte vor allem eine ganz selbstverständliche Form von Solidarität aus, die wir unserer Gesellschaft heute wünschen würden. Auch der Musikverein war ein Auffangbecken. Das sind Vereine auch heute oft noch, ihr wertvolles Engagement kann nicht oft genug gelobt werden. In unserem Verein war jeder Mensch willkommen, und in der Musik gab es auch die Gelegenheit, eventuelle Konflikte ganz einfach in Nichts aufzulösen.

Es wird mir manchmal ganz warm ums Herz, wenn ich an verschiedene Situationen in meinem Heimatdorf zurückdenken und mich vor meinem inneren Auge auf meinem kleinen hellblauen Fahrrad durch die Dorfstraßen strampeln sehe, häufig mit meiner Katze Kismet im Fahrradkörbchen. Vor einem alten Haus saß immer ein älterer Mann auf einer Bank, der Kartoffeln schälte. Ich konnte vorbeikommen, wann immer ich wollte: Er war da und schälte seine Kartoffeln.

Anfangs noch ganz schüchtern setzte ich mich neben ihn. Wir redeten nicht viel, das war aber auch gar nicht nötig. Dieser Bauer strahlte die Zufriedenheit und Lebensliebe aus, die Menschen auf dem Land, die von und mit der Natur leben, so eigen ist. Eines Tages sagte er: „Kind, ich hab' Hasen." Ich muss lächeln, wenn ich an meine Antwort denke, die wie aus der Pistole geschossen kam: „Ich will einen!"

Er machte nicht viel Aufhebens darum. „Dann komm mit!", sagte er.

Wir ließen den Beutel mit den Kartoffeln stehen und gingen um das Haus herum und in den Garten dahinter. Dort hatte der

Bauer seine Hasenställe. Er ging zu meinem Fahrradkorb, setzte den schlafenden Kater Kismet auf den Boden, hob behutsam einen der Hasen in das Körbchen hinein und deckte ihn mit einem Stück Pappe oben zu.

„Hier, Kind", sagte er mit Selbstverständlichkeit und ließ sich wieder auf der Bank nieder, als sei das die normalste Sache der Welt. Für mich war es das nicht, denn meine Eltern erlaubten neben dem Kater keine weiteren Haustiere. Doch nun hatte ich auf einmal einen Gefährten, für den ich von jetzt an verantwortlich war. Ich musste nur noch an Mutter vorbei und erlebte dadurch einmal mehr, was es bedeutet, wenn ein ganzes Dorf ein Kind mit erzieht. Meine Eltern brachten den Hasen übrigens nicht zurück und ich durfte ihn behalten.

DEINEN EIGENEN WEG FINDEN

Mal unter uns: Im Grunde hatte das Leben seinen Höhepunkt erreicht, als wir frisch gebadet im Schlafanzug vor der Lieblingskinderserie saßen und am nächsten Tag keine Schule hatten.

Für den Schulpsychologen hatte ich also einfach zu viel Fantasie. Darunter versteht das Wörterbuch der deutschen Sprache eine „nicht der Wirklichkeit entsprechende Vorstellung", mit der man ja durchaus viel Geld verdienen kann. Dazu brauchen wir nur die fantasievollen Erfinder*innen von Kinofilmen, Serien und Romanen zu fragen oder Maler wie Salvador Dalí, dem sicher zu Lebzeiten keiner die Fantasie abgesprochen hat. Wie ist es mit Modedesigner*innen, die uns alle halbe Jahr mit ihren fantasievollen Kreationen begeistern?

Auch Musiker*innen, egal ob klassisch oder aus der Pop-Kultur, leben von überbordender Fantasie.

Und Lúcia de Jesus dos Santos? Sie war eines der drei Mädchen, die Zeuginnen der Marienerscheinung in der Stadt Fátima in Portugal waren. War, was sie erlebte, eine „nicht der Wirklichkeit entsprechende Vorstellung"? Was hätte mein Schulpsychologe dazu gesagt? Für die Päpste war die Sache klar: Lúcia wurde von Johannes Paul II. selig- und von Franziskus dann heiliggesprochen. Das tut man nicht, wenn man der Überzeugung ist, dass ihre Vorstellung nichts mit der Wirklichkeit zu tun hatte.

Ja, wir leben in spannenden Zeiten. Heute treffen sich Quantenphysiker*innen mit Mystiker*innen und Hellsichtigen und sprechen über dieselben geheimnisvollen Vorkommnisse. Jede*r nähert sich der Sache von der eigenen Seite aus an, doch eines Tages werden wir uns in der Mitte treffen. Bis es so weit ist, werden viele Menschen die Quantenphysik nicht verstehen, genauso wenig, wie sie Mystik oder Hellsichtigkeit verstehen. Das ist in Ordnung. Wir Menschen lassen uns Zeit in unserer Entwicklung. Sie verläuft über Jahrtausende hinweg in Wellenbewegungen, wie alles im Universum. Auf Zeiten stürmischen Fortschritts folgen Zeiten, in denen sich scheinbar nichts tut. In der Ökonomie gibt es dafür sogar einen Namen, der erst einmal überraschend daherkommt: der Schweinebauchzyklus. Vor knapp hundert Jahren stellte der deutsche Agrarwissenschaftler Arthur Hanau fest, dass der Preis von Schweinebäuchen einem nachvollziehbaren Rhythmus folgt. Seither weiß man, dass alle Märkte diesen Schwingungen unterliegen, sei es der Handel mit Computerchips oder der Arbeitsmarkt. Spannend, nicht?

Ja, wir leben in spannenden Zeiten.

Das Mädchen, das ich Ihnen im vorigen Kapitel geschildert habe, erlebte auch normale Zeiten. In denen trat ich morgens vor die Tür und ging durch meinen Tag wie alle anderen auch. Hätte es das nicht gegeben, wäre ich wohl gar nicht mehr da. Das spüre ich heute: Nach einem großen Seminar, in dem ich in kurzer Zeit Hunderte von hellsichtigen Durchsagen mache, bin ich platt, um es klipp und klar zu sagen.

Nur weiß ich heute besser denn je, was ich tun muss, um die Batterie neu aufzuladen. Damals, in meiner Kindheit und Jugend, wusste ich wenig darüber. Zwar zehrte ich vom Energieüberschuss, den man in diesen Zeiten besitzt, doch immer wieder sagte mein Körper: „Jetzt ist Schluss, Kerstin!“ Ich glaube, ich habe mir so ziemlich alle Krankheiten eingefangen, die man sich einfangen kann, und dazu noch ein paar mehr. Das waren Stoppschilder, die mich eigentlich hatten bremsen sollen. Manchmal fuhr ich trotzdem noch darüber.

Aber zurück in die Kindheit: Nun hatte ich also endlich die verhasste Grundschule hinter mir und kam auf die Hauptschule. Ich kann immer noch nicht sagen, weshalb diese Schulform für manche Menschen ein Makel bedeutet. Oft habe ich sehr erfolgreiche Manager in meinen Seminaren, die mir irgendwann, hinter vorgehaltener Hand, zuflüstern: „Aber ich habe doch bloß Hauptschule!" Das Bemerkenswerte daran ist, dass wir alle weitergemacht haben – Mittlere Reife, Fachabitur etc. Doch immer wieder kommt der Ausspruch: „Ich bin Hauptschüler*in." Das erlebe ich weder bei Absolvent*innen der Realschule noch bei ehemaligen Gymnasiast*innen. Dazu kommt, dass ich mir so manches Mal denke: Als ob ich diese vermeintliche Schande, die auf ihnen lastet, noch nicht gesehen hätte. Ein erfolgreicher Unternehmer, dessen Firma Maschinen herstellt, die sonst kaum einer in der Welt produzieren kann, der eloquent ist und die Welt bereist, um seine Produkte zu verkaufen, verstummte in dem Moment, in dem ein Gesprächspartner mit seinem Doktortitel auftrumpfte. Er selbst hatte nur den Hauptschulabschluss. Falls es Ihnen ähnlich geht: Kennen Sie diese bekannte Zeichnung, auf denen ein Elefant, ein Affe, eine Schnecke und eine Robbe vor einem Baum stehen? Der Lehrer sagt zu ihnen: „Damit es gerecht zugeht, kriegt ihr alle dieselbe Aufgabe: Klettert auf diesen Baum." Klar, dass sich nur einer freut, und das ist der Affe. Die anderen tun, was Millionen Kinder jeden Tag tun: Sie scheitern.

Stellen Sie sich vor, es würde in der Schule das Fach Persönlichkeitsentwicklung gelehrt.

Stellen Sie sich vor, es würde in der Schule das Fach Persönlichkeitsentwicklung geben mit den Benotungskriterien: Empathie, Auffassungsgabe, Motivation und Lösungsorientierung. Und außerdem einen Lehrplan mit all den Inhalten, die aus altem und neuen Wissen weitergegeben werden können. Was würde aus einem Großteil der Kinder werden? Wie früh könnten sie sich frei entfalten und ihren eigenen Weg gehen? Wie viele Schmerzen könnten sie sich auf dem Weg zum Erfolg ersparen?

Ich hatte wie gesagt auf der Hauptschule das große Glück, einige Lehrer*innen zu haben, die den Lehrplan, nach dem Elefant, Affe, Schnecke und Robbe auf den Baum klettern müssen, nicht so ernst nahmen. Sie erkannten, dass mehr in mir steckte. Dass „etwas anderes" in mir steckte, das sie vielleicht nicht einordnen konnten, deshalb aber nicht verdammten. Ganz im Gegenteil, sie förderten mich. Eine von ihnen erkannte, dass ich für mein Leben gern las. Meine Deutschlehrerin empfahl mir Buchhandlungen, in denen ich Lektüre finden konnte, und erzählte, dass es im Fernsehen das „Literarische Quartett" zu sehen gebe, sie es mir doch leider nicht empfehlen könne, da es zu spät am Abend ausgestrahlt werde. Ich schaute es dennoch – und das regelmäßig. Damals moderierten noch Marcel Reich-Ranicki, Hellmuth Karasek und Sigrid Löffler die Sendung, und ich wurde eine treue Zuschauerin. Auf einmal tat sich eine Welt der Literatur vor mir auf, die ich bisher nicht gekannt hatte: Von Umberto Eco über Günter Grass und Martin Walser bis zu Elfriede Jelinek, Javier Marías, Irene Dische und Brigitte Kronauer und viele mehr las ich alles weg, was im Quartett empfohlen wurde – und auch das, was Marcel Reich-Ranicki verriss. Sagte er: „Ich habe von diesem Poeten nie viel gehalten und niemand kann mich zwingen, 800 Seiten von einem Autor zu lesen, der mich nicht interessiert", konnte es gut sein, dass ich in die Buchhandlung lief, um etwas über diesen Schriftsteller zu erfahren. Dort stöberte ich durch alle Regale und vergaß die Zeit, wie ich sie sonst nur im Wald vergaß.

Ich hatte schon zuvor Heinrich Böll gelesen und Dante Alighieri, Friedrich Dürrenmatt und Ödön von Horváth; Rainer Maria Rilke half mir über schlimme Zeiten hinweg, wie auch Hermann Hesse, von dem ich sogar eine Erstausgabe besaß, mein damals größter Schatz. Noch heute besitze ich eine riesige Büchersammlung. Mein Mann, Hermann Scherer, sagt manchmal halb im Scherz und halb im Ernst: „Wenn du zehntausend Bücher weggeben würdest, wären immer noch fünfzehntausend da." Er hat nicht ganz unrecht. Und ich fand damals in der Buchhandlung auch Bücher, die im „Literarischen Quartett“ nicht besprochen wurden: Spirituelle Werke aus den Esoterik-Regalen. Genau dort geschah eines Tages etwas, das meinem Leben eine Wende gab.

Zu dieser Zeit – ich war 17 Jahre alt – verbrachte ich die Nachmittage gerne in Trier. Natürlich fühlte sich der Wald noch immer wie ein Zuhause an, woran sich bis heute nichts geändert hat. Doch ging ich jetzt in den Wald, war es keine Flucht mehr. In Trier herumzustöbern war auch keine Flucht, im Gegenteil: Ich traf auf Mädchen und Jungen, bei denen mir kein Misstrauen entgegenschlug. Ich wiederum spürte einen Hauch der vielen Ereignisse, welche die lange Historie der Stadt Trier geprägt haben. Es ist die älteste Stadt Deutschlands, gegründet 16 Jahre vor der Geburt Christi. Da kommen einige Geschichten zusammen. Immer wieder zog es mich in eine bestimmte Buchhandlung, so auch an diesem sommerlichen Nachmittag. Zunächst hatte ich nach den Empfehlungen aus dem „Literarischen Quartett“ gesehen und hatte jetzt vor, das Regal mit spirituellen Büchern zu durchforsten. Ich kniete mich hin, um von ganz unten ein Buch herauszuziehen, das mir allein durch den Umschlag aufgefallen war, als ich die Stimme einer Frau in meinem Kopf vernahm, ohne sie tatsächlich zu hören. Sie stand mit dem Rücken zu mir am Nachbarregal und stöberte ebenfalls. Beiläufig fragte sie mich auf diese für mich verrückte Weise, ob ich die Autorin des Buches kenne, das ich ausgewählt hatte.

„Nein, ich habe noch nie etwas von ihr gelesen“, antwortete ich laut und wahrheitsgemäß. Gleichzeitig bemerkte ich, wie unangebracht es war, diese Worte laut auszusprechen; wir schauten uns ja noch nicht einmal dabei an.

Doch es entspann sich eine Plauderei unter Buchliebhaberinnen, bei der mir die Frau interessante Tipps geben konnte. Sie war wesentlich älter und belesener als ich. Niemand in der Buchhandlung nahm Notiz von unserer Unterhaltung. Allerdings nicht deshalb, weil Gespräche zwischen Kund*innen dort Alltag waren. Der Grund lag darin, dass uns niemand hören konnte. Unsere Unterhaltung fand

Rücken an Rücken statt, ich an meinem Regal, sie an ihrem Regal, lautlos, rein in Gedanken. Es war das erste Mal, dass ich auf eine Gleichgesinnte traf: eine hellsichtige, hellhörende und hellsprechende Frau, die auf diese besondere Weise kommunizieren konnte. All das geschah völlig unaufgeregt und ich war nicht einmal überrascht. Allenfalls der Satz: „Na endlich, das musste doch mal kommen", ließ sich kurz blicken und flatterte auch gleich wieder davon. Während ich das heute niederschreibe, kann ich noch einmal das Gefühl von damals aufrufen: Es war reines Urvertrauen in das, was ich ansonsten vor der Welt versteckt hielt. Zwei Menschen führen ein Gespräch, ohne dabei die Stimme verwenden zu müssen, na und? Und doch war es ein Ereignis von gewaltiger Bedeutung – und wie bei vielen Ereignissen von gewaltiger Bedeutung wurde mir das erst später klar. Wenn ich heute innerhalb kürzester Zeit die Geschichte eines Menschen erschauen kann, der sich hilfesuchend an mich wendet, und damit zum Inhaltsverzeichnis für unsere gemeinsame Arbeit komme – dann ist ein Grundstein dafür in dieser esoterischen Buchhandlung gelegt worden. Wie heißt es so schön? Kommt man erst mit Büchern in Berührung, entdeckt man, dass man Flügel hat. Bei mir trifft das gleich doppelt zu.

Einige Jahre zuvor, ich war um die 15 Jahre alt, hatte es schon einmal einen Hinweis gegeben. Ich hatte einen Termin bei einem chinesischen Arzt, der zu dieser Zeit zu den Ersten gehörte, die Traditionelle Chinesische Medizin in Deutschland anboten. Mir ist in Erinnerung geblieben, wie der Arzt mich musterte und dann überrascht sagte: „Du hast den Blick. Könntest du dir vorstellen, für mich zu arbeiten?" Ich wusste zwar, was er meinte, doch ich wusste nicht, dass man mit diesem Blick etwas anfangen konnte. Bisher hatte mir meine Hellsichtigkeit bloß im Weg gestanden.

Schüchtern wie ich war, schüttelte ich stumm den Kopf. Der Kontakt zu diesem Arzt riss trotzdem nicht ab. Wahrscheinlich war ihm klar geworden, dass ich noch ein gehöriges Stück Weg hinter mich bringen musste, bis die Hellsichtigkeit anderen Menschen zugutekommen konnte. Als ich später selbst Therapeutin war, kam mir dieser Arzt wieder in den Sinn. Er hatte auf unverfängliche Art und Weise vom „Blick“ gesprochen zu einer Zeit, als ich noch immer sehr viel Angst davor hatte, des bösen Blicks bezichtigt zu werden. Ich ging einsam durchs Leben und hatte nur Zuspruch von einer Seite, die keinen, der bei mir in einem Seminar war, überraschen wird: Jesus. Wann immer ich mit Menschen arbeite, begleitet mich ein großes Bild von Jesus als Aufsteller im Raum. Und nein, da ist kein gequälter Jesus darauf zu sehen; keiner, der am Kreuz zu Tode gemartert wird. Wussten Sie, dass kaum ein Bild zu finden ist, auf dem ein lachender Jesus zu sehen ist, dafür aber unzählige Folterbilder wie etwa das Ölgemälde des spanischen Barockmalers Diego Velázquez, das im Museum Prado in Madrid hängt? Dann gibt es die Bilder, die unsere Großeltern in ihren Schlafzimmern überm Ehebett hängen hatten, mit dem sehr ernsten, sehr nachdenklichen, sehr in sich gekehrten Jesus. Das war von der Kirche immer so gewollt und spart leider eine wichtige Sache aus: Jesus war auch ein ganz normaler Mensch. Er spazierte durch die Straßen, er sprach mit allen Menschen, er trank mit seinen Freunden Wein. Sie können sicher sein: Jesus war ein Mensch, der lachen konnte. Der ernst und heftig war, wenn es die Situation verlangte, und fröhlich, wenn ihm danach zumute war. Ein Wesenszug, der von offizieller Seite nicht anerkannt wird. Für mich aber steht Jesus nicht für das Leiden und den Tod, sondern für das Gegenteil davon, das pure Leben zu leben – mit Liebe, Wahrhaftigkeit und Hoffnung. Dadurch fand ich in Jesus immer Halt und Stütze. Er und den Erzengel Raphael spürte ich bereits in meiner Kindheit stets an meiner Seite, und das ist bis heute so geblieben.

Wiederum einige Jahre zuvor geschah noch etwas. Ja, so ist das mit der Erinnerung: Je länger wir graben, desto tiefer geht es. Für mich ist das gerade ein sehr spannender Prozess, weil ich bei anderen Menschen schnell sehr tief blicke, bei mir selbst jedoch hartnäckig am Ball bleiben muss. Und nun erinnere ich mich plötzlich an einen engen Freund meiner Eltern, der sehr unter chronischen

Rückenschmerzen litt. Das war Mitte der Achtzigerjahre, ich war wohl um die sieben Jahre alt. Damals war es noch nicht weit her mit Therapeut*innen und Chiropraktiker*innen, die helfen konnten, und so lief dieser Freund meiner Eltern von Pontius zu Pilatus, um Linderung zu erfahren. Als er alle Ärzte durchhatte und es mit den Rückenschmerzen noch immer nicht besser wurde – und er sicher auch noch große Lebensthemen zu bewältigen hatte –, sagte er: „Jetzt bleibt mir nur noch Buchela!" Gemeint war Margarethe Goussanthier, die damals einen guten Ruf als Wahrsagerin hatte. Sie praktizierte in Bonn unter dem Namen „Madame Buchela", schon hochbetagt, in ihren Achtzigern. Zeitungen, Zeitschriften und das Fernsehen berichteten häufig über ihre erstaunlichen Weissagungen, allerdings immer mit diesem süffisanten Unterton, den man für Menschen übrig hat, die in keine Schublade passen. Und Margarethe Goussanthier passte tatsächlich in keine Schublade. In ihrer Kindheit war sie mit ihrem Vater, einem Hausierer, unterwegs gewesen und hatte, wie viele Sinti und Roma, Angehörige im Holocaust verloren.

Nachdem sie sich am Rhein niedergelassen hatte und viele ihrer Prophezeiungen eingetroffen waren, suchten die Medien nach einem griffigen Namen und nannten sie von nun an die „Pythia vom Rhein", angelehnt an das Orakel von Delphi. Gemeint ist die Priesterin Pythia, die im Tempel Apollons an der Quelle Kassotis in Trance Fragen zu politischen und religiösen Inhalten beantwortete, die sich oft auf unvorhersehbare Weise bewahrheiteten. Das jedoch interessierte den Freund meiner Eltern wenig. Ihm ging es darum, jemanden zu finden, der oder die ihm bei seinen unerträglichen Rückenschmerzen helfen konnte, und um die Frage, ob das Leben noch mehr für ihn bereithielt. In einer anderen Zeit, an einem anderen Ort wäre er wohl zu den eingangs erwähnten Sympathieheilern gegangen. Für mich bekam die Geschichte Bedeutung, weil er wollte, dass ich ihn begleite. Ich weiß bis heute nicht, ob meine Eltern darüber informiert waren, und noch viel weniger, warum er mich mitgenommen hat und nicht eines seiner Kinder. Vielleicht lag es daran, dass die „Pythia vom Rhein" eine respekteinflößende Person war, die mit magischen Kräften aus einer anderen Dimension herumhantierte – da war das seltsame Kind wohl auf einmal eine Art Lebensversicherung. Natürlich sah ich das damals nicht so. Ich war einfach froh, rauszukommen und den Freund meiner Eltern auf einer spannenden Fahrt an den Rhein begleiten zu dürfen. Heute weiß ich, dass man ein Kind besser nicht zur Hellseherin mitnimmt. Als wir dort ankamen, rückte ich auch gleich in den Fokus von Madame Buchela.

„Du hast das Auge!", sagte sie mit einem furchteinflößenden Blick und in schlechter körperlicher Verfassung. Sie verwendete einen ähnlichen Terminus wie einige Jahre später der chinesische Arzt. Das machte mir kurz Angst, aber dann war alles gut. Sie fing sich wieder. Ich bin mir sicher, dass sie da schon gesehen hatte, was mir bald darauf widerfahren sollte, und lieber darüber schwieg. Denn kaum waren wir wieder zu Hause, wurde ich schwer krank. Die Diagnose war schockierend: In meinem Bauch wucherte ein gutartiger Tumor, der aufgrund der großen Raumforderung große Schmerzen verursachte und deshalb in einer Notoperation entfernt werden musste. Mit Konsequenzen, die für ein junges Mädchen nicht schlimmer hätten sein können.

„Wir mussten ihr leider die Eierstöcke entfernen", sagte der Arzt zu meiner Mutter und sah mich dabei nicht an. Dabei wusste ich genug über den Kreislauf des Lebens, um zu verstehen: Ich würde niemals Kinder bekommen. Die Leserinnen und Leser, die mich kennen, werden jetzt überrascht aufblicken, weil sie wissen, dass ich Kinder habe. Es ist ein Wunder geschehen, von dem ich Ihnen noch erzählen werde. Doch an diesem Tag im Krankenhaus sprach niemand von einem Wunder. Wie ich mich entsinne, sagte überhaupt niemand mehr etwas. Meine Mutter war viel zu schockiert, dem Arzt waren ebenfalls die Worte ausgegangen und ich – nun, ich war ohnehin das stille Mädchen. Diese deprimierende Nachricht sorgte natürlich auch nicht gerade dafür, dass ich gesprächiger wurde. Doch weil ich nun schon angesprochen habe, wie sich die Kreise des Lebens immer wieder auf wundersame Weise schließen: Nach dem Stand der Medizin war diese rabiate Operation unnötig, da der Tumor gutartig war. Und was geschah? Als ich Jahre später als Therapeutin in der Sterbebegleitung arbeitete, rief mich eine Frau an ihr Bett. Es stellte sich heraus, dass sie die Ehefrau des Arztes war, der mich damals operiert hatte. Zu diesem Zeitpunkt haderte ich noch immer sehr damit, dass ich niemals auf natürliche Weise würde Mutter werden können. Ich hielt mich für eine schlechte Frau; eine Frau, die einem Mann niemals genügen konnte. Nun saß ich am Sterbebett der Frau, deren Mann mir dieses Schicksal zugefügt hatte. Auf einmal tauchte er ebenfalls auf und ich machte meinen Frieden mit ihm. Das habe ich später häufig erlebt, wie Sterbende in der Lage sind, das Karma zu richten. Für mich war es damals eine gute und wichtige Erfahrung.

Die Welt gehört dir

Wer mich heute erlebt, kann sich wahrscheinlich kaum vorstellen, dass ich in der damaligen Zeit als hässliches Entlein durch die Welt gelaufen bin. Doch ging es mir nicht anders als vielen anderen Frauen. Wie oft bekommen wir gesagt, dass wir den Normen und Anforderungen nicht genügen? Wie oft legen wir selbst die Latte viel zu hoch, sodass wir sie niemals überspringen können?

Dazu kam in meinem Fall die konservative Umgebung des Dorfes, wo es immer wichtiger gewesen ist, zu funktionieren als das eigene Potenzial zu entdecken. Und wie ist es heute? Selbst wenn die große weite Welt durch das Internet auch in den hinterletzten Winkel gekrochen kommt, ändert sich oft nichts daran, dass junge Frauen sich minderwertig vorkommen und überhaupt nicht darauf vorbereitet sind, ihren Platz im Leben mit Stolz und Freude einzunehmen. Jetzt ist es das World Wide Web, das ihnen sagt: „Du bist nicht gut genug – und wirst es auch nie sein. Schau dich um in den sozialen Medien: Es gibt Unzählige, die besser sind als du!“

Ich habe sehr viele Klientinnen, und natürlich auch Klienten, voller Potenzial und Power, die sich nicht trauen, ihre Kraft zu leben, weil die inneren Blockaden zu stark sind. Mein Motto „Gib dich ganz“ kommt nicht von ungefähr. Deshalb nutze ich auch dieses Buch, um zu erzählen, dass es mir nicht anders ging. Das hässliche Entlein, das ich war, steckte ebenfalls voller Blockaden. Das Wissen, dass ich nicht mal Kinder bekommen kann, drängte mich noch mehr in die Defensive. Prahlten meine Klassenkameradinnen darüber, wie vielen Kindern sie das Leben schenken würden – „Bei mir werden es zwei sein, ein Junge und ein Mädchen!“ – „Wirklich? Ich hätte am liebsten drei oder gleich vier Kids!“ –, stand ich stumm daneben und fühlte mich schrecklich. Nein, ich konnte mir nicht vorstellen, dass ich jemals eine ernsthafte Beziehung eingehen könnte. Was sollte ich dem jungen Mann sagen, in den ich mich einmal unsterblich verlieben würde? Etwa: „Ich muss dir etwas beichten, ich bin unfruchtbar“? Wer sich in den Kopf eines Mädchens in der Pubertät versetzen mag, kann sich vorstellen, wie schlimm diese Aussicht war. Kein Wunder, dass ich mich noch mehr in die Bücher vergrub. „Ohne Glaube, Liebe, Hoffnung gibt es logischerweise kein Leben. Das resultiert alles voneinander“, las ich bei Ödön von Horváth. Meine Hoffnung auf Liebe war auf ein Minimum geschrumpft, doch da war noch immer der Glaube. Er half mir dabei, dass ich nicht völlig zerbrach. Hätte mich jemand gefragt, was ich werden wollte, hätte ich zur Antwort gegeben, falls ich denn eine Antwort gegeben hätte: Pastorin. Zum einen dachte ich, dass es sicher kein Makel sei, wenn die Pastorin kinderlos bleibt. Zum anderen wollte ich mich gerne in den Dienst der Menschheit stellen. Anderen zu helfen und in der Not beizustehen – an diesem Gedanken konnte ich mich aufrichten, und der Weg Jesu war mir wirklich sehr nah.

Und dann geschah es doch: Das Ende meiner Schulzeit näherte sich und ich war schockverliebt! Und nicht nur das. Ich war verliebt und in einer festen Beziehung mit der großen Liebe, und zwar mit allem, was dazu gehört: Schmetterlinge im Bauch und das Gefühl, durch den Tag zu schweben und exakt das zu spüren, was niemand besser zum Ausdruck bringt als die Engländer mit ihrer Redewendung:

„The world is your oyster." Das heißt so viel wie: „Die Welt gehört dir", ist damit aber nur unzureichend übersetzt. Es ist viel mehr, denn auf einmal wird die ganze Welt zu dieser schimmernden Perle, die wir in einer unscheinbaren Auster finden. So war es auch bei mir: Auf einmal änderte sich vieles. Nicht weil ich mein Äußeres ummodelte, sondern weil meine innere Kraft zu strahlen begann. Wie oft erlebe ich das heute auch in den Seminaren: Egal ob bei Frauen oder Männern, sobald die inneren Blockaden beseitigt sind und der Zugang zum eigenen Potenzial gesichert ist, fangen die Menschen an zu strahlen. Für mich gibt es nichts Schöneres als dem beizuwohnen! Denn dafür sind wir hier – um die Welt mit unserem ureigenen Potenzial zu einer besseren Welt zu machen. Weil ich diesen Prozess damals selbst erlebte, bin ich heute sehr dankbar für diese Beziehung. Sie eröffnete mir eine neue Sichtweise auf die Welt. Mein enger Horizont des dörflichen Lebens weitete sich, jeden Tag hatte ich neue Aha-Erlebnisse, die mich staunen ließen: Ach, so kann das Leben sein? Das ist ja toll!

Das Staunen nicht verlernen

Ich erlebe viele Menschen in meinen Seminaren, die das Staunen völlig verlernt haben. Sie können die Wunder der Welt, die sich uns Tag für Tag im Großen wie im Kleinen zeigen, nicht mehr wertschätzen. Als ich heute Morgen in aller Frühe mit meinen Hunden durch den Wald ging, kam ich an Aberhunderten dieser Wunder vorbei. Zum Beispiel das Spinnennetz zwischen zwei Ästen, in dem Tausende von Tautropfen hingen. Näherte ich mich einem Tropfen, entdeckte ich in seinem Inneren alle Farben des Regenbogens.

Ich erlebe viele Menschen in meinen Seminaren, die das Staunen völlig verlernt haben.

Gerade staune ich auch über meine Erinnerungen: An den ersten Kuss mit dieser großen Liebe – ein Moment voller Staunen, der zeigte, wie schön Innigkeit sein kann und wie weit weg alle Zweifel der Unzulänglichkeit auf einmal waren.

Das Wort „staunen“ stammt aus dem Alemannischen. Da bedeutet *stūnen* „träumend vor sich hin starren“. Es ist das, was ich als Kind im Wald tat: Ich saß auf einem umgestürzten Baumstamm und starrte träumend vor mich hin – mit anderen Worten, ich staunte. Dieses Staunen verändert unsere Wahrnehmung der Welt. Auf einmal spüren wir, dass wir leben. So geschah es mir auch mit der ersten großen Liebe. Meine bisherige Wahrnehmung der Welt änderte sich. Ich staunte und spürte das Leben als neue Energie durch meine Adern fließen. Viele Menschen können allerdings nur noch staunen, wenn sie etwas völlig Abstruses tun, was sie dazu treibt, immer radikaler und extravaganter zu werden. Haben Sie schon einmal von dem Zauberer Houdini gehört? Um das Jahr 1910 war er vom bettelarmen Niemand zum weltbekannten Superstar aufgestiegen. Als Entfesselungskünstler ließ er sich in dicke Ketten legen und in eine winzige Kiste sperren, die im Hudson River in New York versenkt wurde. Während das Publikum gespannt den Atem anhielt, befreite sich Houdini aus seinem Gefängnis und präsentierte sich der staunenden Menge. 1918 ließ er in New York einen Elefanten verschwinden und wieder auftauchen. Die meisten Menschen hatten noch nie einen Elefanten gesehen, geschweige denn, dass er von der Bühne weggezaubert wurde und kurz darauf wieder da war. Doch nach jedem Wunder verlangte das Publikum von Houdini das nächste Wunder, und das musste natürlich noch größer sein. Der Magier wurde ein Opfer dieser Hatz: Er starb nach einer seiner Vorführungen.

Oder versetzen Sie sich einmal in das Jahr 1885 zurück: Sie haben noch nie im Leben einen Film gesehen, denn dieses Medium wurde eben erst erfunden. Sie leben in Paris, und die Erfinder des Films, die Brüder Auguste und Louis Jean Lumière, laden ins Grand Café am Boulevard des Capucines ein. Dort soll die erste öffentliche Vorführung stattfinden. Der gezeigte Film trägt den Titel „Die Ankunft eines Zuges auf dem Bahnhof in La Ciotat“. La Ciotat ist ein Städtchen in Südfrankreich. Dort hatten die Gebrüder Lumière ihre selbst gebaute Kamera aufgestellt und gefilmt, wie ein Zug in den Bahnhof einfuhr. Genau das sehen Sie jetzt. Mit Hunderten anderen Menschen befinden Sie sich in einem geschlossenen dunklen Raum und Sie haben keine Ahnung, was da auf Sie zukommt. Und dann sehen Sie diese mächtige Dampflok, die droht, direkt ins Publikum zu fahren! Können Sie sich vorstellen, was damals geschah? Erst staunten die Leute Bauklötze, dann brach Panik aus und alle rannten schreiend auf die Straße. Und wer staunt heute noch, wenn er einen fahrenden Zug im Kino sieht, selbst wenn es sich um einen der reißerischen Actionfilme unserer Zeit handelt?

Alles wird alltäglich: Ein Mobiltelefon war einmal etwas Außergewöhnliches, heute gehört es zur Grundausstattung. Wie also schaffe ich es immer wieder, Menschen zum Staunen zu bringen? Indem ich ihre Aufmerksamkeit nicht aufs Äußere lenke, sondern aufs Innere: Die Kraft und das Potenzial, das sie in sich tragen, wird sie zum Staunen bringen. Wenn wir dieses Potenzial dann gemeinsam wachrufen und freilegen und die Seminarteilnehmer*innen mit diesen neuen Fähigkeiten, die eigentlich ihre alten sind, dem Leben von nun an auf ganz andere Art begegnen, kennt ihr Staunen keine Grenzen mehr. Dann staunen auch sie die sprichwörtlichen Bauklötze.

Und ich staunte ebenfalls Bauklötze: Mit meinem Freund, der gerade sein Abitur ablegte, öffnete sich mir eine neue Welt. Heute habe ich durch meine Arbeit derart viele Parallelwelten kennengelernt, in denen Menschen zum Teil jahrzehntelang leben, ohne zu bemerken, dass es gleich daneben eine Parallelwelt gibt, in der ihre Nachbarin oder Arbeitskollege lebt, der wiederum nichts von ihrer Parallelwelt weiß. Das liegt an den Scheuklappen, die zwar gerne als Fokussierung verkauft werden, uns im Grunde genommen aber nur daran hindern, das ganze Wunder dieser Welt zu erfassen. Als heranwachsende Frau hatte ich zunächst auch solche Scheuklappen, schließlich kam ich aus der hermetisch abgeriegelten Parallelwelt einer kleinen Ortschaft im Hunsrück.

Nun wurde ich in eine Welt gestoßen, in der die Eltern meiner Bekannten und Klassenkamerad*innen oft geschieden waren, Freunde bei Bhagwan in Indien gelebt hatten, andere wiederum Tantra praktizierten und am Wochenende Partys feierten, auf denen auch mal besondere Kekse gereicht wurden. Es war eine Parallelwelt, in der es die Angst vor dem Leben offenbar nicht gab, die in meiner alten konservativen Welt allgegenwärtig war. Es gab die Strenge nicht und auch nicht den Druck, so zu sein, dass die anderen nicht Anstoß an einem nahmen, was sie aber trotzdem taten. In dieser neuen Welt hörten die Menschen Musik, die ich nie zuvor gehört hatte, und kleideten sich auf eine Weise, die auf dem Dorf als ungehörig empfunden worden wäre. Die Freundin der Mutter meines Freundes, die einen Blick für die schönen Dinge des Lebens hatte, öffnete zum Beispiel einmal ihren Kleiderschrank für mich, und von einem Tag auf den anderen gehörte das hässliche Entlein der Vergangenheit an. „Wirf schöne Kleider über mich", heißt es im Aschenputtel, und genau wie sie verwandelte ich mich. Auf einmal fuhr ich nach Trier, um einzukaufen. Dort gibt es eine Straße mit Geschäften für alternative Kleidung, Secondhand und mehr. Und ab da trug ich wallende Hippie-Röcke in leuchtenden Farben, dazu schamanischen Schmuck mit indianischen Federn. Auf der Straße drehten sich die Leute nach mir um, und zum ersten Mal in meinem Leben empfand ich mich als Frau. Als eine junge Frau, die sich an alte Dinge erinnert und endlich lebt. Nun wurde auch meine Antwort auf die Frage, was ich nach der Schule mit mir anfangen wolle, konkreter. Ich hatte immer ein Händchen fürs Zeichnen und stellte mir vor, dass ich in einer Werbeagentur von morgens bis abends dieser Passion nachgehen könnte. So begann ich eine Ausbildung in einer Agentur, die sich auf Gourmetthemen spezialisiert hatte, was wenig überrascht in einer Weingegend wie an der Mosel. Mit gutem Essen und gutem Trinken kann man mich gewinnen, daran hat sich bis heute nichts geändert, doch dem Alltag in der Agentur brachte ich dann doch wenig Liebe entgegnen. Gezeichnet wurde dort so gut wie nicht, dafür hockte ich den ganzen Tag am Computer. Das war nichts für mich, auch daran hat sich bis heute nichts geändert. Dem Zeichnen blieb ich zwar treu, doch dem Alltag in der Agentur sagte ich schon bald Adieu. Das fiel mir nicht schwer, denn ich hatte ohnehin schon etwas kennengelernt, das mir viel mehr zusagte: Die Mutter meines Freundes arbeitete als Krankengymnastin, und ich fand es wundervoll, wie sie mit gekonnten Griffen ihren Patient*innen half. Mir kam auch der Freund meiner Eltern in den Sinn und ich wünschte mir, dass ich damals so geschickt gewesen wäre. Eines war jedoch auch klar: Von nichts kommt nichts. Dass es um einen Beruf ging, bei dem ich viel zu lernen hatte und wohl niemals ausgelernt haben würde, motivierte mich. Es bedeutete auch: Langeweile würde nicht aufkommen.

Von Langeweile konnte ohnehin keine Rede sein, denn ich erlebte einen unvergesslichen Sommer. Wir lagen auf einer Wiese direkt an der Mosel, spielten Gitarre, sangen, tranken Wein und philosophierten über die Bücher, die wir lasen, über die neuen Wilden und die alten Klassiker, spielten Baseball und vieles mehr. All das kannte ich bis dahin überhaupt nicht. In dem Dorf, in dem ich groß geworden bin, tat das keiner, auch nicht diejenigen, die in meinem Alter waren.

„Goethe", sagte einer, „der wollte alles wissen. Die hohe Literatur war ihm gar nicht so wichtig. Die Naturwissenschaften haben ihn umgetrieben, die Neugierde. Dazu hat er für seinen Herzog Straßen gebaut, Politik betrieben, einen über alle Grenzen hinweg bekannten Theaterbetrieb aufgezogen, rauschende Feste organisiert. Ein Hansdampf in allen Gassen, ein echter Macher, doch davon erfährst du nichts im Deutschunterricht. ‚Es ist nicht genug zu wissen, man muss auch anwenden. Es ist nicht genug zu wollen, man muss auch tun', das hat er gesagt und getan. Mann oh Mann, der olle Goethe!"

Ich nahm einen Schluck Rotwein aus der Flasche, die die Runde machte, und jemand zupfte auf der Gitarre den nächsten Song, und wenn es ihn damals schon gegeben hätte, hätte er geklungen wie *„All Summer" Long* von Kid Rock: *„And we were trying different things*

/ we were smoking funny things / making love out by the lake to our favorite song", denn so lebten wir in den Tag hinein.

Doch die Sache mit Goethe blieb haften. Ja, ich wollte der Mutter meines Freundes nacheifern; ja, ich wollte auf die Physiotherapie-Schule und ja, die kostete richtig Geld – Geld, das ich nicht hatte. Ich habe in den alten Unterlagen nachgeschlagen: 790 DM musste ich berappen, und das war damals eine hohe Summe für mich. Auf der anderen Seite stand Goethe: Es ist nicht genug zu wollen, man muss auch tun. Also tue ich es, beschloss ich. Ich bewerbe mich einfach, der Rest wird sich ergeben – so mein Plan. Das war die erste Hürde, weil es neben mir etwa tausend weitere Anwärter*innen gab. Zahlen, über die sich die Branche heute freuen würde. Damals wurde streng ausgesiebt: Von tausend Bewerber*innen schieden 950 aus, ich blieb im Rennen. Jetzt muss ich unbedingt Geld verdienen, schoss es mir durch den Kopf. Ich probierte alles aus: Einkaufen gehen für Menschen, die selbst nicht für sich einkaufen gehen konnten; Hunde Gassi führen; als Aushilfe im Altenheim jobben, für einen Stundenlohn von fünf Mark. Rechnete ich am Ende des Monats meinen Verdienst zusammen, blieb kaum etwas übrig, obwohl ich rund um die Uhr schuftete. 790 DM! Diese Summe erschien mir nachts im Traum.

790 DM – wie sollte ich sie aufbringen? Außerdem war ab jenem Jahr die Ausbildung von der Krankengymnastin zur Physiotherapeutin von zwei auf drei Jahre erweitert worden.

Ist es nicht seltsam, wie wir uns oft selbst einschränken, weil wir zu stolz sind, zu furchtsam oder zu kompliziert im Denken, um das Naheliegende zu tun? Wir legen uns ein Mindset zurecht, das uns dann oft im Weg steht. Manchmal haben wir auch einfach Angst vor der Erlösung. Wir haben Angst vor dem, was kommen wird, wenn wir den nächsten Schritt gehen. Wenn es kein Gegenargument mehr gibt. Wenn wir klar bekennen sollen: Ja, ich will im Licht stehen. Es ist seit vielen Jahren meine Hauptaufgabe, Menschen, die zu mir kommen, auf dem Weg ins Licht zu begleiten. Ihnen aufzuzeigen, was sie daran hindert, ihrer Seele den freien Willen zuzugestehen. Was sie hemmt und wo die immer wiederkehrenden Muster liegen. Warum es diese Betriebsblindheit gibt, die alles so schwer macht, sodass sie nicht lustvoll mit ihrer ureigenen Kraft an die Sache herangehen können. Dabei weiß ich gut, wovon ich spreche, weil ich selbst lernen musste, meiner Seele ihren freien Willen zuzugestehen, meine Hemmungen abzulegen und meine Betriebsblindheit. Die 790-DM-Frage und ihre Lösung wurden zu einem Wendepunkt in meinem Leben. Ich war betriebsblind im wahrsten Sinne des Wortes, weil ich meine Familie nicht zurate zog. Ich hatte Hemmungen, weil ich mir sagte – hallo, Mindset! –, dass das meine Eltern niemals stemmen könnten und sie es außerdem auch nicht wollten. Doch was geschah? Als ich realisierte, dass ich trotz aller Nebenjobs die Schule nie würde bezahlen können, ging ich doch zu meinen Eltern, und sie reagierten völlig anders, als ich erwartet hatte. Sie sagten: „Wir unterstützen dich gerne." Ich weiß es noch, als wäre es erst gestern gewesen: Das hat mich beinahe umgehauen. Jetzt hatte ich freie Bahn, genau den Beruf zu erlernen, von dem ich wusste, dass er zu mir passte, und gleichzeitig habe ich auch noch eine Lektion in Sachen „Angst vor der Erlösung" bekommen. Denn natürlich gab es jetzt keine Ausreden mehr. Ich wusste, dass ich viel würde lernen müssen, doch ahnte ich da noch nicht, wie viel es war.

Was würde Jesus tun?

Ohne unseren freien Willen hätten wir überhaupt keine Chance, uns weiterzuentwickeln. Solange wir diesen freien Willen haben, werden wir uns auch immer wieder für die dramatische Seite des Lebens entscheiden. Denn dort spüren wir uns am intensivsten. Wenn es einen Punkt im Leben gibt, an dem jeder Mensch intuitiv wahrnimmt, was ihn ausmacht und wer er ist, dann in der Kulmination des Dramas. Das macht meine Aufstellungsarbeit so intensiv und erfolgreich: So wie sich ein Tornado-Forscher nicht scheut, ins Auge des Wirbelsturms vorzudringen, scheue ich mich nicht davor, bis ins Zentrum des vor mir liegenden Dramas zu gelangen. Ich mache dabei oft die Erfahrung, dass Menschen im Drama testen, wie weit ihr soziales Umfeld, also ihre eigene kleine Welt, mitgehen kann. Ich bin davon überzeugt, dass selbst Jesus dieses Drama gebraucht hat. Weil das so ist, kann ich heute, wann immer ich nicht weiter weiß, die Fragen stellen: Was hätte Jesus jetzt gedacht? Was hätte Jesus jetzt gemacht? Das bedeutet für mich Identifikation mit Jesus. Das ist für mich Urvertrauen und Gottvertrauen.

In den letzten Jahrzehnten habe ich bei meinen Klient*innen derart viel Drama erfahren, dass mir schon daraus klar wurde: Wir steuern auf etwas zu. Etwas Grundlegendes wird diese Welt verändern.

Daher begann ich meine Familienaufstellungen auszudehnen auf Unternehmen, auf die politische Führungsebene und gesellschaftliche Strukturen – kurz gesagt, auf große Systeme. Schon die Pandemie hatte zur Folge, dass ein System, wie wir es das letzte halbe Jahrhundert erlebt und gelebt haben, kippte. Der Krieg mitten in Europa trägt das Seinige dazu bei. Alles, was wir kannten, werden wir neu lernen müssen; alles Verlässliche wird unverlässlich. Das ist eine Bürde und eine Chance. Nur eines sollte jedem und jeder klar sein: Ein gekipptes System kann niemals in den Urzustand zurückgekippt werden.

Seit sich diese Veränderungen abzeichneten, wurden meine Aufstellungen noch intensiver. Schicksalsschläge für Menschen wurden von Jahr zu Jahr noch dramatischer. Immer häufiger kamen Klient*innen zu mir mit Geschichten, die nicht alleine zu tragen waren, sondern allenfalls in der Gemeinschaft. Genau dieses gesellschaftlich kraftvolle Mitgefühl verringerte sich jedoch immer mehr.

Einmal nach einem Wochenende voller intensiver Aufstellungen, als in mir ebenfalls ein System zu kippen drohte, nämlich mein Immunsystem, lag ich zusammengekauert vor dem großen Jesus-Bild, das mich bei der Arbeit begleitet. Mühsam hob ich den Blick und wandte mich an ihn: „Jesus, wir haben gerade ein echtes Problem.

Wie können wir den Menschen zeigen, dass die Welt weiterexistieren kann, ohne dass wir erst alles zerstören? Kannst du uns bitte noch einmal zeigen, was wir zu tun haben?“

Die Antwort, die ich bekam, war umfassend. Ein Teil der Durchsage lautete:

Macht findet in allen Bereichen unseres Daseins statt. Die Wissenschaft ist weit fortgeschritten, doch das gelebte Tempo ist nur für eine begrenzte Menschenmenge geeignet. Es geht viel Kraft verloren, wobei die verbindliche Ebene der Transzendenz sich immer weiter von dem Menschen distanziert. Selbsterfüllende Bereiche werden durch Süchte ersetzt und diese werden den jungen Menschen vorgelebt. Haltlosigkeit und Verlust des Wertesystems sind erst einmal gegeben. Die Wirtschaft hat den Tiefpunkt noch nicht erreicht und scheint der tiefe Anker der Heilung zu sein. Wo Ordnung gegeben ist, wird sich Freiheit entfalten oder ein intensiver Kampf wird Menschen zum Neubeginn zwingen …

Diese Worte sollen keine Angst erzeugen, sondern den Fokus von einem Geistbewusstsein zur Tat bewegen. Es reicht nicht mehr, in der Zurückgezogenheit zu meditieren oder zu beten, es sollten auch Aktivitäten dazu folgen. Damit ergibt sich eine ganz neue Art von Erfolg. Auch wenn die Zeiten intensiv sind, geht diese Welt dennoch nicht unter. Wir sollten uns an alte Lebensweisen erinnern und diese achtsam und mit viel Kraft in der Wirtschaft, Politik und beruflichen Selbstständigkeit einsetzen. Wenn der Erfolg noch mit 20 Prozent Ehrenamt oder Kostenfreiheit, bewusstem Essen und ressourcenorientiertem Leben gepaart ist, kann ein gesunder Wandel auf dieser Erde womöglich gelingen.

Alles in dieser für uns derzeit sichtbaren Welt unterliegt einer natürlichen Ordnung, und das ist auch so in all den nicht sichtbaren Bereichen. Die Erde bewegt sich im Universum im eigenen Sonnensystem. Dort gibt es bestimmte Gesetzmäßigkeiten, und das gilt auch für ein Familiensystem. Die Natur der Erde zeigt uns vieles aus einer natürlichen Macht und Wirkung heraus. Im Wolfsrudel gibt es einen Anführer und eine klare Rangordnung. Nur dann funktioniert das gesunde Überleben im Tierreich.

Tatsächlich haben wir trotz der Weiterentwicklung in Medizin und Forschung bislang für viele Krankheiten noch kein Heilmittel gefunden, und somit ist zum Beispiel die Krankheit Krebs nach wie vor eine der Geißeln der Menschheit.

Viele Ärzt*innen suchen seit geraumer Zeit vermehrt nach Ursachen, die nicht ausschließlich auf die Zelle an sich bezogen sind. Sie suchen Antworten auf Fragen im Rahmen der Ursachenforschung und nach Möglichkeiten sinnbringender Heilung.

Sicher gibt es viele Faktoren, die eine solche Erkrankung begünstigen, wie etwa die Umwelt, Ernährung, Gene und vieles mehr. Aber es stellt sich auch die Frage, ob es eine Möglichkeit gibt, diese in den Feldern eines Menschen zu erkennen.

Es wäre nicht nur fahrlässig, dies einfach so zu behaupten, es wäre auch unverantwortlich, ein Heilsversprechen zu geben. Ich ärgere mich sehr, wenn Familienaufsteller*innen oder Menschen, die etwa mit Handauflegen und Naturheilkunde arbeiten, behaupten, dass diese oder andere Erkrankungen mit ihren Methoden zu heilen sind oder sogar noch weitergehen: NUR damit.

Ich weiß nicht, wie viele Menschen ich in meinem Leben schon erlebt habe, die eine medizinische Versorgung, Chemotherapie und/oder Bestrahlung abgelehnt haben, in der Hoffnung, auf natürliche Weise geheilt zu werden.

Eine junge Frau mit Brustkrebs fragte mich für eine Aufstellung an und kam zu mir. Sie war erst 28 Jahre alt und lehnte jede Art der Chemotherapie, Operation oder Bestrahlung ab. Sie war bereits bei sage und schreibe 34 Heiler*innen, Therapeut*innen und Wegbeter*innen gewesen. Die Krankheit breitete sich aber weiter massiv in ihrem Körper aus.

Für mich ist die Aufstellungsarbeit eine Gnade, aber kein Heilsversprechen. Gerne sehe ich diese als sinnvolle Ergänzung neben der medizinischen Versorgung. Aber für weitere Versuche, falsche Hoffnungen oder Illusionen hatte die junge Frau keine Zeit. Deshalb lehnte ich es ab, mit ihr zu arbeiten, und erklärte ihr auch, warum. Doch sie hob den Ton in ihrer Stimme an und wurde sehr laut. Sie muss unglaublich wütend auf mich gewesen sein. Leider ist sie auch nach dem Besuch bei mir nicht zum Arzt gegangen, und wenige Monate später haben zwei wundervolle Kinder ihre Mutter verloren.

Wie oft begleiten wir einen Menschen als Ratgebende und der Rat wird abgelehnt. Es ist ein intensiver Weg zu lernen, dass wir bestenfalls Türöffner für Menschen sein können, die um Rat fragen.

Durchgehen muss der Mensch schon selbst. Aber ist ein Rat jemals frei von Manipulation?

Als wir das Haus, in dem wir mit der Familie leben, gekauft haben, gehörte dies einer humanistischen Stiftung. Es geht bei dieser Stiftung um humanistische Leitgedanken, Atheismus und mehr.

Es überrascht Sie sicher nicht, dass die ersten Angriffe auf meine Arbeit recht zeitnah aus diesen Reihen kamen. Ein bekanntes Mitglied dieser Stiftung nimmt jede Glaubensgemeinschaft auseinander und kämpft gegen alles, was nicht direkt wissenschaftlich bewiesen ist. Allerdings tut es dies auf eine Weise, die andere Menschen herabsetzt, und das häufig vor Gericht.

Ich erinnere mich, was Bert Hellinger damals zu mir sagte, als ich mit der Aufstellungsarbeit nicht weitermachen wollte und vorhatte, zum Unterrichten in der Physiotherapie und zu der Arbeit in meiner Praxis zurückzugehen. Er machte mich darauf aufmerksam, wie viel ein verbessertes Leben, eine gute Lösung für einen Menschen bedeuten kann, und fragte mich: „Reicht nicht eine erfüllte Seele, um so einen Angriff auszuhalten und da zu lassen, wo er hingehört?“ Und er fügte seinen passenden Satz hinzu: „Wer andere herabsetzt, gibt sich selber preis.“

Heute sehe ich das ebenso. Mir ist es den Krafteinsatz wert, für den Menschen auf meine Weise einzutreten, aber nicht, um andere zu bekämpfen.

Es gibt diese schöne Geschichte über eine Mutter und ihren Sohn: Der Sohn war so voller Wut, dass er nicht mehr wusste, wohin damit. Er erzählte seiner Mutter, dass er sich die Fäuste aufschlagen möchte oder andere schlagen, so extrem seien seine Gefühle.

Da sagte seine Mutter: „Komm mal mit in die Küche“, und sie stellte drei Töpfe auf den Herd und brachte darin Wasser zum Kochen. Sie legte Eier in den einen, Kartoffeln in den anderen und Kaffeebohnen in den dritten Topf und ließ alles dreißig Minuten köcheln.

Danach zeigte sie ihrem Sohn, wie hart die gepellten Eier, wie weich die Kartoffeln und wie duftend der Kaffee war, und sagte: „Du hast immer die Wahl, dich durch deine Wut hart oder weich kochen zu lassen. Weise bist du aber, wenn du aus dem, was das Leben dir bietet, etwas Schmackhaftes zubereitest. Du kannst die Wut nicht ändern, wohl aber dein Verhalten und in was du deine Kraft kanalisierst.“

Und sind wir mal ehrlich: Wenn wir keine Kaffeebohnen zur Verfügung haben, wird aus kochendem Wasser eben Wasserdampf. Auch Wut verändert ihre Form, wenn wir ihr nicht die Macht geben, uns hart oder weich werden zu lassen. Es ist wie bei einer Heilpflanze, bei der das Gift in ihr in der richtigen Dosis Heilung bringt.

> Was unsere Wirtschaftswelt braucht wie ein Verdurstender das Wasser, sind spirituelles Bewusstsein und lebensbereichernde Ausrichtungen.

Was unsere Erde ins Wanken gebracht hat und Systeme kippen ließ, ist unsere Weltwirtschaft. Aus diesem Grund kann meiner Ansicht nach auch nur die Wirtschaft die Welt retten. Nicht, indem sie einfach mehr produziert, mehr ausbeutet, Reiche reicher und Arme ärmer werden lässt. Auch nicht, indem man für alles einen nichtssagenden grünen Umwelt-Aufkleber verwendet. Was unsere Wirtschaftswelt braucht wie ein Verdurstender das Wasser, sind spirituelles Bewusstsein und lebensbereichernde Ausrichtungen. Ein kraftvolles spirituelles Bewusstsein, das Gerechtigkeit und Reformen einfordert und vorantreibt, die uns am Ende retten werden.

Und selbstverständlich war ich oft wütend über die Menschen, die mich nicht einfach mein Leben leben ließen, die Menschen mit spirituellem Bewusstsein als „naive Bekloppte" darstellen und das laut und demonstrativ demonstrieren müssen. Erst habe ich mich davon weichklopfen lassen und alles versteckt, dann wurde ich hart und habe dagegen gekämpft, und als mir endlich bewusst wurde, dass die Seele niemals kämpft, sondern unser Ego in uns, zeigte ich mich ganz so wie ich bin.

Wir haben dieses spirituelles Bewusstsein viel zu lange auf bestimmte Bereiche reduziert. Wer spirituell sein wollte, durfte sich nicht mit Geld und Sicherheit abgeben und auch sein Leben nicht lustvoll leben, obwohl sich das Dasein der Menschen auf dieser Welt genau darum dreht. Allein die Anfeindungen, denen ich ausgesetzt bin, weil ich Spiritualität und Schamanismus mit Ökonomie und Entrepreneurship verbinde, könnten Bücher füllen. Unsere Gesellschaft ist jedoch auf Säulen der Macht aufgebaut, zu denen die Wirtschaft ebenso zählt wie die Kirchen. Doch viele, die spirituell sein möchten, sagen eher: „Lasst mich doch damit in Ruhe. Kryptowährung? Gift für meinen Spirit! Banken und Immobilienmärkte? Geht gar nicht!"

Damit haben sich viele spirituelle Menschen aus der Wirklichkeit gebeamt. Sie tun sich keinen Gefallen damit, und auch nicht der Gesellschaft, für die sie doch scheinbar da sein möchten. Doch wie kann man der Gesellschaft dienen, wenn einem egal ist, wie diese Gesellschaft tickt?

Aber Erwachen alleine reicht nicht.

Als ich damals im Kloster ein Erweckungserlebnis hatte, wovon ich Ihnen noch erzählen werde, hätte ich auch dort bleiben können. Aber Erwachen alleine reicht nicht. Zu unserem Weg gehört das Verbinden, und da bin ich ehrlich der Meinung: Wenn wir das schaffen, schaffen wir das Überleben der Menschheit. Wenn wir es nicht schaffen, schaffen wir die Welt ab.

Ist es denn wirklich so schwer? Wir müssen nur unsere Vorurteile zertrümmern, über unseren eigenen Schatten springen und unsere Scheuklappen ablegen. Also, ist es schwer? Natürlich ist es das! Gemütlich wird das Große eben nicht erreicht! Doch die unbedingte Erreichbarkeit des Glücks ist auch nicht in weite Ferne gerückt. Das Glück steht vor uns und wartet geduldig auf alle, die es zu nehmen verstehen.

Als ich, wie oben beschrieben, nach der Aufstellungsarbeit müde und verunsichert vor dem Jesus-Bild lag, kamen mir folgende Gedanken: Es geht um Achtsamkeit und kraftvolles Mitgefühl, sichere Unterstützung und echte Verbindungen. Die tiefe Sehnsucht eines einzelnen Individuums ist jederzeit gegeben und damit ein sicherer Leitfaden zum Erhalt dieser Erde. Wären wir in der Lage, die tiefe Verbundenheit mit dem Himmel, der Erde, den Tieren und Pflanzen und unter uns Menschen anzuerkennen, so wäre es möglich, vieles zu retten. Aber es reicht eben nicht mehr, das alles den anderen zu überlassen.

„An ihren Taten sollt ihr sie erkennen." (1. Johannes 2, 1–6)

Ordnung als Unterstützung

Mir ist völlig bewusst, dass sich zum Beispiel eine alleinerziehende Mutter den Einkauf für die komplette Versorgung aus dem Bioladen gar nicht mehr leisten kann. Andererseits halte ich es schon für möglich, auf das Hähnchen für drei Euro eventuell zu verzichten und sich dafür eines für 25 Euro direkt beim Bauern zu kaufen, nur eben seltener. Denn wir alle wissen inzwischen, was hinter dem Billigpreis steht.

Außer meinem ersten Hund kamen alle Tiere, die heute zu unserer Familie gehören, durch unterschiedliche Geschichten und Nöte in unser Leben. Zu unserer Familie gehören derzeit zwei Hunde, fünf Katzen, ein Hamster, zwei Schildkröten und zwei Zwergziegen.

Ich kann aus Hund und Katze keine Veganer machen und möchte es auch nicht. Woher ich das Futter beziehe, kann ich jedoch beeinflussen.

Und haben wir nicht bemerkt, dass es viele Stimmen gab, die zu Beginn des Lockdowns gesagt haben, wie schön es sei, endlich aus der Geschwindigkeit des Alltags herausgeholt worden zu sein?

Die Situation in der Pandemie hatte nun natürlich nicht unmittelbar etwas mit den wirtschaftlichen Gegebenheiten in unserem Land zu tun, wohl aber mit der Tatsache, dass es für viele nicht aushaltbar zu sein scheint, wie schnell sich alles auf dieser Erde gerade dreht.

Und ab hier kommen die Ordnungen als sinnvolle Unterstützung dazu.

Wie sieht es mit der Ordnung der Länder untereinander aus? Welches Land exportiert und welches importiert eher? Welches Land ist größer, welches hat eine weniger negativ besetzte Geschichte?

Welche Macht hat die Politik auf die Gesellschaft und wie stark ist der Widerstand in den vergangenen Jahren gewachsen? Welche Macht haben Unternehmer*innen, Aktionär*innen im Verhältnis zu Politiker*innen?

In einem Unternehmen gibt es immer eine Ordnung und außerdem eine Hierarchie. Sind diese Ordnungen oder die Hierarchie nicht mehr so, wie von Natur aus gegeben, gibt es sogenannte Verschiebungen. Diese kosten viel Geld, Macht und Kraft. Dazu ein Beispiel:

Ein Vorstandsvorsitzender einer großen Aktiengesellschaft fühlte sich sicher in seiner Position, aber hatte nicht mehr den Eindruck, dass er wirklich etwas bewegen konnte. Beim Betrachten der Situation in seiner Aufstellung zeigte sich, dass er im Aufsichtsrat einen sehr guten Ruf hatte und somit dessen komplette Unterstützung. So jedenfalls dachte er. Allerdings gab es eine Person, die eine andere Besetzung präferierte. Auf eine stille, konservative, ruhige Art, die kaum einer bemerkte, kritisierte sie die eine oder andere

Entscheidung des Vorstandsvorsitzenden, verhinderte vielversprechende Präsentationen und am Ende wichtige Vertragsabschlüsse. Diese Person aus dem Aufsichtsrat bezeichnete der Vorstandsvorsitzende als zuverlässige Basis.

Ich hatte während der Aufstellung meine Steine zur Hand genommen, um die Worte der einzelnen Personen zu transportieren. Auch wenn er meiner Arbeit gegenüber aufgeschlossen erschien, glaubte er mir kein Wort. Bis ich den Namen der Person nannte, die ich gar nicht kennen konnte, sowie den Platz, den sie am ovalen Holztisch einnahm, wenn die Sitzungen auf der Vorstandsebene stattfanden.

Nun hatte ich seine Aufmerksamkeit – und seine Fassungslosigkeit. Es zeigte sich: Da er sich sehr unterstützt fühlte auf seinem Weg, unterwarf er sich der Meinung des Aufsichtsrats auch in Punkten, wo er ganz anderer Ansicht war.

Also war es wichtig, einen Schritt tiefer in sein Seelenbewusstsein zu schauen und herauszufinden, warum er das tat. Auch wenn die Dinge offensichtlich erscheinen, liegt in ihnen selten das wirkliche Problem: Sein Vater, ein erfolgreicher und bekannter Opernsänger, war selten zu Hause gewesen, wenn er als Junge aus der Schule kam. Somit schlich er sich als Kind oft in die Kantine der Oper. Meistens fand ihn sein Vater nach der Aufführung dort auf der roten Lederbank. Sein Vater feierte außerdem gerne und hatte einen Schlag bei den Frauen. Oft brachte das Kind den Vater nach Hause. Die Mutter schlief meistens schon und hatte nicht einmal bemerkt, dass er zu seinem Vater ausgebüchst war. Das war ihr Geheimnis. Und so wartete er später immer ab, bis unangenehme Dinge geregelt werden mussten, und fühlte sich erst dann anerkannt. Nun war es an ihm, diszipliniert schnelle Entscheidungen zu treffen, vorausschauend zu planen und seine wahren Erfolge dem gesamten Aufsichtsrat zu präsentieren. Es war an der Zeit, Mitarbeiter*innen zu entlassen, die sich in einer gewissen Vetternwirtschaft ausgeruht hatten.

Es war an der Zeit, Platz zu schaffen für Menschen, die niemanden ausbooten, um im Unternehmen eine bessere Position zu bekommen. Und was in den Mitarbeiterhierarchien passierte, geschah auch im Aufsichtsrat: Einer der Herren verkaufte seine Anteile und ging in den Ruhestand, ohne seine Position zu gefährden.

Diese Ordnungen sind es, die wir jederzeit beachten können, und diese Hierarchien gilt es einzuhalten, auch wenn sich die Wortwahl eher überholt anhört. Ich habe mich oft gefragt, warum mich solche Führungspersönlichkeiten, ebenso wie Persönlichkeiten aus der Politik und des öffentlichen Lebens, immer häufiger um Rat bitten. Hätte ich dafür nicht BWL oder Jura studiert haben müssen? Ich habe mir zeit meines Lebens die bestmöglichen Jurist*innen und Steuerberater*innen mit einem sehr kompetenten Team an die Seite geholt. Denn es wird immer Bereiche geben, die ich nicht durch mein alleiniges Wissen abdecken kann. Wohl aber bin ich lernfähig bis ins hohe Alter. Außerdem habe ich erlebt, dass es selbst in einer Kanzlei mit verschiedenen Abteilungen schwer ist, alle Bereiche komplett abzudecken.

In der Ausbildung

Ganzheitliche Physiotherapie zu erfassen, ist ein Studium ohne Studium, so heißt es nicht ohne Grund. Der Stoffumfang ist riesig, schließlich geht es um den ganzen Menschen. Und lückenhaftes medizinisches Fachwissen kann für die Patient*innen Schlimmes bedeuten. Lernlücken werden nicht akzeptiert, was ebenfalls in der Natur der Sache liegt. Und so schwebte während meiner Ausbildung über mir die ständige Furcht, ich könnte versagen und würde hochkant von der Schule fliegen. Blicke ich beim Schreiben dieser Zeilen zurück, erinnere ich mich, wie nervös ich vor jeder Prüfung war. Ich erinnere mich aber auch an etwas anderes: an den Geruch von Arnikaöl, das wir für Massagen verwendeten. Die sonnengelbe Pflanze, die immer ein bisschen zerzaust daherkommt, aber ungemein kräftig und von keinem Wind umzupusten ist, nennt man aufgrund ihrer Power gerne „Schutzheilige der Muskeln und Prellungen“. Sie hat über 150 pharmazeutisch wirksame Inhaltsstoffe in den Blütenständen, darunter Flavonoide, Carotinoide, Sesquiterpenlactone und Kieselsäure. Damals hätte man mich nachts um drei Uhr wecken können, um ein Dutzend der wichtigsten Arnika-Inhaltsstoffe zu erfragen, und ich hätte auch noch im schlaftrunkensten Zustand Rede und Antwort gestanden. Der Geruch von Arnika und Kampfer wurde für mich zum Eintrittstor für alles, was ich beruflich tun würde. Ihr Duft wurde zum Duft meines Lebens.

Obwohl die Schule für Physiotherapie mich heftig forderte, erlebte ich durch meinen Partner mit seiner Clique, wundervolle neue Bekanntschaften und außerordentliche Erlebnisse die glücklichste Zeit meines bisherigen Lebens. Wir waren alle wissbegierig und ehrgeizig, doch wir waren auch jung und liebten es, zu feiern. Mir war schon klar, dass man die Leiter des Erfolgs nicht mit den Händen in den Hosentaschen hochklettert. Das hinderte mich aber nicht daran, mit meinen Mitschüler*innen wilde Partys zu veranstalten. Wahrscheinlich habe ich später nie wieder so viel getanzt wie damals. Trotzdem war ich morgens stets pünktlich, wenn auch nicht immer ausgeschlafen. Heute sage ich gerne: „Gemütlich wird das Große nicht vollbracht“, und damit meine ich: Wir werden es nicht weit bringen, wenn wir uns die Sache zu einfach machen. Das tat ich nicht. Stattdessen dachte ich: „Hey, der Tag hat 24 Stunden. Schlafe ich sechs Stunden, bleiben 18 übrig. Schlafe ich bloß vier Stunden, habe ich sogar zwanzig Stunden zur Verfügung.“ Was zugegeben nicht sehr schlau gewesen ist. Und dass das nicht wirklich gesund ist, durfte ich noch erfahren. Es war klar, dass ich eine Kerze von zwei Seiten anzündete und diese irgendwann auch abgebrannt sein würde.

Was mir an der Ausbildung besonders gut gefiel, war, dass sie sich keineswegs auf die Theorie beschränkte. Monate mit Unterricht wechselten sich ab mit Monaten im Praktikum. Diese Praktika fanden in

Krankenhäusern statt, wo ich sofort spürte: Hier bin ich am richtigen Ort. Einige Mitschüler*innen fremdelten mit dieser Umgebung, wo Krankheit und Tod stets präsent sind – ich dagegen war in meinem Element. Ob Orthopädie, Gynäkologie, Onkologie, ob am Krankenbett oder im OP-Saal: Wer sich engagierte, durfte überall mit, und ich engagierte mich weit über das durchschnittliche Maß hinaus. Ich wurde zu einem Schatten der Ärzte, denen ich zugeteilt war, ging überall zur Hand und bekam schnell neue Aufgaben zugeteilt. Die Kliniken wurden zu meinem Zuhause, und ich kann mir heute immer noch vorstellen, die Arbeit dort wieder aufzunehmen. Manchmal vergaßen die Ärzte, dass ich lediglich eine Praktikantin war, weil ich sehr viel mehr konnte, als man eigentlich können musste und vielleicht auch können sollte.

Meditation war mir bereits vor der Ausbildung sehr vertraut und ich praktizierte bereits einige Meditationstechniken. Doch nun bekam die tägliche Meditationspraxis mehr Raum in meinem Leben, was meine Ausbildung deutlich beschleunigte. Meditation bedeutet für mich, eine hohe Konzentrationsfähigkeit ohne parallele Gedanken aufzubringen. Dieses sogenannte Nichts-Denken erforderte Disziplin und Regelmäßigkeit, und somit integrierte ich die tägliche Meditation als wichtigen Bestandteil in meinen Alltag. Die geistige Hygiene wurde mir so wichtig wie die Körperhygiene.

Meditation bedeutet für mich, eine hohe Konzentrationsfähigkeit ohne parallele Gedanken aufzubringen.

Betrachten wir Meditation als eine Form der Versenkung und höchster Konzentration unseres Geistes, um zu tieferen Erkenntnissen zu gelangen, war meine Art des Sitzens auf einem Baumstamm im Wald bereits eine sehr gute Vorbereitung gewesen, der ich intuitiv nachgegangen bin. Im Laufe der Zeit bekam ich immer mehr Übung darin. Als ich dann die Ausbildung an der Schule für Physiotherapie begann, meditierte ich bereits drei bis vier Stunden täglich. Diese Zeit der Meditation plus die Lernzeit plus die Zeit, die ich im Krankenhaus verbrachte, plus die eine oder andere Party – meine Tage und meine Nächte waren pickepacke voll. Doch ich wollte es so. In der Meditation öffnete sich der Himmel für mich, das lässt sich gar nicht mit anderen Worten ausdrücken. Ich machte die Erfahrung: Ich bin da und das ist gut.

Ich bin da und das ist gut.

Was es damit auf sich hat? Als man Stephen King, den Schriftsteller mit den wohl meisten Buchverkäufen auf diesem Planeten, einmal fragte, was die Grundlage seines Megaerfolgs sei und woher er all seine Ideen habe, antwortete er zur Überraschung vieler, dass Ideen keine Eigentümer kennen. Vielmehr seien sie eine Form von Energie, die um die Erde kreist. Daher sei es sein Job, eine Antenne zu sein, um diese Ideen aufzufangen. Dazu müsse vereinbart werden, dass diese Energie weiß: Stephen King sitzt zur immer selben Zeit am immer selben Ort – nämlich seinem Schreibtisch – und ist bereit. Und genau das würde er sein ganzes Leben schon tun.

Wir können viele extrem erfolgreiche Menschen aus der Kunst oder der Wissenschaft fragen, und sie alle drücken mit ähnlichen Worten dasselbe aus wie Stephen King. Egal, ob es Keith Richards von den Rolling Stones ist, der im Interview erklärte, wie er auf den Jahrhundert-Riff des Songs „*I can´t get no satisfaction*" kam, oder Albert Einstein: Die Aufgabe des Menschen ist es, dieses universelle Wissen aufzufangen und, das ist jetzt ganz wichtig, auch zu manifestieren. Damit ist gemeint, dass die Idee auch in die Tat umgesetzt werden muss. Die Millionen Fans von Stephen King hätten nämlich nichts davon, würde der Autor sagen: „Vielen Dank Universum für die schöne Idee, aber ich gehe jetzt lieber ins Schwimmbad." Stattdessen setzt sich der Autor schon sein ganzes Leben lang auf den Hintern und produziert aus diesen Ideen einen Bestseller nach dem anderen. Die Karriere der Rolling Stones wäre weniger erfolgreich verlaufen, hätte Keith Richards seine Eingebungen nicht zu Papier gebracht und den Song komponiert. Und ohne Albert Einsteins Umsetzung seiner Eingebungen sähe unsere Welt völlig anders aus.

Merken Sie es? Die Idee und das Wissen sind das eine, deren Umsetzung das andere – und das wiederum braucht unsere ganze Energie, unseren hundertprozentigen Einsatz und unsere Disziplin. Niemand hat es besser in Worte gefasst als der Humorist Karl Valentin: „Kunst ist schön, macht aber viel Arbeit." Ich möchte dem hinzufügen, weil es an dieser Stelle noch einmal gut passt: Gemütlich wird das Große nicht vollbracht.

Ich bin da und das ist gut, hieß es also, und genau das war ich: Egal, ob ich übernächtigt war oder mich auch mal krank fühlte, an meinen täglichen Meditationsstunden hielt ich eisern fest – und der Himmel öffnete sich und schickte mir das Wissen und die dazugehörigen Bilder. Auf einmal konnte ich Akupunkturnadeln setzen, da ich die Meridiane und die Akupunkturpunkte plötzlich kannte. Ich lernte das Einrenken, weil ich die Techniken durch die Meditation erfuhr. Da fand ich mich in bester Gesellschaft wieder: Daniel David Palmer, der um das Jahr 1895 die Chiropraktik begründete, wird als Mensch mit magischen Händen beschrieben. Bei uns in Deutschland gilt Dr. med. Hans Dieter Wolff als einer der Pioniere der Manuellen Medizin. Was für ein Glück, dass er seine Praxis ausgerechnet in Trier gegründet hatte und über das Ärzteseminar im nahen Hamm-Boppard Physiotherapeut*innen in Manueller Therapie ausbildete. Denn auch mir ging es nicht anders als den oben erwähnten Künstler*innen und Wissenschaftler*innen: Das Wissen wurde mir geliefert, doch die Umsetzung lag allein bei mir.

Bei der Traditionellen Chinesischen Medizin schloss sich ein Kreis, als ich den chinesischen Arzt wiedertraf, der zu mir gesagt hatte: „Du hast den Blick." Damals war ich noch zu jung gewesen, um für ihn arbeiten zu können, doch das änderte sich jetzt. Er ließ mich Nadeln setzen und war sehr zufrieden damit, wie professionell ich es bereits hinkriegte, zeigte mir einige Dinge und half mir dabei, praktische Erfahrungen zu sammeln. Mit der Chiropraktik erging es mir ähnlich. Ich durfte ein ausgedehntes Praktikum bei Dr. Wolff absolvieren, und was soll ich sagen? Nannte man Daniel

David Palmer „den Menschen mit magischen Händen", bezeichne ich Hans Dieter Wolff als „den Menschen mit den goldenen Händen". Dazu gesellen sich sein großes Herz und seine helle Intelligenz. Wer schon einmal bei einem fähigen Fachmann oder einer fähigen Fachfrau in Behandlung war, singt ohnehin das hohe Lied der Anerkennung: Ohne diese Ärzt*innen gäbe es keine Chiropraktik und damit kaum Schmerzlinderung ohne operative oder medikamentöse Eingriffe. Wer sich nicht mehr rühren kann und dann nach einer Chiropraktik-Behandlung wieder „in de Gäng" kommt, wie man es im Dialekt meiner Hunsrücker Heimat treffend ausdrückt, den wird man von den Vorteilen dieser Methode nicht mehr überzeugen müssen. Hans Dieter Wolff vertiefte mein Wissen, weil er mein Bewusstsein für die exakte Biomechanik des Menschen weiter öffnete. Ich lernte, dass wir in der Lage sind, nahezu alles mit den Händen zu ertasten und durch Muskeltests zusätzlich wertvolle Rückmeldung über körperliche und psychische Zustände der Patient*innen zu erhalten. So gab es diese beiden Männer mit den „magischen Händen" bzw. „goldenen Händen", und Hans Dieter Wolff hatte Freude daran, mir einiges beizubringen.

Was ich spüre, wenn ich beim Schreiben dieser Zeilen zurückdenke, ist unendliche Dankbarkeit. Da ich keine Ärztin bin, durfte ich weder die Nadeln alleine setzen noch Chiropraktik ohne ärztliche Aufsicht anwenden. Doch das war nicht weiter wichtig, denn mein Weg war es zeit meines Lebens, zu sehen, was hinter den Dingen steht. Noch etwas wird mir dabei klar: Alles, was ich heute tue, und alles, was mich heute ausmacht, fand damals seinen Ursprung. Über die Jahre meiner Ausbildung mit den vielen Praktika und der disziplinierten Meditationspraxis öffneten sich alle Felder, die ich in meiner aktuellen Arbeit nutze. In dieser intensiven Zeit machte ich täglich neue Erfahrungen, bekam ich täglich neue Durchsagen, hatte ich täglich neue hellsichtige Eingebungen und gewann dadurch wesentliche Impulse. Damit war ich keineswegs die Auserwählte. So ergeht es vielen Menschen, die ihr Potenzial erschließen, ihren Weg finden und diesen mit ihrer ureigenen Energie beschreiten. Dass es dazu viel Wille und Disziplin braucht, durfte ich gleich mit dazu lernen – und dass Lehrjahre keine Herrenjahre sind, ebenfalls. Heute sage ich: Zum Glück sind sie das nicht! Denn es kommt wirklich darauf an, die inneren und die äußeren Widerstände zu überwinden.

DAS LEBEN ALS SPIEL SEHEN

Langes Leiden ist manchmal leichter als eine gute Lösung.

Wer wie ich zeit seines Lebens mit Hellsicht zu tun hat und mit vielen Vorurteilen konfrontiert ist, wird vorsichtig. Die Vergangenheit, in der Menschen wie ich ein bedrohtes Leben führten, ist doch nicht ganz vergangen. In vielen Ländern dieser Erde gibt es noch immer Hexenjagden. Zum Beispiel habe ich davon gelesen, dass in einer ghanaischen Ortschaft etwa 90 Prozent der Bevölkerung schon einmal wegen Hexerei angeklagt waren oder selbst jemand anderen angeklagt haben, sodass die Regierung in Ghana ein Verbot erlassen hat. Und auch wenn wir in einer ganz anderen Kultur leben, sind diese Vorurteile doch auch bei uns präsent. Aus diesem Grund hatte ich zu der Zeit, als ich in meiner eigenen Physiotherapie-Praxis arbeitete, auch immer den dtv-Atlas Akupunktur prominent auf dem Tisch stehen. Das ist ein ganz hervorragendes Standardwerk über die Geschichte der Akupunktur in China und in Europa. Darin werden auch die Grundlagen der chinesischen Medizin beschrieben, und wie klassische Akupunkturtherapie funktioniert. Allein, ich brauchte den Atlas nicht. Kamen Menschen zu mir, denen es schlecht ging, akupunktierte ich sie und es ging ihnen wieder gut.

Ähnlich arbeitete ich mit Bach®-Blüten. Diese gehen auf den britischen Arzt Edward Bach zurück. Er war wie ich von früher Kindheit an eng mit der Natur verbunden und schulte seine Beobachtungsgabe bei Pflanzen und Tieren. Nach dem Medizinstudium versorgte er Kriegsverletzte im Ersten Weltkrieg. Geprägt von diesen Erlebnissen kam er zu der Überzeugung, dass der Schlüssel zur menschlichen Gesundheit in der Pflege von Körper und Geist liegt. So erforschte er Blumen und Pflanzen zur Unterstützung des emotionalen Gleichgewichts. Heute gibt es die Bach®-Blüten in 38 Essenzen in sieben kategorisierten Gruppen. Diese pendelte ich aus – ich pendele sie aus, sollte ich eher schreiben, denn selbstverständlich benutze ich sie noch immer –, und auch da war das notwendige Wissen längst tief in meiner Seele angekommen. Das hatte mit Hellsicht nichts zu tun, sondern mit dem Zugang zu Erkenntnissen aus einer anderen Dimension.

In diesem Zusammenhang werde ich oft gefragt, was ich eigentlich von Rückführungen halte. Da bin ich frank und frei: ganz wenig. Es ist schlicht nicht vorgesehen, dass wir uns an frühere Leben erinnern, ohne einen direkten Bezug in dieses Leben zu nehmen.

Was helfen uns diese Geschichten, wenn sie nicht zeitgleich an eine innere Hürde oder wünschenswerte Lösung anschließen? Wenn wir uns einer Rückführung unterziehen, um mehr über die Vergangenheit zu erfahren, bringt uns das im heutigen Leben nichts außer Probleme. Anders verhält es sich, wenn ich einen Blick auf das vergangene Leben von Klient*innen werfe. Da ergibt es Sinn, wenn dadurch eine Blockade verifiziert wird, die bis heute wirkt. Wir finden in der Bibel viele Beispiele, in denen Gott sich den Menschen offenbart, um seine Durchsagen zu machen. Ob die Mitmenschen darauf hören, ist dann eine eigene Geschichte, schließlich gab uns Gott als oberstes Prinzip den freien Willen. Ich leite jedoch daraus ab, dass es wichtig sein kann, einen Blick jenseits der vorgegebenen Grenzen zu werfen, wenn es dem Patienten oder der Klientin hilft.

Einmal kam eine Frau zu mir, deren Mann kürzlich verstorben war. Sie wusste nicht, ob es ein Unfall gewesen ist oder Suizid, und sagte mir, sie sei so unfassbar wütend, weil er einfach gegangen sei. „Sich weggeschlichen hat", das waren ihre Worte. Vorwürfe an Verstorbene gibt es immer wieder. Für sie war es sehr wichtig zu erfahren, was tatsächlich passiert ist. Ihre Wut schnürte ihr geradezu die Lebensenergie ab. In diesem Fall nahm ich den Kontakt zum Toten auf. „Ja, ich wollte gehen", war seine Botschaft und: „Ja, ich habe dich im Stich gelassen." Das hat die Wut der Frau nicht weggenommen, doch nun konnte sie in einen Prozess eintreten, um diese Wut zu verwandeln. Das wäre anders gar nicht möglich gewesen. Für mich stellen sich daher bei jeder Aufgabe die Fragen: Kann meine Hellsicht dienen? Bin ich nicht in der Lage, diese Frage ehrlich zu beantworten? Werde ich mich stets zurückhalten? Andernfalls wird sich mein Ego in den Weg stellen und womöglich die Aussage verfälschen. Für mich ist das Hellsehen keine Wahrsagerei, kein Kartenlegen oder Ähnliches. Es gibt Menschen, die wünschen sich ein Seelenlesen, damit man ihnen sagt, dass bald das Glück und Reichtum über sie kommt. Aber in unserem Leben geht es um stetige Entwicklung, denn diese ist unausweichlich. Es erwarten uns Herausforderungen, und wer diese zu deuten versteht und in der Lage ist, die Weichenstellung noch einmal zu ändern, für den ist die unbedingte Erreichbarkeit des Glücks gegeben.

Umgang mit dem Ego

Einmal kam eine Frau in mein Haus, die auch Anhängerin der humanistischen – und vor allem atheistischen – Stiftung ist, von deren Inhaber wir unser Haus gekauft haben. Sie meinte, dass doch erst ein „richtiger" Studiengang einen Menschen zu etwas qualifiziere, und fragte mich, was ich denn nun hier genau mache. Ich erklärte es ihr und sie fragte mehrfach von oben herab nach. Seither habe ich beschlossen, solche Gespräche nicht mehr zu führen und mich auch von solchen Menschen nicht mehr herabsetzen zu lassen.

Ich habe umgekehrt auch nicht hinterfragt, ob sie ihren Beruf im Lehramt ordnungsgemäß und sinnvoll ausgefüllt hat. Ich möchte, dass jeder und jede das eigene Leben in Freiheit leben darf, und hoffe, immer wertfreier zu werden. Solche Gespräche führen in die entgegengesetzte Richtung. Bis dahin dachte ich, es sei meinem übersteigerten Ego zuzuschreiben, dass ich solche Unterhaltungen ab jetzt nicht mehr führen wollte. Doch ich bemerkte, dass ein respektvolles Nein zu einer anderen Person ein aufrichtiges Ja zu mir selbst ist.

Immer dann, wenn Menschen bei uns im Ort über den Zaun brüllen oder mir böse E-Mails schreiben, weil unser Trommler Oli viermal im Jahr zum Sonnenaufgang und zum Sonnenuntergang das schamanische Feuer begleitet, wünsche ich mir diese gute Gemeinschaft, die in der Lage ist, auch mal etwas anderes zu respektieren als die gewohnten Strukturen. Wir können Dinge im Leben so oder so sehen. Wenn ich nachts fast aus dem Bett falle, weil Nachbarn mit lauter Musik und dröhnenden Bässen ihre Party feiern, dann wünschte ich mir manchmal vielleicht auch etwas mehr Nachtruhe. Aber in mir überwiegt die Freude, dass Menschen gerade alles Schlechte vergessen und morgen die Welt vielleicht ein wenig erfüllter und freudiger sehen.

Was ist das eigentlich, das Ego? Dieses Wort mit drei Buchstaben, das so häufig benutzt, aber auch so häufig falsch interpretiert wird? Wichtig ist, zu verstehen: Das Ego ist ein Teil von uns Menschen, wie der Körper, wie die Psyche, wie unsere Seele, wie das Geistbewusstsein. Stellen Sie sich das Ego am besten wie einen Spiegel vor. Sie stehen davor und es spiegelt Ihnen ein Bild auf die Fragen: „Wer bin ich? Was will ich?" Falls Sie Kinder haben, kennen Sie die Situation, wenn sie im Alter von drei bis vier Jahren sind und das Ego in seinem Ausdruck einen Höhepunkt erreicht: Das Kind wirft sich auf den Boden und schreit: „Aber ich will!" Dieses „Ich will" ist wichtig für uns – daran erkennen Sie bereits, dass ich keinesfalls zu den „Gurus" zähle, die es als ihre Lebensaufgabe ansehen, das Ego ihrer Anhänger*innen zu zerstören. Das ist völlig falsch, weil das Ego uns als Mensch abbildet, um ausdrücken zu können: „Das bin ich!"

Es tritt allerdings ein ganz anderes Problem auf: Meist weiß das Kind gar nicht, was es will, wenn es „Aber ich will!" schreit. Und die meisten Erwachsenen wissen es immer noch nicht. Sie wissen nicht, was sie wirklich mit ihrem Leben anfangen sollen, und sie wissen daher auch nicht, wer sie sind. Trotzdem will das Ego immer weiter gefüttert werden. Das „Ich will" hört deshalb nicht auf, weil ein Ego keine Grenzen kennt. So kommt es zu Ersatzhandlungen, die oft in die Extreme gehen. Das ist Ersatzfutter für das Ego, das jedoch nach wahrem Futter für seine Fragen lechzt: „Was will ich? Und wer bin ich?"

Aus diesem Grund wird meist ab etwa dem 16. Lebensalter das Ego des Menschen raumübergreifend groß. Damit gerät es in Konflikt mit den anderen Teilen von uns Menschen wie Körper, Psyche, Geistbewusstein und der Seele. Die Seele zum Beispiel wird niemals sagen: „Ich will!" Sie stellt ihre Ansprüche hintenan, formuliert höchstens einmal ein „Ich hätte gerne", verbunden mit einem sanften „vielleicht". Wenn das Ego jedoch immer mehr Raum einnimmt, und sich die Waage zuungunsten unserer anderen Anteile neigt, sind wir verpflichtet, etwas zu tun. Das ist reines Training, so wie wir die Disziplin des Geistes mit täglicher Meditation trainieren. Doch mal Hand aufs Herz, welcher Mensch trainiert sein Ego, vor allem in jungen Jahren? Auf diese Weise gelangt das Ego in einen Galoppzustand, nimmt noch mehr Raum ein und wird geraten am Ende in eine Ego-Falle: Im Alter ab dreißig oder vierzig Jahren haben viele Menschen ein Riesenego, das wie ein gläserner Käfig wirkt, der sie in allen Phasen des Wachstums behindert und sogar gefährlich für die Mitmenschen sein kann. Diese Ego-Shooter wissen überhaupt nicht, was sie wollen und wer sie sind, und rennen daher blindlings in jede falsche Richtung.

> Eifersucht, Neid und Missgunst entstehen nur durch den Vergleich und sind geboren im Ego.

Eifersucht, Neid und Missgunst entstehen nur durch den Vergleich und sind geboren aus dem Ego.

Die eine Frau ist schöner, schlanker, der andere Mann reicher, erfolgreicher. Die eine ist intelligenter und hat einen Doktortitel, der andere wiederum hat das schönere Auto vor der Tür. Der Teil des Menschen, der aus der Seele spricht, würde so nie denken, der Teil, der aus dem Ego kommt, allerdings schon. Doch wem schadet diese Art zu denken? Welche Gefühle entstehen aus diesem Bewusstsein? Werden wir nicht auf eine Weise fehlgeleitet? Und brauchen wir dieses Bewusstsein wirklich?

Für mich entwickelten sich daraus vier wichtige Fragen:

1. Brauche ich es?
2. Will ich es?
3. Mag ich es?
4. Liebe ich es?

Werden wir praktisch: Angenommen, Sie bestellen sich etwas bei dem großen Versender mit dem Namen eines südamerikanischen Flusses. Bei jedem Kauf sollten Sie die vier Fragen beantworten können: Liebe ich das? Brauche ich das? Mag ich das? Will ich das?

„Liebe ich es?“ und „Brauche ich es?“ berühren unsere Seele. „Mag ich es?“ und „Will ich es?“ berühren unser Ego. Die neuen Schuhe, die ich gerade bestellt habe: Sie bedienen oft nur das Ego: Ja, ich mag die Schuhe und ich will sie. Doch ich brauche sie nicht und ich liebe sie auch nicht. Die Seele hat also gar nichts von dem Kauf.

Lassen Sie uns jetzt noch eine Schicht tiefer gehen. Es ist sehr wichtig zu erkennen, welcher Teil von Ihnen spricht, wenn Sie über eine Sache nachdenken. Unsere Gedanken bilden sich aus der Seele, aus dem Ego und aus der Psyche. Unsere Psyche drückt dabei die Gefühle und Emotionen aus. Dabei kommen unsere vier Grundgefühle zum Tragen: die Freude, die Trauer, die Angst und die Wut. Emotionen dagegen sind Mischgefühle wie etwa Enttäuschung oder Aggression. Sie sind mit gespeicherten Bildern verknüpft. Denken wir also an etwas, kann eine Emotion in uns aufsteigen – diese ist aber wiederum stets an ein Grundgefühl geknüpft. Je klarer Sie das unterscheiden, desto klarer wird Ihnen, ob Ihr Gedanke der Vergangenheit oder der Zukunft angehört oder mit dem Hier und Jetzt verbunden ist. Dabei spielt das Ego den Verführer, weil es sich mit diesen Gedanken in den Vordergrund spielt.

In meiner heutigen Tätigkeit treffe ich auf Menschen, die sich vor mir aufbauen und kundtun, sie hätten kein Ego mehr und seien permanent erleuchtet. Das sind Menschen, die den Anschein erwecken, sie könnten über dem Boden schweben und müssten nie wiedergeboren werden, um weitere menschliche Erfahrungen für die eigene Entwicklung zu machen. Ich habe die Erleuchtung erfahren in meinem Leben und werde Ihnen noch von diesem magischen Moment berichten. So viel sei vorweggenommen: Es war ein Moment, der zu einem großen Wendepunkt in meinem Leben führte, aber deshalb bin ich nicht permanent erleuchtet. Keiner der Meisterinnen und Meister, die das erfahren durften, waren es.

Daher jagen mir Leute, die so etwas von sich behaupten, einen gehörigen Schrecken ein. Es gibt eben auch das spirituelle Ego, und das ist dann derart ausgeprägt und außer Kontrolle, dass es einem Dinge einflüstert wie: „Du bist viel näher an Gott als alle anderen." Vergessen wir nicht: Das Ego ist ein geschickter Verführer; davon nährt es sich. Wissen Sie noch, was im Neuen Testament bei Matthäus steht über den Vorfall, als Jesus übers Wasser ging (Mt. 14, 22–33)? Nachdem Jesus die Fünftausend gespeist hatte, ging er auf einen Berg, um zu beten. Seine Jünger fuhren in der Zwischenzeit mit einem Boot über den See Genezareth. Als die Nacht hereinbrach, kam ein Sturm auf. Da sahen sie plötzlich Jesus. Er ging übers Wasser, um zu ihnen zu gelangen. Erst dachten die Jünger, sie sähen einen Geist. Doch Jesus rief ihnen zu: „Habt keine Angst! Ich bin es doch; fürchtet euch nicht!" Da wurde Petrus von seinem Ego gepackt. Er wollte ebenfalls übers Wasser gehen. Jesus forderte ihn dazu auf, zu ihm zu kommen.

Petrus kletterte aus dem Boot, wurde aber von seiner Angst übermannt und ging unter, sodass Jesus ihn retten musste. Was wäre passiert, wenn Petrus es gelungen wäre? Dann hätte sein Egotrip dazu geführt, dass er künftig mit Jesus hätte konkurrieren müssen – und damit mit Gott selbst. Die Anmaßung wäre perfekt gewesen. Und das alles, weil Petrus zu diesem Zeitpunkt noch immer nicht wusste, was er wollte und wer er war. Er fütterte sein Ego mit dem falschen Futter. Jeder scheinbar permanent Erleuchtete, der vor mir steht und sagt, er habe sein Ego zerstört, ist meilenweit von der ehrlichen Antwort auf die Frage „Wer bin ich?" entfernt. Und sein Ego entfernt ihn immer noch weiter davon. Keiner der Jünger Jesu war ausgebildeter Experte, sondern sie waren Berufene, die aus dem Herzen die Entscheidung getroffen haben, ihn zu begleiten und sich ebenfalls im eigenen Maß in den Dienst Gottes zu stellen. Sie sind eine sogenannte besondere Beziehung eingegangen. Doch bei besonderen Beziehungen sind wir auch sehr schnell beim menschlichen Ego. Einer der Beziehungsbeteiligten wird immer höher gestellt als ein anderer. Wahrhafte Beziehungen sind hingegen immer auf Augenhöhe und gleichberechtigt. Das ist bei allen menschlichen Beziehungen zu sehen, neben der natürlichen Ordnung des Lebens.

Und was ist der Unterschied zur Seele? Die Seele zielt oft in dieselbe Richtung. Sie sagt aber eher: „Ich würde gerne, ich hätte gerne, ich würde schon mögen, ich würde mich echt freuen" – und meint damit vielleicht: Tausende von Euro zu verdienen, gesehen und anerkannt zu sein, den Wettkampf zu gewinnen oder, oder, oder. Natürlich ist die Seele auch auf das eigene Wohl und auf Verbesserung ausgerichtet, aber im Gegensatz zum Ego ist es bei ihr kein Kämpfen und Ringen – ihre Haltung ist eine andere: Wenn die Seele ihren Wunsch nicht erfüllt bekommt, ist sie dennoch erfüllt, da sie liebevoll wartet, bis sich etwas wandelt und bessert. Das Ego dagegen zermartert sich daran. Das erleben wir bei Narzisst*innen oder neurotischen Persönlichkeiten sehr deutlich. Mögen sie nach außen noch so glänzend dastehen, tief innen laufen die dunkelsten Egokämpfe ab und ziehen meist andere Menschen mit in diesen Sumpf. Tatsächlich habe ich noch nie erlebt, dass ein Mensch mit einem stark ausgeprägten Ego glücklich wurde, hatte er auch noch so viel Geld, Macht und Ansehen. Denn das Wollen des Egos endet ja nie, wie wir am Beispiel von Petrus gesehen haben.

Die verborgenen Antworten finden

Wir haben uns nun den entscheidenden Fragen – „Was will ich?“ und „Wer bin ich?“ – von verschiedenen Seiten genähert, damit deutlich wird, wie wichtig deren Beantwortung ist. Das ist meine Hauptaufgabe bei allen Klient*innen, und hier kommt uns meine Hellsichtigkeit am besten zugute. Wo andere sehr viel Zeit brauchen, um sich durch dicke Schichten innerer Verstecke, Verliese und Labyrinthe zu kämpfen, sehe ich schnell, wo die Antworten verborgen liegen.

Diese Fragen – „Wer bin ich?“, „Was will ich?“ – stellen sich vor allen Dingen dann, wenn depressive Stimmungen im eigenen Leben auftauchen. Und ich gebe es hier frei und aufrichtig zu: Im Alter von 21 Jahren war ich selbst in sehr dunklen, depressiven Gedanken und Haltungen gefangen. Dies war zu einem Zeitpunkt in meinem Leben, in dem ich wohl am meisten in meiner Opferhaltung war, andere Menschen für mein Leid verantwortlich machte, selbst nicht in vollen Umfang Verantwortung übernahm und oft regungslos in der Ecke meiner Küche saß, manchmal stundenlang. Ich hatte nicht die geringste Ahnung, was ich tun sollte, denn der betreuende Neurologe war zwar einfühlsam und freundlich, doch ich hatte eine unsagbare Angst davor, in eine Klinik zu gehen. Wenn ich die Menschen heute sehe, die diesen Mut aufbringen und in einer solchen Situation Hilfe annehmen, bin ich wirklich begeistert. Denn es ist ein guter und wichtiger Weg.

Ich werde häufig gefragt, ob es sinnvoll ist, medizinische Behandlung und die Hilfe der Wissenschaften anzunehmen, denn die Kritik daran ist groß. Und aus tiefstem Herzen antworte ich:

Wenn wir von der Idee ausgehen, dass jede Krankheit ihren Ursprung zuerst in unserem Bewusstsein hat, gibt es auf der spirituellen Ebene die Möglichkeit, einen Lebensweg zu verändern. Wenn ein bestimmtes Verhalten, ein spezieller Lebensweg oder spezielle Umstände dazu geführt haben, einen Menschen krank zu machen, ist der Weg zurück zum Ausgangspunkt dessen, was zu dieser Krankheit führte, der Weg, der Heilungskraft geben kann. Allerdings braucht dies Zeit, eine Erkenntnis oder Einsicht und auch Kraft. Die Medizin bietet schnelle sichere Hilfe auf Basis der Wissenschaft. Nun möchte ich nicht das Gleiche tun, wie die Wissenschaft, und gleichsam die Spiritualität verleugnen, sondern beide Ebenen miteinander verbinden. Ich schätze die Medizin und Forschung sehr und bin sehr dankbar, dass es sie gibt! Leider habe ich häufiger beobachtet, dass an Krebs erkrankte Patient*innen die Chemotherapie ausgeschlagen haben, um einen Weg der natürlichen Heilung zu wählen, und etwas später war dann die Chance auf Heilung durch die Schulmedizin verstrichen. Seriöse Therapeut*innen oder ernsthaft schamanisch arbeitende Personen erkennen Sie daran, dass sie mit der Schulmedizin zusammenwirken und zusätzlich mindestens eine medizinische Grundausbildung aufweisen können.

Ich erinnere mich in diesem Zusammenhang an eine schreckliche Situation und ich rate Ihnen, diese nächsten Zeilen zu überspringen, falls Sie Schockierendes zu sehr belastet. Aber diese Situation gehört zu meinem Leben, zu meiner Arbeit und ist einer der Gründe, weshalb ich mich auf die Suche begeben habe, wie das Leben besser funktionieren kann.

Eine gute Freundin rief mich in der Nacht an, ich solle bitte schnell zu ihr kommen. Ihr Mann Alexander[3] sei plötzlich so still, schaue nur noch in eine Ecke und reagiere auf nichts mehr. Aber plötzlich sei er aufgestanden und einfach gegangen. Als ich später in das gemeinsame Wohnzimmer kam, hatte Sie das Handy noch in der Hand, als hätte sie gerade erst aufgelegt.

---

3 Name geändert

Zunächst informierte ich die Polizei und fuhr dann los. Zu diesem Zeitpunkt war Alexander 42 Jahre alt. Er hatte eine steile Karriere als Arzt vollzogen und mit seiner Frau zusammen ein schönes Haus gebaut. Ich fuhr die Einfahrt zu ihrem Haus hoch und bemerkte, dass die Garage offenstand und das Licht an war. Die Polizei war noch nicht vor Ort. Ich ging um das Haus und rief seinen Namen, doch es kam keine Antwort. Überall roch es nach Benzin, und ich bekam es mit der Angst zu tun. Als ich im Garten hinter dem Haus ankam, hatte sich Alexander bereits komplett mit Benzin übergossen. Alles ging unsagbar schnell. Die Sirene des Krankenwagens war schon hörbar. Als seine Frau seinen Namen schrie, zündete er sich an. Es fällt mir schwer, diese Zeilen zu schreiben, denn der Anblick ist kaum zu beschreiben. Die Polizisten waren grandios. Sie handelten richtig, der Notarzt kam schnell und Alexander überlebte die Verbrennungen. Er lag dann einige Tage im künstlichen Koma auf der Intensivstation.

Psychiater und Psychologinnen haben gute Erklärungen für eine solch selbstzerstörerische extreme Handlung. Doch ich war so schockiert, dass ich mich immer wieder fragte, was noch hinter den Dingen stehen könnte. Denn Alexander hat außer seinen äußeren Narben auf der Haut zwar alles gut überstanden und signalisierte auch nach einem längeren Klinikaufenthalt, dass seine Psyche auf einem guten Weg sei. Doch er hatte auch ein besonderes Hobby, das Segeln. Und das war das Erste, was er nach seiner psychiatrischen Kur unternahm. Er und sein Freund waren nur ein paar Minuten auf dem Wasser, als Alexander plötzlich umfiel und einen schweren Herzinfarkt erlitt.

Wieder legte man ihn ins künstliche Koma, wieder dauerte es Wochen bis zur Genesung. Danach bat er mich um Hilfe und fragte nach einer schamanischen Aufstellung. Ich ging ein paar Tage in mich, denn ich war mir nicht sicher, ob die Antwort, die ich ihm geben würde, für ihn annehmbar sein würde. Ich lehnte die schamanische Arbeit mit ihm zunächst einmal ab. Aus meiner Sicht brauchte er nach wie vor psychologische und ärztliche Betreuung. Ich sagte ihm, dass ich unter Aufsicht des Arztes gerne mit ihm arbeiten würde, wenn dieser seine Zustimmung dazu gäbe, und genauso war es dann auch.

Ich nehme Sie nun mit in ein Beispiel einer Aufstellung, die ich als lebenswichtig empfunden habe. Alexander war ein perfekter Schüler gewesen. In der Schule hatte er also gute Noten, dazu war er sportlich, gutaussehend, redegewandt und sogar ein Gesangstalent. In der Aufstellung ist es bei mir so, dass ich Menschen so begleite wie in einem 3-D-Kino. Der Klient setzt sich neben mich, und es „zeigt sich", was wirklich wesentlich ist. Ich sah also Alexander als Jugendlichen auf der Schulbank sitzen mit einem Blick raus auf den Fluss. Er sah ein großes Schiff vorbeifahren und dachte: „Draußen ist die Welt bunt, hier drinnen in der Schule ist sie schwarz-weiß. Wenn ich erst den Abschluss habe und studieren gehe, werde ich endlich in dieser bunten farbigen Welt leben." In ihm stieg eine große Sehnsucht nach Leben auf. Doch im Studium erging es ihm ähnlich, ebenso während der Promotion, ebenso in der Klinik, erst als Assistenzarzt, dann als Oberarzt.

Er vergaß es zwischendurch, fühlte nicht mehr diese Sehnsucht nach Leben, außer als er seine Frau kennenlernte. Er liebte sie, und den Sex mit ihr noch viel mehr. Doch mit den Jahren isolierte er sich immer mehr von den Gefühlen anderer Menschen und spürte nur noch sich selbst.

Das geschah keineswegs aus böser Absicht, er erfüllte nur immer weiter die Anforderungen. So hatte auch sein Vater immer alles von ihm gefordert. Er sollte es einmal besser haben und besser machen. Alexanders Vater trank damals so viel Alkohol, dass er eines Nachts in das Zimmer des Kindes kam, völlig betrunken und nackt, und das Bett mit der Toilette verwechselte. Alexander verlor darüber kein Wort, bezog alleine sein Bett neu und legte sich wieder schlafen. Von da an begannen seine geistigen Selbstangriffe. Zuerst noch harmlos mit Gedanken wie: „Wenn ich nur ein guter Sohn wäre und ich meinem Vater mehr Freude bereiten könnte, würde er sicher weniger trinken.“ Später war es: „Du Versager, der andere hat schon die Chefarztstelle und dich hat man nicht einmal in Betracht gezogen.“ Bis zu: „Du hässliche, faule, kleine Drecksau – besser du verreckst, dann ist gut.“ So und schlimmer ging es weiter. Nach außen bemerkte das kein Mensch, nicht mal seine Frau, wie sie mir später erzählte. Alexander erklärte, dass er all das gar nicht als Gedanken wahrgenommen hätte, vielmehr als Zustand gegeben war, und er es deshalb in den Therapieeinheiten auch nicht als solches benennen konnte. Doch der Weg zurück zu diesem Kinderbett war eine halbe Stunde lang grausam, keine Frage – doch es konnte sich dabei etwas um ihn herum auflösen, was so nicht sichtbar war.

In dem Buch „Ein Kurs in Wundern“ (S. 64) von Helen Schucman aus dem Greuthof Verlag (www.greuthof.de) heißt es:

> *„Der Himmel ist die Entscheidung, die ich treffen muss.*
> *In dieser Welt ist der Himmel eine Wahl, weil wir glauben, es gebe Alternativen, zwischen denen wir wählen können. Wir meinen, alle Dinge hätten ein Gegenteil, und was wir wollen, wählen wir.“*

Doch der Himmel kennt kein Gegenteil. Diese immerwährende Trennung ist es, die tiefe Schmerzen, Ängste und wilde Emotionen auslösen kann. In dem Beispiel oben zeigt sich, wie sehr sich das auf die eigenen Gedanken auswirkt, und die Seele nimmt auf Dauer die Farbe des eigenen Denkens an. Ein Wandel ist dann nur durch eine bewusste Entscheidung und weitere Disziplin möglich.

Viele Jahre meines Lebens wurde ich zur Notfallseelsorge, zu Sterbe- und Trauerbegleitung gerufen. Ich habe es oft erlebt, dass sich ein Mensch das Leben genommen hat, auf die unterschiedlichsten Arten und Weisen, und erlebte den Hurrikan der Verzweiflung, Trauer, Angst, Wut, Schuld und mehr bei den Angehörigen.

Natürlich stellt sich die Frage des großen Warum. Dieses Warum ist so vielfältig wie der eigene Fingerabdruck. So scheinen Menschen mit suizidalen Gedanken die Welt als getrennt von sich zu betrachten. Daher ist es mir ein tiefes Anliegen zu vermitteln: Jede*r, der oder die sich angesprochen fühlt, soll den Mut haben, professionelle Hilfe in Anspruch zu nehmen. Es gibt hervorragende Kliniken mit fantastischen Ärzt*innen und Therapeut*innen, die gute und sinnvolle Hilfe leisten. Wer gar nicht mehr weiter weiß, dem hilft mein Team gerne kostenfrei mit Informationen jederzeit weiter.

Wir haben die Wahl

Was ist für mich daher am wichtigsten? Es ist die Demut, die Demut vor Gott, die so stark ist, dass mir sowohl dessen Personifizierung als auch ein bestimmter Name für das Göttliche nicht leicht über die Lippen kommt, geschweige denn, dass ich ihn wie hier aufschreibe. Ich glaube zutiefst an Gott und an Jesus und die aufgestiegenen Heiligen und Engel. Ich glaube zutiefst an das Leben nach dem Tod, und ich glaube daran, dass wir uns alle wiedersehen. Was Gott betrifft, habe ich keine Vorstellung, die sich mit Worten, die uns zur Verfügung stehen, auch nur annähernd beschreiben ließe. Weil klar ist, dass dieser Gott alles weiß, bevor ich auch nur den Gedanken dazu habe, brauche ich Gott auch nicht anzubeten – er weiß über mein Gebet längst Bescheid. Tue ich es trotzdem, liegt es daran, dass dieser kindliche Vorgang mir Wohlbefinden bereitet. Und so sehe ich auch, dass die unzähligen Kriege und Konflikte, die Menschen seit Urzeiten im Namen Gottes führen, eine Perversion des Glaubens sind. Demut vor dem Wunder seiner Schöpfung ist die bessere Alternative.

> Für mich ist Demut am wichtigsten.

Was ich gerne und regelmäßig tue: Ich wende mich dem Himmel zu, sei es im Gebet oder im stillem Bewusstsein. Es gibt neben Jesus weitere Persönlichkeiten der geistigen Ebene, bekannt sind Heilige, aufgestiegene Meister, Erzengel – zum Beispiel die Heilige Maria.

Sie war ein Mensch und ist der Menschenebene noch immer nahe. Auf diese Weise bekam ich auch das Verständnis vermittelt, was geschieht, wenn ein Mensch stirbt. Oft ist es ein zutiefst menschliches Ringen mit allem, was es aus dem Leben zu verarbeiten gibt. Tritt der Tod ein und die Seele aus dem Körper, kann ich das sehen. In vielen Fällen geht die Seele nicht gleich in den Himmel ein. Ich glaube, es gibt eine Zeit der Aufarbeitung für erschöpfte Seelen an einem passenden Ort. Dort wird die Entscheidung getroffen, noch einmal zu inkarnieren, was nicht in Tagen oder Wochen passiert, sondern über Jahre oder Jahrzehnte. Doch verläuft auf dieser Ebene die Zeit nicht linear wie bei uns, sondern verändert in Zeit und Raum. Und doch ist sie für uns nicht mehr als ein Flügelschlag.

Nun herrscht bei vielen Menschen eine tiefe Sehnsucht nach diesem friedlichen Ort vor, was wohl auch einer der Gründe ist, weshalb die Zahl der Suizide weltweit steigt. Gleichzeitig existiert aber auch diese menschliche Freude darüber, in unserer Wirklichkeit sein zu können. Auch diese Freude erlebe ich intensiv. Ich schätze das Leben mehrdimensional. In meinem gesamten Familienclan wird gelacht, gefeiert, getrunken, gegessen und das Leben gelebt, wie es kommt. Tatsächlich ist es möglich, mit High Heels zu meditieren. Es entspringt nur unserer Vorstellung, wie etwas zu sein hat. Deshalb mag ich es manchmal gerne leicht.

Kommt es aber darauf an, kann ich blitzschnell den Schalter wieder umlegen, um in einer akuten Notlage meine besonderen Fähigkeiten zur Verfügung zu stellen. Das kann passieren, wenn eine Klinik anruft, weil in einem Operationssaal ein Patient meiner Begleitung bedarf, oder wenn eine meiner Klient*innen Rat benötigt, da eine wichtige Entscheidung ansteht. In diesen Fällen ist es mir möglich, in diese komplexe Dimension einzutauchen, in der ich alles auf einmal und gleichzeitig losgelöst von unserer Zeitvorstellung wahrnehme. Im Laufe meines Lebens erfuhr ich dabei auch Veränderungen. Vor zwanzig Jahren nahm ich Seelen in einer bestimmten Form wahr, die ich mit unserer unzureichenden Sprache als menschliche Kopie bezeichnen würde. Heute ist das anders, und auch das zeigt die Erfahrung: Die Seele hat nach dem Tod keine solche Form mehr. Gehe ich mit ihr auf die Reise, sehe ich sie in lichtvollen Varianten, die sehr farbig sein können, sehr bunt. Durch meine Erfahrung kann ich heute auch gut unterscheiden, ob die Seele noch mit der Erde verbunden ist oder ob sie zum Himmel strebt. Ob sie eine manipulative Form angenommen hat, eine negierende Form oder womöglich eine satanistische Form – auch das kommt vor.

Daher gibt es zum Beispiel im Buddhismus auch die Auffassung, dass die menschliche Anwesenheit auf diesem Planeten stets von Leid begleitet wird. Dem sollten wir jedoch hinzufügen, dass das nur deshalb geschieht, weil es sich die Menschen so erschaffen. Denken Sie daran: Willensfreiheit ist das oberste Prinzip. Da wir in der Dualität leben, entscheiden sich die Menschen zwischen Licht und Schatten. Das tun wir nicht einmal in unserem Leben, sondern jeden Tag unzählige Male. Beginne ich morgens meinen Tag, starte ich daher immer mit einer kleinen Meditation und diesem Ritual: Ich weiß, mache ich mir klar, dass ich heute wieder Entscheidungen treffe. Ob ich mich für Licht oder Schatten entscheide, liegt alleine bei mir. Ob ich Gutes aus den Entscheidungen ziehe, ob ich dabei sämtliche Gefühle zulasse, ob ich Grenzen setze – all das obliegt mir. Gott gab uns den freien Willen, damit wir die Wahl haben. Und glauben Sie mir: Wenn ich davon in Seminaren spreche, gehen Menschen, die sich gerne als Opfer des Lebens fühlen, die Barrikaden hoch. „Mein Leben ist so schrecklich", sagen sie dann, „da muss ich mich doch auch schrecklich fühlen!" Nun, es gibt Prozesse, die tiefer Gefühle bedürfen, aber: „Nein, es ist deine Entscheidung. Du hast die Wahl. Deine Seele gleitet in dieser Wahlfreiheit hin und her." Wir sorgen selbst dafür, ob unsere Seele nach diesem Leben erschöpft ist oder nicht, und zwar durch unsere täglichen Entscheidungen. Es gibt diesen inneren Mikrokosmos der sich im Makrokosmos zeigt. Die einzige Möglichkeit, unser Leben wahrhaftig zu wandeln, ist tatsächlich, in unserem Leben Entscheidungen zu treffen.

Stellen Sie sich vor, es wäre nicht so. Stellen Sie sich vor, alles wäre in einem Buch des Lebens festgezurrt, ähnlich dem Skript einer Reality-Show im Fernsehen. Würde Ihnen das Leben noch Freude machen? Oder macht es nicht sehr viel mehr Spaß, das eigene Potenzial durch eigene Entscheidungen zur ganzen Entfaltung zu bringen? Ich blicke immer in leuchtende Augen an Ende eines Seminars, selbst wenn die Zeit dazwischen äußerst intensiv und manchmal sogar hammerhart für die Teilnehmer*innen und auch für mich ist. Wir halten das mit Fotos fest. Dafür machen wir ein Porträt des Teilnehmers oder der Teilnehmerin am Anfang des Seminars und dann noch eines am Ende. Da strahlen dann nicht nur die Augen, da strahlt der ganze Körper. Würden wir eine Wärmebildkamera benutzen anstatt eines herkömmlichen Fotoapparats, würde das Ergebnis noch beeindruckender ausfallen. Freuen wir uns also darüber, dass wir die freie Wahl haben – und nutzen wir dieses mächtige Werkzeug, um unser Leben in ein gutes Leben zu verwandeln und unsere Seele zu pflegen.

Auch was dieses gute Leben ausmacht, entscheiden wir selbst. Wir dürfen uns nur nicht von fremden Einflüssen ablenken lassen. Dafür gibt es Sehnsüchte, die allen Menschen gemeinsam sind: Wir wollen miteinander verbunden sein und in einer friedlichen Welt leben, die wir Heimat nennen können. Für mich ist das die Basis meiner Arbeit, weil sich daraus viele individuelle Möglichkeiten ergeben. Was mich zur modernen Schamanin macht, ist, dass ich diesen Möglichkeiten Raum im handfesten Leben gebe. Ich habe nie etwas von Überlegungen gehalten, dass ein Mensch nur dann spirituell sei, wenn er den lieben langen Tag im Lotussitz verbringt, meditiert und dabei heilig dreinschaut. Ist ein Mensch dagegen geschäftig, so das Vorurteil, trägt er Businesskleidung und kümmert sich nur noch um Umsätze und Ertrag. In meinem Verständnis ist das spirituelle Bewusstsein immer und überall vorhanden und dringend notwendig in der Welt, damit wir erfassen können, weshalb wir auf Erden sind.

Strebt ein Mensch daher nach dem Weiter, Höher, Schneller, und zwar aus freien Stücken und nicht, weil ihn jemand ins Hamsterrad steckte, findet er bei mir volle Unterstützung. Ich habe nichts gegen Geschwindigkeit beim Erreichen der eigenen Ziele, im Gegenteil. Mein Leben verläuft ebenfalls im hohen Tempo. Aus meinem Mund hören Seminarteilnehmer*innen niemals: „Dein Problem ist so vertrackt, da brauchen wir Jahre, um es aufzudröseln.“ Mit meiner Vorgehensweise funktioniert das derart schnell, dass ich eher darauf achten muss, den oder die Teilnehmer*in nicht abzuschrecken. Es kann sich befremdlich anfühlen, wenn der Ballast einer langen Zeit in einer ganz kurzen Zeit abfällt. Es kann sich auch beängstigend anfühlen, wenn wir unsere wahre Sehnsucht kennenlernen. Darauf reagieren manche Menschen erst einmal mit Angst, Aggression und Abwehr. Ich schätze Menschen, die in die Gegenwehr gehen und erst einmal alles für Käse halten. Sie bringen zwar ihr festgefahrenes Weltbild mit, doch wenn sie diese Erfahrung frei für sich selbst machen können und sie neu bewerten, höre ich öfter Dinge wie: „Holy shit, Kerstin, das ist der Hammer, was du machst.“ Sie sind erschüttert darüber, wie schnell das passiert, wo sie doch bisher gehört haben, das müsse ewig und drei Tage dauern.

Aus diesen Gründen sage ich heute: Wir Menschen werden geboren, wir Menschen sterben, und was dazwischen abläuft, ist ein Tanz. An diesem Tanz können wir uns erfreuen, uns dabei entwickeln und weiterkommen. Für diese Prozesse bin ich da.

Ich hatte ebenfalls die Wahl – und die Entscheidung. In die Physiotherapie zu gehen, war eine der besten Entscheidungen, die ich je getroffen habe. Gleich im allerersten Praktikum wurde ich dafür belohnt, denn ich machte die Erfahrung des Todes, der Liebe und der Transformation. An jenem Tag war ich mit meiner ganzen Unerfahrenheit der damaligen Zeit in die Klinik gekommen. Eine sehr alte Dame lag in einem Einzelzimmer. Ich bekam die Aufgabe, ihr die Füße einzucremen und sie ein wenig zu mobilisieren. Ihr einfach etwas Gutes tun. Das habe ich immer gerne gemacht, weil ich das

Helfen schon damals als meinen Dienst an der Welt betrachtete. Ich liebte es, morgens ins Krankenhaus zu kommen und dann zu helfen bis spät in die Nacht. Da vergaß ich jegliche Zeit, vergaß den Feierabend, vergaß, dass Weihnachten war oder ein anderer Feiertag und dass ich gar keinen Dienst mehr hatte. Ich spürte tiefen Frieden in mir, auch wenn um mich herum der Bär steppte: Hier wurde eine OP vorbereitet, dort lief eine Visite und ein Dutzend Patient*innen drückten gleichzeitig die Klingel.

Irgendwann jedoch kam der Nachmittag, wenn dann alle Patient*innen schliefen und der Frieden in meinem Inneren auch im Außen zu spüren war. „Krankenhausfrieden“ nannte ich diesen Zustand, den es heute so leider kaum mehr gibt und den ich – und nicht nur ich – sehr vermisse. Damals war es so, dass ein Patient mit einer Blinddarmoperation eine Woche in der Klinik blieb; heute ist es nur noch ein Bruchteil dieser Zeit. Vieles wird ambulant erledigt. Gebärende Mütter gehen oft noch am selben Tag nach Hause. Unsere Körper sind noch immer dieselben, bekommen aber nicht mehr die gleiche Zeit der Erholung.

Und so bin ich an diesem Tag frohen Mutes zu der alten Dame ins Zimmer gegangen. Was mir niemand gesagt hatte, und ich auch nicht wahrnahm, weil ich in diesem Augenblick aufs normale Leben eingestellt war und nicht auf Hellsichtigkeit: Dieses Zimmer war zum Sterbezimmer deklariert worden, und die Patientin war die Großmutter der damaligen Freundin meines Cousins. Ich habe schon oft von sich schließenden Kreisen gesprochen, und auch an diesem Tag sollte das der Fall sein. Ich richtete das Bett her, damit ich mich davor setzen und ihre Füße eincremen konnte. Es vergingen einige Minuten und dann wurde mir auf einmal derart heiß, als sei die Raumtemperatur auf einen Schlag um dreißig Grad Celsius angestiegen. Da wusste ich: Die alte Dame war soeben unter meinen Händen gestorben. Zum ersten Mal spürte ich diese Wärme, die durch Transformation entstehen kann und durch frei werdende Liebe.

Von diesem Augenblick an war mir klar, dass es mir ebenfalls in die Wiege gelegt worden ist, Menschen auf ihrem letzten Weg zu begleiten. Ich habe die Gabe, ihnen das Loslassen, das oft so schwerfällt, zu erleichtern – was ich seit diesem Tag auch sehr häufig getan habe. Dabei lernte ich, dass es nicht schlimm ist, im Krankenhaus das Leben zu beschließen. Für manche Menschen ist diese Vorstellung ein Graus: „Zwischen all den Apparaten", sagen sie, „während vor dem Zimmer das Leben weiter seinen Gang nimmt." So ist es, und genau das empfinde ich als Geschenk: Hier ist ein Ort, der darauf vorbereitet ist und praktisch dafür eingerichtet wurde. In der Tat, draußen geht das Leben weiter, doch das tut es immer und überall. In dieser Umgebung kann ein Mensch gut sein Leben vollenden.

Nimm dich ernst, aber nicht zu wichtig.

Sie bemerken es wohl anhand meiner Worte: Ich bin ganz generell lieber im Spielmodus und nicht im Kampfmodus. Ich kämpfe nicht gegen etwas, sondern nutze die spielerische Kraft, die sich situationsbedingt ergibt. Ich nehme mich dabei zwar ernst, doch ich nehme mich nicht so wichtig. Ich probiere Dinge gerne aus; das habe ich immer getan. Erinnern Sie sich noch an den Spielplatz Ihrer Kindheit, oder sind Sie mit Ihrem Nachwuchs mitunter an so einem Ort? Er spiegelt das spätere Leben wider: Da gibt es Kinder, denen es auf der Schaukel nie hoch genug hinaus gehen kann. Andere verharren ängstlich auf der Stelle. Es gibt die Kinder, die mit Wasser und Erde herummatschen, und andere, die auch nach einer Stunde auf dem Spielplatz keinen Fleck auf ihrer Kleidung haben. Wir entdecken die geborenen Anführer*innen, und sehen die, die sich gerne unterordnen. Wir erleben friedliches Miteinander und plötzlich aufkeimende Aggression. Kommt dann ein Erwachsener daher und will die Sache regeln oder noch schlimmer, sie durchorganisieren, ist das Spiel zu Ende. Ich habe mir zum Glück meinen Spieltrieb erhalten, in meiner Freizeit, mit allerhand Brettspielen, draußen im Freien mit den Kindern oder den Hunden und Ziegen und auch im Beruf. Unser Leben ist ein Spiel – mit Kämpfen kommen wir nicht weit und erschöpfen bloß unsere Seele. Im Spiel dagegen werden uns Tür und Tor geöffnet. Also spielen Sie mit!

Bilder aus der Kindheit

Vortrag Business, Spiritualität

Einzelberatung

Initiation in der Weidenkapelle

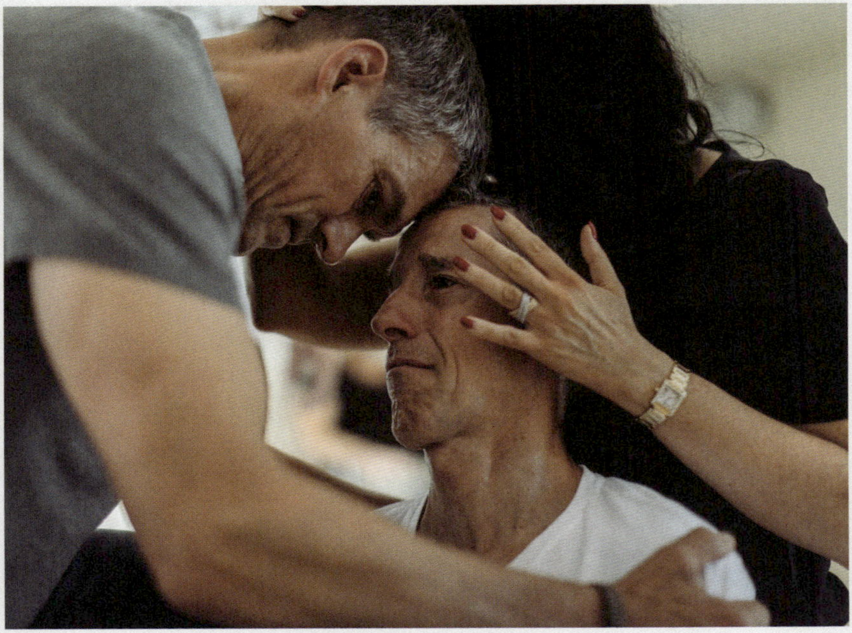

Intensive Aufstellungsarbeit

Intensive Aufstellungsarbeit

Intensive Aufstellungsarbeit

Urkraft und Verbindung

Schamanische Initiation

Himmerod Meisterklasse

Kontemplation

Liebe

Kraftstern

Himmerod Meisterklasse

Von Fußball und Ballett

Ich kann auch deshalb frank und frei über den Vorteil des Spiels sprechen, weil ich auch meine Kampfphasen hatte und mich gut daran erinnere, wohin sie mich führten: Überallhin, nur nicht ans Ziel. Ich will sie Ihnen auch nicht verschweigen, weil keiner von uns ohne blaue Flecken über den Spielplatz des Lebens tobt. Bei mir ist das fast wörtlich zu nehmen, sieht man einen Fußballplatz auch als Spielplatz an. Anstatt mein Leben gleich dem Dienst in der Klinik zu verschreiben, heuerte ich zunächst bei einem Olympiastützpunkt an und stieg mit Haut und Haaren in die Sportphysiotherapie ein.

Olympiastützpunkte sind Einrichtungen, um den Leistungssport in Deutschland zu fördern. Athlet*innen aus vielen Sportarten, von Leichtathletik übers Schwimmen oder Rudern bis zum Taekwondo und Ringen, trainieren dort auf höchstem Niveau, betreut von Spitzentrainer*innen und unterstützt von einem Team aus Sportmediziner*innen und Sporttherapeut*innen. Ich hatte es vor allem mit Fußballern zu tun. Wenn Sie heute bei einem Spiel der Deutschen Nationalmannschaft oder einem Bundesligaspiel einige Therapeut*innen aufs Spielfeld laufen sehen, weil sich dort jemand verletzt hat: Das war Teil meiner damaligen Aufgabe. Wenn man so will, die sichtbare Spitze des Eisbergs, denn darunter verbargen sich endlose Stunden mit vorbeugenden Therapien oder Reha- und Trainingsmaßnahmen. Ich lernte sehr viel, unter anderem, schnelle Entscheidungen zu treffen, die ausschlaggebend sein können. Wie jeder weiß, ist ein Sport wie Fußball mit enormen Geldsummen verbunden. Stellen Sie sich ein Pokalfinale vor: Kurz vor Schluss steht es 1:1 – unentschieden. Schon die nächste Torszene kann alles entscheiden, und die Therapeuten sind der Meinung, der verletzte Torjäger Nummer eins solle nicht mehr weiterspielen. Daran kann eine sehr große Summe Geld hängen. Wer mich heute kennt, weiß, dass ich solche Situationen liebe. Damals war ich dem Fußball noch mehr verbunden, als ich es heute bin, und die Arbeit hätte auch ausgereicht, um meinen Tag auszufüllen. Aber ich habe Ihnen ja versprochen, meine Kampfphasen und blauen Flecken nicht zu verschweigen. Weil es mich neben dem Fußballplatz auch noch in die Welt des Theaters zog, begann ich, die dortigen Balletttänzer*innen zu betreuen. Nicht jeder weiß, dass Balletttanz Hochleistungssport ist, der Knochen, Sehnen und Gelenke enorm belastet. Das ständige Springen, Heben, Drehen und Dehnen ist körperliche Schwerstarbeit. Viele klassische Ballette wie etwa „Schwanensee" dauern drei Stunden oder noch länger, in denen die Tänzer die Ballerinen bis zu fünfzig Mal über den Kopf heben – da kommen in der Summe schnell drei Tonnen Gewicht pro Abend zusammen. Beim Ballett hatte ich noch mehr zu tun als bei den Fußballern, und ehe ich mich versah, stand ich schon morgens um 7:00 Uhr auf der Matte und kam selten vor Mitternacht nach Hause. Während ich in meiner Arbeitszeit alles tat, um meinen Klient*innen ein gutes Leben zu bereiten, fing für mich selbst ein schlechtes Leben an. Zunächst konnte ich nicht mehr schlafen vor lauter Überarbeitung und hatte in der Folge mehrere Beinahe-Unfälle mit dem Auto – zum Glück ist es damals noch beim Beinahe geblieben. Während im Olympiastützpunkt und am Theater unsere Schützlinge mit den besten Ernährungstipps versorgt wurden, ernährte ich mich immer kärglicher. Damals begann die Zeit, in der ich es mit dem Arbeiten völlig übertrieben habe. Ich überschritt sämtliche Grenzen, und Sie können sich vorstellen, was dann irgendwann passiert. Die Bezeichnung Burn-out tauchte zwar schon Ende der Sechzigerjahre auf, doch in dieser Phase meines Lebens war sie noch nicht zum stehenden Begriff geworden. Ich finde diesen Begriff auch fehl am Platz. Was als Burn-out bezeichnet wird, ist meist mit depressiven Tendenzen und Selbstangriffen verbunden.

Ich selbst konnte vor meinen Kollegen meine depressiven Tendenzen noch eine Zeitlang ganz gut verbergen. Doch ich war dabei, meine sämtlichen Ressourcen aufzubrauchen, und klar, da musste ich einfach krank werden, um zu merken: Dieser Weg ist eine Sackgasse –

und ich steckte schon sehr tief da drin. Die Wand baute sich vor mir bereits drohend auf. Dass ich heute in der Lage bin, Menschen mit depressiven Tendenzen wieder auf die Beine zu helfen, verdanke ich sicher auch dem Umstand, dass ich nur zu gut weiß, wie es jemanden in so eine Situation treibt. Dass heute im Spitzensport sehr viel Wert auf Regenerationsphasen gelegt wird, ist der Erkenntnis geschuldet, dass unsere Energie endlich ist.

Trotzdem ist Depression noch immer mit einem Makel behaftet. Wir können ja schon über jeden Prominenten froh sein, der über ein Erschöpfungssyndrom berichtet, was noch weit weg ist von einer Depression. Als Ralf Rangnick es tat, der eine einzigartige Karriere als Fußballspieler, Trainer, Sportdirektor und Teamchef der österreichischen Nationalmannschaft vorzuweisen hat, und er sich in der Folge eine zehnmonatige Auszeit nahm, kamen bei mir viele Erinnerungen zurück. Die Tendenz, viel mehr zu tun, als gesund ist, verfliegt nicht einfach so, auch nicht nach der notwendig gewordenen Zwangspause. Mich verfolgt sie bis heute, und auch mein Mann hat als Workaholic seinen Ruf weg. Für uns ist es nicht wichtig, uns gegenseitig zu pushen, sondern uns vielmehr auch zu bremsen. Das ist allerdings leichter gesagt als getan. Für mich ist deshalb das, was man neudeutsch Work-Life-Balance nennt, ein wichtiges Thema im Leben geblieben.

So gibt es also für mich den Begriff des Überarbeitetseins, doch das, was landläufig als Burn-out bezeichnet wird, wie schon erwähnt, ist stets verbunden mit depressiven Tendenzen, Selbstangriffen und negativen Gedanken. In der Aufstellungsarbeit setzen wir dann zunächst dabei an, die fünf wichtigsten Menschen im engen sozialen Umfeld zu überprüfen, also diejenigen, mit denen am häufigsten Kontakt besteht. Bei Menschen, mit denen ich arbeite, finde ich dann oft eine Mutter, die noch viel zu nahe am Denken und Handeln dieser Frauen und Männer dran ist, mit all ihren überholten Glaubenssätzen. Diese Sätze sind bei den Betroffenen in einem älteren Teil ihres Gehirns gespeichert – also dort, wo wir nicht einfach etwas ändern können. Dann gibt es häufig eine beste Freundin, einen besten Freund, die oder der ebenfalls im Jammertal der Gefühle steckt. Gerade Frauenfreundschaften finden sich immer wieder in der Bestätigung des eigenen Dramas, vor allem bei Frauen, die sehr mit dem eigenen Ego beschäftigt sind. Das Ego sagt dann: „Das schaffst du eh nicht", und bestärkt die negativen Glaubensätze dieser fünf Personen. Die Betroffenen argumentieren dann gerne mit mir und präsentieren Wenn-dann-Überlegungen: „Wenn meine Mutter so und so gewesen wäre, dann hätte ich andere Möglichkeiten gehabt. Wenn ich diesen Lehrer nicht gehabt hätte in der Grundschule, wäre ich nicht auf die Hauptschule gekommen, sondern hätte garantiert das Abitur gemacht, aber es war ja alles so furchtbar." Dieses Selbstmitleid ist geradezu selbst gezüchtet und antrainiert. Und weil es bei uns in Deutschland aufgrund unserer Vergangenheit ein die Gedankenkultur des Dramas unterstützendes Kollektivfeld gibt, kann man bei uns sehr leicht depressiv werden. Das ist übrigens auch in Japan der Fall.

Zurück zum Fußball: Ich habe Ihnen davon erzählt, dass ich im Olympiastützpunkt viel mit „des Deutschen liebstem Volkssport" zu tun hatte. Einmal kam die Frage zwischen den Trainern und Betreuer*innen auf: Weshalb sind wir nach dem Zweiten Weltkrieg ausgerechnet in der Schweiz Fußball-Weltmeister geworden? Klar, da war Helmut Rahn, den auf dem Platz alle aus gutem Grund den „Boss" nannten. Er schoss im Endspiel das 3:2 gegen Ungarn, also den Treffer, der Deutschland zum Weltmeister machte, was die Legende vom „Wunder von Bern" begründete. Um den Treffer noch mehr zu adeln, wurde es später zum „Tor des Jahrhunderts" gekürt. Mehr geht nicht. Ich warf die Frage auf, ob wir auch in Deutschland oder Holland Weltmeister geworden wären. Obwohl sich meine Kolleg*innen nicht mit Felderarbeit beschäftigten, erntete ich sofort ein übereinstimmendes „Auf gar keinen Fall!".

„Und warum nicht?", hakte ich nach.

Einige Antworten kamen der Sache intuitiv näher. Die Stimmung in Holland wäre 1954 sicher sehr feindlich gewesen. In Deutschland hätte uns das Selbstbewusstsein gefehlt, wo rundum doch noch immer so viele Ruinen an die Vergangenheit erinnerten. Doch diese Weltmeisterschaft fand in einem neutralen Nachbarland statt; das einzige von allen, das wir nicht mit Krieg, Tod und Verderben überzogen hatten. Nur dort hatten wir überhaupt eine Chance, Weltmeister zu werden.

Es liegt auf der Hand, dass dabei das Kollektivbewusstsein von Schuld aufgrund der deutschen Vergangenheit hier eine schwerwiegende Rolle spielt. Nehmen wir allein die Kriege, die unsere Vorfahren losgetreten haben: den Dreißigjährigen Krieg, in dem ganze Landstriche entvölkert wurden; der Krieg mit Frankreich, der zwar vom Nachbarstaat erklärt worden ist, von Bismarck aber befeuert wurde; der Erste und der Zweite Weltkrieg.

Sehe ich in den Feldern der Menschen zurück, erkenne ich das Aufkommen einer kollektiven Schuld ab 1933. Zuvor ist das noch nicht so ausgeprägt der Fall, was uns die sogenannten Goldenen Zwanziger erklärt, während derer es dem Land nun wirklich nicht golden ging und die Menschen trotzdem viel mehr arbeiten, viel mehr feiern und viel mehr Sex haben konnten als heute. Nach dem Zweiten Weltkrieg begannen wir Deutschen mehr und mehr, durch Selbstangriffe die kollektive Schuld zu nähren. Die ist inzwischen so groß geworden, dass viele Menschen gar nicht mehr wissen, wohin mit ihrer ganzen Betroffenheit zu diesem und zu jenem, ob nah oder ob fern. Das ist anstrengend. Was dann passiert, nennen wir zu Unrecht Burn-out. Es sind Depressionen, bedingt durch die Kollektivschuld und befeuert durch unser gut trainiertes Selbstmitleid.

Was können wir tun? Wir können zumindest der Überarbeitung mit der Notbremse begegnen.

Das war auch bei mir der Fall, als ich parallel am Olympiastützpunkt und am Theater arbeitete. Ich schaffte dieses Bremsen noch aus freien Stücken. „Es kann so nicht weitergehen“, sagte ich mir, wohl wissend, dass dieser Einsicht Taten folgen mussten. Ein Umstand, den viele von depressiven Tendenzen bedrohte Menschen nicht mehr von sich aus vollziehen können. Ich konnte es und kündigte, zur Überraschung einiger, die nur zu gerne eine derart engagierte Mitarbeiterin behalten wollten.

„Was nun?“, fragte ich mich. Ich hatte keinen Plan B, geschweige denn einen Plan A. Doch ich hatte eine hellsichtige Eingebung. In dieser sah ich hohe Berge, grüne Matten und blau funkelnde Seen. „Kerstin, du musst deine Umgebung ändern“, sagte sie mir. Bisher war ich noch nie für längere Zeit weiter weg gewesen. Ich bin heimatverbunden, und das bin ich auch noch heute. Doch ich sagte der Mosel, den Weinbergen und den Wäldern des Hunsrück Lebewohl und machte mich mit meinen sieben Sachen – vielleicht waren es auch nur vier, denn ich besaß nicht viel in dieser Zeit – auf in den Süden. Mein Ziel war das Allgäu, diese wunderschöne Ecke Deutschlands, in der mein Herz noch immer höher schlägt, wenn ich ihr einen Besuch abstatte. Genauer gesagt zog es mich nach Bad Hindelang ins südliche Oberallgäu. Dort begann ein Lebensabschnitt, der mir einige große Überraschungen bereiten sollte.

IN DIE BERGE

Dem Geist fällt es schwer, die Zeit zu akzeptieren oder sich gar in der Gegenwart zu halten – er weicht aus, das liegt in seiner Natur.

Bis dahin war ich immer viel unter Menschen gewesen. Ich hatte auf einem Hof mit Obstplantage in einer WG gelebt, nicht weit von Trier, Traben-Trarbach, Cochem und Bitburg entfernt. Auch das Kloster Himmerod war nah, das später noch sehr wichtig für mich werden sollte. Meine Eltern wohnten ebenfalls nicht weit entfernt, sodass ich mich stets in eine Gemeinschaft eingebettet fühlte.

Nun hatte ich mich von meinen Freund*innen verabschiedet, das Hab und Gut in einen Mietwagen gepackt, den mein Vater nach Hindelang fahren würde. Dieses eine Mal wollte auch meine Mutter mitkommen. Es war der letzte Abend zu Hause, wir grillten noch einmal im Garten meiner Eltern. Als es Nacht wurde, legte ich mich in einen Liegestuhl und blickte hinauf in die Sterne. Ich war 21 Jahre alt, hatte schon einiges mitgemacht, und nun packte mich plötzlich große Angst. Alles wird sich ändern – dieser Satz spukte mir auf einmal durch den Kopf. Bis dahin hatte ich Veränderungen mit Freude und Hoffnung verknüpft, doch jetzt fürchtete ich mich. Heute weiß ich, wie wichtig diese Phase ist, in der uns der Schwellenwärter noch einmal fragt: „Bist du gut vorbereitet? Hast du alle deine Hausaufgaben erledigt?" Das konnte ich bejahen, obwohl ich die Entscheidung, ins Allgäu zu gehen, überaus schnell getroffen hatte. Ich hatte mich dort auf das Stellenangebot einer Praxis für Physiotherapie beworben und war angenommen worden. „Die werden dort auch nur mit Wasser kochen, und meine Kenntnisse und Erfahrungen bringe ich ja mit“, sagte ich mir. Also, was sollte passieren? Auf diese Weise versuchte ich, mich zu beruhigen. Und als wir am nächsten Tag auf der Autobahn Richtung Memmingen waren und die Alpen aus dem morgendlichen Dunst hervortraten wie eine Erscheinung, wollte ich nirgendwo anders mehr leben als in den Bergen. Ich hatte eine kleine Wohnung unweit von Hindelang gefunden, mit freiem Blick auf die Hochgratkette mit Stuiben, Mittagberg und dem Immenstädter Horn. Mein Habseligkeiten waren schnell ausgeladen. Als meine Eltern zur Heimfahrt aufbrachen, flossen bei meiner Mutter und mir Tränen. Was wir beide zu diesem Zeitpunkt noch nicht wussten: Ich hatte sehr viel Glück mit meinen Vermietern, die für mich, auch in den schweren Zeiten, die kommen sollten, wie Ersatzeltern waren.

Der Trickster

Fragte man mich zu dieser Zeit: „Kerstin, zieht es dich denn nicht ans Meer?“, antwortete ich augenzwinkernd: „Da sind mir einfach zu wenig Bäume.“ Was man mit Augenzwinkern sagt, ist immer ein wenig selbstironisch gemeint, doch tatsächlich verspürte ich nicht die Sehnsucht nach der Mythologie der Meere, sondern der der Berge. Natürlich habe ich auch Homers Odyssee verschlungen und war fasziniert, als er in die Unterwelt hinabstieg, um dort seine Zukunft zu erfahren. Näher waren mir aber stets die nordischen Schöpfungssagen. In ihnen erfahren wir von der Erschaffung des Kosmos, den Liebschaften der Götter, den Parallelwelten zur Erde, „Midgard“ genannt, und vom Ende der Welt. Im Mittelalter gelangten diese Mythen nach Deutschland, wo sie weitergesponnen wurden, etwa mit Helden wie Siegfried und dem Ring der Nibelungen. Ich verliebte mich in den Weltenbaum Yggdrasil, eine riesige Esche, die den gesamten nordischen Kosmos von der Unterwelt bis in die

Himmelssphären zusammenhält. Der älteste Gott dort ist Odin, von dem Götter wie Thor, der Donnergott, oder Balder, Gott der Schönheit und des Lichts, abstammen. Auch die Liebesgöttin Freyja finden wir, und den Gestaltenwandler Loki. Er ist der Trickster, der Chaos und Unvernunft repräsentiert, unstillbaren sexuellen Appetit und viele listenreiche Verwandlungen. Nahezu jede der alten Kulturen hat ihren Trickster: Im Hinduismus ist es Hanuman, Sohn des Windgottes Vayu. Enki, der mesopotamische Schöpfergott, war ein besonders lüsterner Trickster. Anansi aus Westafrika spielte ebenfalls gerne seine Streiche – brachte den Menschen aber auch das Feuer und lehrte sie, dass Muskelkraft nicht besser ist als Klugheit. Außerdem überredete er den Himmelsgott Nyame, Sonne und Mond zu erschaffen, damit die Menschen die Vorteile von Tag und Nacht genießen können. In den nordamerikanischen Mythen gibt es Kojote, einen listigen Trickster, der sich auf die Kunst der Heilung verstand. „Mythen und Märchen", sagen manche Menschen, „sind doch Schnee von gestern. Was hat das mit uns zu tun?" Sehr viel! Nehmen wir nur den nordamerikanischen Trickster Kojote. Im Volkstamm der Lakota, aus deren Stammesgruppen charismatische Häuptlinge stammen wie Sitting Bull und Crazy Horse, entwickelte sich die Figur des Heyoka. Ein Mensch in dieser Rolle nahm denselben hohen Rang ein wie der Medizinmann. Übersetzt bedeutet Heyoka „Narr", aber auch „Gegensatz". Der Heyoka war also „der Mann, der alles andersherum macht". Das fing bei der Sprache an: Sagte ein Heyoka Ja, meinte er Nein. „Komm her" bedeutete bei ihm „Geh weg". Ein Heyoka saß rückwärts auf dem Pferd und wusch sich mit Sand statt Wasser. Wenn Sie gedanklich ein paar Meilen in den Mokassins eines Heyoka gehen, werden Sie spüren, wie anstrengend sein Leben war – und wie gefährlich! Wenn alle vor dem Sturm flohen, lief der Heyoka hinein.

Warum tat er das? Warum war seine Aufgabe derart wichtig? Immer wenn lebenswichtige Fragen beantwortet werden mussten, zeigte der Heyoka die andere Seite der Medaille. Er verkörperte voll und ganz das dualistische Prinzip. Waren alle der Ansicht, dass Krieg die einzige Lösung sei, rief er nach Frieden. In anderen Fällen – schließlich ist er ein Trickster – stachelte er die Leute auf. Prägen heute Politiker*innen den Ausdruck „Das ist alternativlos", lacht der Heyoka darüber und zeigt, dass es keine Situation im Leben gibt ohne Alternative.

Aus Loki, dem Trickster der nordischen Mythologie, entwickelte sich der mittelalterliche Narr als Berater am Hof des Königs, wie zum Beispiel William Sommers, einflussreicher Hofnarr von Heinrich VIII. Er hatte ähnliche Aufgaben wie ein Heyoka: Da ein mächtiger König vor allem von Hofschranzen und Jasagern umgeben war, brauchte er einen Charakter, der ihm die bitteren Wahrheiten kundtat.

Deshalb musste ein Hofnarr alles über das Staatswesen wissen und zugleich in der Lage sein, auf witzige Weise die Speichellecker auszustechen. Zusammen mit dem König bildete er ein Paar, das sich gegenseitig spiegelte. Bei offiziellen Anlässen trugen diese Narren ihre Kappe im Gegensatz zur Krone und das Narrenzepter im Kontrast zum Zepter des Machthabenden.

Auf einer der Tarotkarten ist so ein mittelalterlicher Narr abgebildet. Wir sehen eine Figur, die nahe am Abgrund balanciert. Tatsächlich hängt ein Bein schon gefährlich in der Luft, während sich am anderen ein kleiner Hund festgebissen hat. Dieser steht für die Angst, die uns immer wieder in die Fersen beißt. Unbeeindruckt von seiner Situation schaut der Narr ruhig in die Ferne. Er baut sprichwörtlich auf Luft und hat die Fähigkeit, auf ihr zu wandeln. Die Luft ist das Element seines Vertrauens. Wenn ihm alles wegbricht, ist sie immer noch da und kann ihn durch seinen Atem berühren.

Das waren die Geschichten, die mich damals begeisterten und in denen die Luft, der Atem, der Wind, der Wald und seine rauschenden Bäume vorkamen. Nun gesellten sich Berge dazu, in denen es vor Mythen und Märchen nur so wimmelte – denken wir nur an die Zwerge, die geschickten Handwerker der nordischen Mythologie. Natürlich habe ich all das in dieser Zeit sehr romantisiert, denn romantisch sollte es sein, mein Leben, darauf hoffte ich auch im Allgäu. Doch vieles kam anders. Vom Theater und vom Olympiastützpunkt war ich weggegangen, weil ich dort zu viel gearbeitet hatte, aber nun kam ich vom Regen in die Traufe. Mein neuer Arbeitgeber hatte in seiner Physiotherapiepraxis die Zwanzig-Minuten-Einheit eingeführt. Länger durfte keine Behandlung dauern, darauf achtete er mit Uhr und Taschenrechner in der Hand. Kam eine ältere Dame, dauerte es schon fünf Minuten, bis sie für die Massage bereit war. Nach einer Viertelstunde war dann schon wieder Schluss. Das behagte mir nicht, weil es ganz und gar nicht meinem Ethos entsprach. Von ersten Tag an hatte ich Probleme mit dieser fließbandartigen Abfertigung von Patient*innen, und natürlich habe ich immer die Zeit überzogen. Das nahm ich auf meine Kappe, machte wie im Olympiastützpunkt Überstunden ohne Ende – und rechnete sie nicht ab. Meinem Chef passte das trotzdem nicht, und den Kollegen auch nicht. Ich war die Neue, hielt mich nicht an diese „alternativlose" Arbeitsweise, und es gab weit und breit keinen Heyoka, der zeigte, dass es immer eine andere Möglichkeit gibt. Das ging in der ersten Woche nicht gut, das ging in der zweiten Woche nicht gut, in der dritten Woche auch nicht, und nach der vierten Woche war Ende Gelände: Zwischen Tür und Angel erfuhr ich von meiner Kündigung. Es war das erste und auch das letzte Mal, dass ich auf diese Weise meine Arbeit verlor. Sie können sich vorstellen, wie ich mich fühlte. Ich hatte große Hoffnungen in mein neues Leben im Allgäu gesetzt und viele Widerstände überwunden – und nun hatte es keinen Monat bis zu meinem Rausschmiss gedauert. Ich war am Boden zerstört.

Hinfallen und wieder aufstehen

Es gibt viele bekannte Zitate zum Thema „Hinfallen und wieder aufstehen", und sie alle spielen auf die unbedingte Erreichbarkeit des Glücks an. So soll Winston Churchill gesagt haben, die Kunst sei, einmal mehr aufzustehen, als man umgeworfen wird. Mir gefällt der Satz von Nelson Mandela am besten, der nach 27 Jahren Haft auf der Gefängnisinsel Robben Island wusste, wovon er sprach: „Unser größter Ruhm ist nicht, niemals zu fallen, sondern jedes Mal wieder aufzustehen." Tatsächlich bleibt mir mein erster Arbeitsmonat im Allgäu bis heute in unschöner Erinnerung; doch worauf ich stolz sein kann, ist, dass ich nach dem Fall sofort wieder aufgestanden bin. „Was kannst du richtig gut?", fragte ich mich und fand ganz schön viel, denn schließlich hatte ich in der Ausbildung und am Olympiastützpunkt und am Theater eine Menge gelernt. „Und was willst du damit anfangen – und was nicht?" Diese Frage war mir schon beantwortet worden: Die Fließbandabfertigung von Patient*innen und dass ein Mensch nur eine Kostenstelle ist, lehnte ich ab. Damit wurde mir der nächste Schritt deutlich: Ich stieg in einem Fitnessstudio als Trainerin ein.

Aerobic hatte durch die Schauspielerin Jane Fonda seinen Siegeszug in aller Welt angetreten, und so unterrichtete ich zunächst dieses flotte aerobe Training zur Stärkung von Herz und Lunge. Das tat ich – da konnte ich wieder nicht aus meiner Haut – von morgens um 7:00 bis abends um 22:00 Uhr.

Wahrscheinlich war ich selbst nie fitter als damals! Und natürlich war klar, dass ich auf die Dauer nicht Tag für Tag 15 Stunden lang Fitnesskurse geben konnte, doch half mir die Intensität des Jobs, um über die Enttäuschung meines Rauswurfs hinwegzukommen.

Inzwischen lebte ich mich in meiner Umgebung etwas besser ein, lernte ein paar neue Menschen kennen, hörte hier etwas und dort etwas und erfuhr auf diese Weise von einer freien Stelle in einem bekannten Kurhotel. Selbst jetzt, Jahre danach, spüre ich Freude, wenn ich daran denke! Die Kombination aus Erholung in einem gut geführten Hotel mit einem durchdachten Kurbetrieb finde ich großartig. In diesem Haus wählten die Gäste zwischen Kuren, die eine oder mehrere Wochen dauerten. Ein Kurarzt kümmerte sich um ihr Wohlbefinden, und ich konnte mein ganzes Wissen in die

Waagschale werfen, das ich mir in der Ausbildung angeeignet hatte: von der Heupackung über Kneipp-Güsse bis zur Bäderanwendung. Dafür bekam ich einen eigenen Raum für meine Patient*innen zur Verfügung gestellt und hatte geregelte Arbeitszeiten von 7:00 bis 16:00 Uhr. „Von nun an würde meine Zukunft rosig sein“, dachte ich mir und lag doch wieder falsch.

Seit ich Zeit in den USA verbracht habe, weiß ich, wie richtig wir liegen, wenn wir dieses Land als Land der klimatischen Extreme einschätzen. Seien es Tornados oder Waldbrände – oft schaffen es die Wetterkapriolen bis in unsere Medien. Vor Ort erlebt man im Alltag die extremen Bedingungen. In New York passiert der Wechsel von Sommer auf Winter oder andersherum meist in ein oder zwei Tagen. War es gestern noch brütend heiß, pfeift heute ein arktischer Wind durch die Straßenschluchten. Der Grund dafür ist, dass es in Nordamerika keine Gebirgszüge in west-östlicher Richtung gibt – so ziehen die heißen sommerlichen Tornados aus der Karibik bis weit ins Landesinnere, die eiskalten winterlichen Blizzards aus Kanada allerdings auch. In Deutschland sind wir bis in die letzten Jahre von solchen Extremen verschont geblieben. Das ändert sich jetzt, was unter anderem an der Ahr, unweit meiner Heimat, zur Flutkatastrophe führte.

Damals, im Allgäu, war das schon etwas anderes: Ich hatte auf dem Plan, dass es im Süden von Deutschland einen echten Winter gab. Schneite es, lagen nicht selten 30, 40 Zentimeter oder gleich ein halber Meter Schnee. Kam ein Sturm, folgte ihm der Holzwurf auf dem Fuß, bei dem mächtige Bäume wie Streichhölzer abknicken. Ich erlebte Wetter zum ersten Mal auf eine Weise, als würden die Götter aus der Mythologie selbst dafür sorgen. Einmal sagte mein Vermieter: „Kerstin, wir fahren für ein paar Tage weg. Es wird schneien. Du solltest in der Nacht alle paar Stunden räumen, sonst kommst du am Morgen nicht mehr aus der Tür.“ Ich wohnte im Erdgeschoss und nahm die Sache nicht ernst. Das hätte ich besser getan: Am nächsten Tag war ich in der Wohnung von gewaltigen Schneemassen eingeschlossen. Das

Telefon war tot, der Strom ausgefallen. Immer wieder hörte ich in der Zeit von Häusern, deren Dächer unter der Schneelast einstürzten, und von Menschen, die darunter begraben wurden. War ich mit dem Auto unterwegs, wusste ich manchmal nicht, ob ich einen Wagen steuerte oder einen Schlitten.

Auch mit einigen der Traditionen der Gegend hatte ich meine liebe Mühe. Ich mag alte Bräuche, doch ich war aufs Klausentreiben nicht vorbereitet. Dieser Brauch geht auf die Kelten zurück und es ziehen dann junge Burschen zur Adventszeit als Rumpelklausen in furchteinflößenden Gewändern durch die Gegend. Sie tragen dicke Pelze, Geweihe und Hörner, außerdem große Kuhschellen und sind mit langen Ruten ausgerüstet. Damit verprügeln sie Leute, und liebend gerne junge Frauen wie mich. Es soll darum gehen, die Dämonen der langen Winternächte zu vertreiben, und auch um ein Fruchtbarkeitsritual. Alles gut und schön, doch für viele war es nur die einmalige Gelegenheit, unerkannt Macht auszuspielen. Das waren die weniger angenehmen Begleiterscheinungen, die jeder junge Mensch, der in die Fremde geht, wohl einmal mitmachen muss.

In den alten Märchen, die, wie Sie wissen, eine dramatisierte Form des Alltags sind, wird davon erzählt. „Hänschen klein" geht allein … und dieses Alleinsein war etwas, das mich jeden Tag aufs Neue herausforderte. Ich kompensierte das Gefühl der Einsamkeit, indem ich meine Schlagzahl bei der Arbeit nochmals erhöhte, was mich in dasselbe Fahrwasser zurückbrachte, das ich gerade verlassen hatte. Ich hatte eigentlich geregelte Arbeitszeiten, doch nun begann ich, das Wörtchen „eigentlich" in altbewährter Weise auszudehnen.

Vielleicht sollte ich an dieser Stelle etwas Grundsätzliches ansprechen: Jeder Mensch trägt in sich die Sehnsucht nach einem normalen Leben. Doch wie lässt sich das definieren? Was ist ein normales Leben für einen Mann, der an der Wall Street arbeitet und dort den ganzen Tag mit Zahlen, Börsenkursen, Chancen auf Gewinne und

Angst vor Verlusten zu tun hat? Was ist ein ganz normales Leben für eine Frau vom Stamm der Khoi-San in der Namib-Wüste, deren Aufgabe es ist, Wasser in einer wasserlosen Gegend zu besorgen? Schauen Sie sich um: Wie viele Ausprägungen finden Sie in diesem bunten Kosmos, den wir Leben nennen? Und doch haben wir alle etwas gemeinsam, egal, woher wir kommen und welche Geschichte wir in uns tragen: Wir sehnen uns nach engem Zusammenhalt mit unseren Nächsten. Bevor wir Menschen sesshaft wurden, was vor rund 13.000 Jahre seinen Beginn nahm, war der Stamm die Lebensstütze des nomadischen Menschen. In der Sesshaftigkeit wurde daraus die Familie. Dabei spielt es keine Rolle, in welcher Kultur wir uns bewegen – die Familie bedeutet uns alles. Was mit sich bringt, dass Familienprobleme die ärgsten Probleme sind, doch darauf gehe ich später noch genauer ein. Ich schneide das Thema an, weil sich mir in der Zeit, als ich im Alter von 21, 22 Jahren im Allgäu auf mich allein gestellt war, die Frage stellte: Kann jemand wie ich ein „normales" Leben führen?

Wie ich Ihnen schon erzählte, war meine Hellsichtigkeit in der Kindheit manchmal ein Schrecken und manchmal ein Hindernis und sie war eine Sache, die ich vor anderen verbergen wollte. In meiner Jugend habe ich mich damit durchgemogelt; als junge Frau in Trier half mir, auf aufgeschlossene Menschen zu treffen und gleichzeitig zu wissen, dass ich im sicheren Schoß der Familie aufgefangen wurde. Das war jetzt anders: Die Familie war weit weg. Mein Arbeitgeber war vor allem daran interessiert, dass ich funktionierte, und das war auch sein gutes Recht. Das Allgäu, so schön ich es fand, stellte mich hellsichtigen Menschen auf eine besondere Probe. Dem konnte ich damals nur auf eine Art begegnen: Indem ich meine Arbeitszeit ausdehnte. Meine Patient*innen liebten mich; natürlich, ich war ja auch immer für sie da. Doch irgendwann musste ich Feierabend machen. Dann kam ich nach Hause und stürzte dort in ein tiefes Loch. In meiner Spüle stapelte sich Geschirr, weil ich nicht mehr die Kraft hatte, um abzuwaschen.

Möglicherweise schütteln einige, die mich kennen, nun erstaunt den Kopf, weil sie wissen, wie sehr ich auf Ordnung Wert lege. Es sind seitdem aber auch viele Jahre ins Land gegangen, und eines meiner Mottos, „Gemütlich wird das Große nicht vollbracht", hat seinen Ursprung in dieser Zeit: Nein, es ging alles andere als gemütlich zu. Ich verlor meinen gesunden Rhythmus; ich schlief erst schlecht und dann gar nicht mehr; mir wurde immer wieder schwarz vor Augen und ich hatte Zusammenbrüche. Immer wieder fuhr der Krankenwagen vor und ich wurde in die Klinik gebracht. Einmal verlor ich bei einer Autofahrt die Kontrolle über den Wagen, und da war es nicht Winter. Dabei versuchte ich mit aller Kraft, dieses normale Leben zu leben. Zu Hause hatte ich mit viel Leidenschaft Klarinette gespielt und schloss mich jetzt auch im Allgäu einem Musikverein an. Das alles verzögerte aber nur die Erkenntnis, dass meine Normalität woanders liegt. Die Ärzt*innen in den umliegenden Kliniken kannten mich bereits und diskutierten darüber: Ist sie womöglich ein Fall für die Psychiatrie? Sollen wir dafür sorgen, dass man ihr den Führerschein entzieht? Betrachte ich heute mein Leben von damals im größeren Kontext, wird klar, dass mir ein Mentor fehlte. Ich war anders als die anderen, doch ich versuchte, mit dem Strom zu schwimmen: Das kann nur schiefgehen. In Märchen und Mythen taucht spätestens in diesem Moment die weise Frau auf oder der erfahrene Magier, ein Gandalf oder ein Obi-Wan Kenobi, um sanft, aber bestimmt die Heldin aufs Gleis zu setzen. Und wissen Sie was? Auch bei mir trat an diesem Tiefpunkt ganz unerwartet eine Mentorin auf den Plan. Dabei ist wichtig: Mentor*innen kommen nicht in auffallender Kleidung daher. Sie überzeugen nicht durch weise Worte. Achten Sie auf die scheinbar Unscheinbaren! Das sind die wahren Weisen, die uns wichtige Hinweise geben können. Bei mir trat die Mentorin in der Gestalt meiner Vermieterin in Erscheinung.

Ich habe zu Beginn des Kapitels erwähnt, dass ich mit meinen Vermietern sehr viel Glück hatte und sie in den schweren Zeiten, die kommen sollten, wie Ersatzeltern agierten. Sie hatten natürlich mitbekommen, dass es Phasen in meinem Leben gab, in denen es mir schlecht ging. Gleichzeitig wahrten sie die Distanz, die man sich von Vermietern wünscht. Denke ich an sie zurück, sind das die Gründe, warum ich den Schritt wagen konnte, mich dieser Frau eines Tages anzuvertrauen.

„Ich schaff das nicht", begann ich genauso stockend und zögernd, wie ich es später auch bei Menschen erlebe, die meinen Rat suchen. „Ich kann nicht mal mehr Ordnung halten."

Was macht eine*n gute*n Mentor*in aus? Er oder sie hört zu, hat niemals eine vorgefertigte Meinung. Das ist für die meisten Menschen schon einmal ein Ding der Unmöglichkeit. Sie haben immer eine Meinung, und die äußern sie auch. „Ich finde, du solltest das so und so machen …" ist kein gut gemeinter Rat, sondern eine persönliche Meinung. Das werden Sie von einem Mentor oder einer Mentorin nicht hören. Gut möglich, dass Sie erst einmal gar nichts hören, da dieser Mensch nicht einfach drauflos plappert. Meine Vermieterin war eine ideale Mentorin und war sich dessen nicht einmal bewusst. Sie tat nur das, was ihrem Wesen entsprach: Zunächst hörte sie mich geduldig an. Dann überraschte sie mich zum ersten Mal, in dem sie davon sprach, dass sie dieses Problem kenne und gelernt habe, dass es wichtigere Dinge im Leben gebe. Seit sie das akzeptiert habe, funktioniere es auch wieder. Das zweite Mal überraschte sie mich durch einen Rat, der in seiner Konsequenz mein Leben völlig verändern sollte. Heute kann ich mit einem zufriedenen Gefühl beim Schreiben dieser Zeilen feststellen: Sie tat genau das, was eine gute Mentorin tut. Sie zeigt eine Tür, die wir vorher nie beachtet haben. Sie öffnet diese Tür einen Spalt, doch damit endet die Einflussnahme. Durch gehen müssen wir selbst, und das ist auch wichtig. Die Leistungen, die wir im Leben erbringen, soll uns keiner abnehmen. Die erbringen wir selbst.

Die Aufstellungsarbeit

„Eine Familienaufstellung", sagte die Vermieterin. „Du weißt doch, dass es so etwas gibt? Das könnte etwas für dich sein." Ja, ich wusste, dass es so etwas gibt, und doch war es ein ganz entscheidender Hinweis. Sie kennen das: Wir haben etwas verlegt und suchen danach im ganzen Haus, dabei liegt der verlorene Gegenstand vor unserer Nase. Ähnlich ist es mit den verborgenen Türen, auf die ein*e Mentor*in hinweist. Das Naheliegende zu sehen ist eine Kunst, weil unser Blick oft zu weit nach vorne gerichtet ist.

Ich hatte in der Ausbildung schon Erfahrungen mit Aufstellungen und Felderarbeit gemacht, und natürlich hatte ich meine Hellsichtigkeit, auch wenn diese damals noch ungestüm wie ein Wildpferd daherkam.

Falls Sie mit den Begriffen Familienaufstellung oder Aufstellungsarbeit nicht vertraut sind: Sie gehören zu den spannendsten Erfahrungen, die wir machen können. Denn unser Familienfeld, und damit alle Erfahrungen und Prägungen der Herkunftsfamilie, sind bei uns mental gespeichert. Deshalb kann das Familienaufstellen schnell zu deutlich spürbaren und sichtbaren Veränderungen und Entspannungen führen. Für mich persönlich gehört zu einer Aufstellung ein Bewusstsein für ein Feld, das erst einmal unendlich ist. Die Kraft dieses Feldes ist mit der Kraft der Erde, des Himmels und der Liebe beseelt. Das erst gibt uns den Atem und den Lebensimpuls. Daher begegne ich jedem Feld mit großem Respekt. Die Quantenphysik ist dem Phänomen des Feldes inzwischen dicht auf der Spur, wobei mir aber Erklärungen nicht so wichtig sind. Das war damals im Allgäu noch anders, doch heute suche ich nicht mehr nach wissenschaftlich basierten Erläuterungen. Das ist auch gesund, um – wie wir das in unserer Ecke der Welt gerne ausdrücken – „im Kopf nicht jeck zu werden".

Vielleicht wissen wir eines Tages, ob es ein Ende des Universums gibt oder auch nicht: Für die Beobachtung, ob etwas funktioniert oder nicht, ist das zunächst egal. Daher genügt mit heute das Gefühl für ein Feld ohne die konkrete Erklärung, auf welchen physikalischen Kenngrößen es aufgebaut ist. Trotzdem können wir in der Aufstellungsarbeit das Feld genau benennen: Daniels Feld ist sein Feld, Kerstins Feld ist Kerstins Feld. Wenn wir sehr pingelig sein wollen, können wir hinzufügen: Diese Trennung gibt es eigentlich gar nicht, weil wir in der Tiefe miteinander verbunden sind. Dennoch sind wir eine Ebene darüber auch getrennt voneinander. Denn wir werden alleine geboren und sterben auch alleine. Und so gibt es in jedem Feld die Liebe, auch Gott oder Lebenskraft genannt. Daraus entstehen die Ordnungen des Lebens, denen wir unterworfen sind, ob wir das wollen oder nicht. Kommt diese Ordnung durcheinander, haben wir auch im Leben Durcheinander, was meine Situation im Allgäu zu jener Zeit treffend beschreibt. Dann stellt sich die Frage: Was gehört zu diesem Feld und zu dieser Ordnung? Heute gehört für mich alles in ein Feld. So gibt es ein Himmelsfeld und ein Erdfeld. Es gibt einen Vater und eine Mutter und viele weitere Teilnehmende in gegenseitiger Wechselwirkung.

In der prozessorientierten psychotherapeutischen Grundausbildung werden oft verschiedene Kissen verwendet, um bei der Aufstellungsarbeit bestimmte Positionen, Rollen, Zustände und Emotionen zu symbolisieren. Die Teilnehmer*innen legen die Kissen im Therapieraum in gefühlten Abständen zueinander hin. Das ist eine Möglichkeit der Reproduktion von Problemen, Themen, Konflikten und Träumen, die Aspekte und Anteile der Persönlichkeit aktivieren. Das Ganze stellt eine Erweiterung der gesprächsbetonten Therapieansätze dar. Dort dominiert das Reden, das Hören und das Denken, was bei Bert Hellingers Familienstellen einen großen Raum einnahm. Bei mir ist das heute anders. Ich gehe mit Einsatz meines ganzen Körpers und auch mit dem Einsatz aller Beteiligten in diese Aufstellung. Die Bewegung des Körpers ist prägnant und es wird nicht oder nur wenig gesprochen. Denn ich muss mich sehr konzentrieren, mit dem Verstand fühlen und mit dem Herz denken. Das ist eine echte Kunst, die zunächst, wie alles im Leben, sehr viel Übung braucht. Sobald wir dann ins Familienfeld eintauchen, entwickelt sich das Thema und auch das Drama des Menschen.

No conflict, no drama, no story.

Muss es immer so sein? Muss es immer ein Drama geben? Es ist sehr aufschlussreich, dass uns ausgerechnet die versierten Geschichtenerzähler aus Hollywood eine klare Antwort darauf geben. Dort sagt man: „No conflict, no drama, no story." Das heißt auf gut Deutsch, dass jede gute Geschichte auf einem Konflikt beruht, und dieser sich zum Drama entspinnt. Rufen wir uns noch einmal ins Gedächtnis, dass erzählte Geschichten die dramatisierte Form unseres Lebens darstellen. In Filmen oder in Büchern werden sie in eine Form gebracht, die wir überblicken können, und dann lässt sich dieser Grundsatz auf unser Dasein zurückübertragen: Ja, wir haben immer das Drama. Ja, wir haben immer den Konflikt. Deshalb haben wir auch immer Blockaden, die uns beim Fortkommen behindern. Ich habe heute einen tiefen Respekt vor allem, was sich mir in diesem Drama zeigt. Und zeigen darf sich das, was wir im Anschluss lösen, tragen oder beenden können, ohne Schaden zu nehmen.

Für mich ist dabei wichtig, selbst sehr klar zu sein, weil ich alles aus dem Feld des Klienten oder der Klientin aufnehme. Daher setze ich diese Menschen auch zu meiner rechten Seite, denn das ist meine sehende Seite. Im Anschluss ich gehe in das Feld. Ich fühle, was mit dieser Person ist. Ich lasse mich führen. Ich stelle die erste Frage: Geht es um ihn oder sie selbst oder schaue ich jemand anderes an, also ein altes Feld? Hier beginne ich bereits zu differenzieren: Arbeite ich mit der Ursprungsfamilie oder bin ich im Hier und Jetzt? Das Hier und Jetzt fühlt sich immer an wie eine wohlbekannte, frische Energie, das Alte eher wie eine matte, schwere Energie. Das spüre ich sofort.

Danach stelle ich die zweite Frage: Sind wir im Hier und Jetzt, muss ich herausfinden, ob es um den Klienten/die Klientin und die Mutter geht oder um die Beziehung mit dem Vater. Auch diese Frage beantwortet sich immer sehr deutlich. Eines ist dabei wesentlich:

Dass ich meiner Entscheidung vertraue und dem, was ich sage. Das geht völlig intuitiv in wenigen Sekunden. Daher gibt es in dieser Phase keine Lüge, und es gibt auch kein Falsch. Blicke ich in die Herkunftsfamilie, geht es immer um die Linie des Vaters oder die Linie der Mutter. Blicke ich zum Beispiel auf die Frauenlinie, gibt es dort natürlich auch einen Vater, der ein Geheimnis haben kann oder etwas Frevelhaftes getan hat. Wir kommen um Vater und Mutter nicht herum, selbst wenn ich ganze Unternehmen aufstelle.

Wir bräuchten keine Aufstellung, würden wir nicht die Neigung in uns tragen, alle Probleme erst einmal unter den Teppich zu kehren. Und doch tragen wir den Wunsch in uns, dass sie eines Tages aufgedeckt werden. Menschen wünschen sich, dass der Teppich weggenommen wird, damit alles gesehen werden kann, damit sie gesehen werden. Es geht also um das Anschauen, es geht um das Gesehenwerden – das ist es, was die klassische Aufstellungsarbeit zu bieten hat. Damit schließt sich der Kreis zu dem, was ich als junge Frau im Allgäu benötigte: Dass meine Probleme gesehen wurden, dass ich gesehen wurde. Denn im Grunde genommen war ich noch immer das Mädchen, das sich im Wald verstecken muss, weil es eine Gabe hat, die zwar heilbringend ist, aber die Menschen erschreckt.

Wissen Sie, was die Markennamen Babyfon, Tempo, Zewa, Tesa, Edding, Pampers, oB., Uhu, Tupper, Ohropax, Kettcar, Kaba oder Photoshop gemeinsam haben? Es sind Deonyme. Darunter verstehen wir Markennamen, die den Sprung zum Gattungsnamen geschafft haben. Für die Hersteller dieser Produkte ist es eine prima Sache, dass wir mit Uhu etwas kleben und nicht mit Flüssigkleber. Wir relaxen im Whirlpool und nicht im Sprudelbad, benutzen Labello und nicht farblosen Lippenstift, schreiben auf Post-its und nicht auf farbige Klebstreifen, nutzen für die nassen Haare den Fön und nicht den Haartrockner und bearbeiten keine Fotos, sondern photoshoppen. Und so war es auch in den Achtziger- und Neunzigerjahren, wenn es um Aufstellungsarbeit ging: Alle Welt sprach von Familienaufstellung und damit von der Familienaufstellung nach Hellinger.

Gemeint war Bert Hellinger, ein Priester, Therapeut und Psychoanalytiker, der ein Konzept der Familienaufstellung entwickelte. Er soll gesagt haben: „Das Familienstellen gab es schon vor mir, ich bin ihm nur begegnet", was jedoch die meisten Menschen nicht davon abhielt, Aufstellungsarbeit mit Bert Hellinger gleichzusetzen. Im Grunde genommen ging es auch bei ihm um Verstrickungen und Lösungen. Ich habe bei Bert Hellinger eine Ausbildung gemacht, allerdings waren mir die Anteile aus dem Neuro-Linguistischen Programmieren (NLP) zu dominant, welche die Psyche der Menschen beeinflussen. Über die Jahre war mir das menschliche Denken darin zu viel, denn: Wie klein kann ein Mensch denken im Verhältnis zur Kraft der menschliche Seele, die die eigene Wahrhaftigkeit präsentiert! Davon wusste ich aber noch nichts, als meine Vermieterin mir eine Adresse für die Familienaufstellung nannte. Die Therapeutin arbeitete auch nach der Hellinger-Methode, so wie es zu dieser Zeit nahezu jede*r tat, und es ist mir gut bekommen. Sie hatte bei Bhagwan in Poona gelebt, was im Rückblick wenig erstaunlich ist, da Osho damals weltweit präsent war. Die Sannyasins sprachen weniger von Aufstellung als von Readings, was ich heute wiederum als Seelenlesen bezeichne. Für mich war diese Therapie ein Erfolg: Bald konnte ich wieder schlafen, meine Wohnung aufräumen, in meine Kraft zurückfinden und mein Leben auf die Reihe bringen. Natürlich bestärkte dieser förderliche Prozess meine Neugierde, mehr über Aufstellungsarbeit zu erfahren.

> Wie klein kann ein Mensch denken im Verhältnis zur Kraft der menschlichen Seele, die die eigene Wahrhaftigkeit präsentiert?

Oftmals sehe ich beim Familienaufstellen die Verknüpfung der Ereignisse wie eine Perlenkette vor mir. Jede Perle ist mit der nächsten verbunden, was wir im Alltag nicht erkennen können. Jetzt geht es mir beim Schreiben dieses Buches ähnlich: Mit Vergnügen stelle ich beim Rückblick fest, wie ein Ereignis zum nächsten führte, verbunden mit dem Gefühl, dass es genau so hatte sein sollen. Die Entscheidung, ins Allgäu zu gehen, führte zu dieser schweren Zeit, die mich wiederum zur Aufstellungsarbeit brachte, welche heute einen wesentlichen Teil meiner Tätigkeit darstellt. Die nächste Perle, die mit diesen Ereignissen verknüpft ist, war ein Neubeginn, der mit einem besonderen Arzt verbunden ist. Wieder spüre ich beim Schreiben reine Freude und tiefen Respekt. Es war ein Neubeginn, als ich in der Allgäu-Clinic von Dr. B. eine Stelle annahm, und ohne diesen Schritt wäre ich nicht die Kerstin Scherer, die ich heute bin.

RINGTRÄGERIN

Wir leiden so sehr an der Sterblichkeit,
dass es sinnvoll wäre, das Sterben zu lehren;
doch so lernten wir das Leben.

Dr. med. B. ist ein waschechter Allgäuer, der nach seinem Studium der Humanmedizin bald einen Weg einschlug, der ihn der Naturheilkunde näherbrachte. So war er eine Zeit lang Fastenarzt nach Buchinger, bildete sich ständig in den Naturheilverfahren weiter und übernahm in den Achtzigerjahren die ärztliche Leitung einer Allgäu-Clinic für Naturheilverfahren. Dr. B. glaubte sofort an mich und meine Fähigkeiten, ohne irgendwelche kryptischen Hinweise, dass ich „den Blick" hätte. Er gab mir in meinen jungen Jahren eine große Chance in seiner Klinik. Seine Naturheilverfahren stützen sich auf die klassische Methode, die sich wirkungsvoll, aber nebenwirkungsarm bei Tausenden Patient*innen bewährt hat. Dabei mitzuwirken war das Richtige für mich in jener Zeit, und ich merkte, wie ich selbst dabei aufblühte. Wenn Sie das erste Mal einen Tetraplegiker gesehen haben – das sind Menschen mit einer kompletten Lähmung aller Extremitäten – und dieser nach drei Monaten Behandlung das Haus mit einem Gehstock verlässt, wissen Sie, was ich meine: Das war dann nicht das Wunder von Lourdes, sondern das Ergebnis unserer Therapiearbeit, die – ich glaube, das sagen zu können – ziemlich einzigartig war.

Wahrscheinlich habe ich deshalb noch ein Bild vor Augen, an das ich mich wirklich gerne erinnere: Es war an einem dieser klaren

Morgen, an denen die aufgehende Sonne die schneebedeckten Bergspitzen weiß glitzern ließ, was ich mit dem Chefarzt der Geriatrie vom Fenster eines Patientenzimmers aus beobachtete. Auf einmal spürte ich dieses überwältigende Gefühl unendlicher Dankbarkeit, an diesem schönsten Fleck der Erde diese so immens wichtige Arbeit machen zu dürfen. Mir stiegen Tränen in die Augen, vielleicht auch, weil ich schon ahnte, dass auch diese Zeit zu Ende gehen würde. „Und wenn es so ist", sagte ich mir, „werde ich jede einzelne Sekunde nutzen, um noch mehr zu lernen, sowohl von den Ärzt*innen und Therapeut*innen als auch von den Patient*innen." Im Laufe meines Lebens habe ich Tausende Gespräche mit Patient*innen geführt, und glauben Sie mir: Das war die beste Universität, die ich absolvieren konnte. „Die Universität des Lebens", so nenne ich sie.

Ich sprach mit bekannten Persönlichkeiten genauso wie mit dem „Mann von nebenan"; mit CEOs, Professor*innen und Wissenschaftler*innen, Sportler*innen, Künstler*innen, mit Handwerker*innen, Arbeiter*innen und Arbeitslosen, und ich habe von allen etwas gelernt. Und manchmal gab es dabei solche Überraschungen, wie dass sich die über neunzigjährige Seniorin als Geliebte von Hermann Hesse entpuppte und mit mir stundenlang aus dem Nähkästchen plauderte über ihre streng geheime Beziehung mit dem Literatur-Nobelpreisträger.

Damals wurde mir zum ersten Mal so richtig klar, wie bereichernd der enge Kontakt zwischen Patient*in und Therapeut*in für beide Seiten sein kann. Läuft es gut, ist es ein gegenseitiges Geben und Nehmen, und in der Klinik von Dr. B. lief es richtig gut, weil die Voraussetzungen dafür gegeben waren.

So dauerte es auch nicht lange und ich stieg zur stellvertretenden Leiterin der Praxis für Physiotherapie auf. Für eine junge Frau im Alter von 22 Jahren war das beachtlich, allerdings brachte es, wie in unserer dualen Welt üblich, auch Nachteile. Bisher war ich nie in Hierarchiekonflikte verwickelt gewesen. Selbst im Olympiastützpunkt war ich davon verschont geblieben. Das war jetzt anders und in der Nachbetrachtung wenig verwunderlich. Schließlich sind viele Konflikte, die ich heute löse, durch schwelende Spannungen in Hierarchien entstanden. Dabei empfinde ich es immer als wichtig, genau zu wissen, wem meine Unterstützung und Loyalität gilt, und diese mit Haltung und Rückgrat zu beweisen. Damit ist für mich die Unterscheidung einer natürlichen Ordnung und sinnvollen Hierarchie wesentlich. Grundsätzlich gibt es die Führungsebene und ganz automatisch die schwächste Mitarbeiterebene. Damit ist nicht die besondere Dominanz der Führung oder der geringe Rang einer Arbeitsebene gemeint, sondern die Kraft, der Charakter und die Einsatzfähigkeit der entsprechenden besetzten Positionen. Somit blieb ich in meinem Arbeitsfeld und meiner Hierarchie, in denen ich mich in der vollen Kraft einsetzen konnte, ohne Machtkampf oder den Wunsch eine andere Position zu erreichen. Die Klarheit in meiner Arbeit, die ich damals häufiger an den Tag legte, machte mich glücklich.

Ordnungen eines Unternehmens

Jeder Mitarbeiter hat eine feste Position in einem Unternehmen, ein sogenanntes Feld. Ebenso belegt der CEO, der Chief Executive Officer oder Geschäftsführer, das Feld der Geschäftsführung mit seiner geleisteten Unterschrift. Somit führt der CEO mit seinem Geist, Denken und Handeln, was die gesamte Haltung in einem Unternehmen bildet.

Jeder darf in seiner Position, d.h. in seinem Wirkungskreis, das Beste geben.

Hierarchien eines Unternehmens

Die Geschäftsführung oder der Vorstand sind die oberste Ebene in der Hierarchie, die Geschäftsleitung die darunter liegende etc. Diese Hierarchien werden von manchen Personen geachtet, andere üben eventuell Machtkämpfe aus, um die nächste Hierarchieebene zu erreichen.

Diese Unterscheidung lässt viele Rückschlüsse auf Unstimmigkeiten und Disharmonien in einem Unternehmen zu und stellt damit die eine oder andere Lösung zu einem erweiterten Erfolg eines Unternehmens sicher. Für mich zählt Dr. B. zu den wichtigen Lebensbegleitern, dessen Philosophie über den Einsatz seriöser Naturheilverfahren ich voll und ganz teile, weil sie hervorragende Möglichkeiten in Prävention, Behandlung und Rehabilitation bietet und die Patient*innen nicht bevormundet, sondern sie in den Heilungsprozess einbindet. Ich war immer eine Anhängerin des Grundsatzes, dass wir für unsere körperliche und seelische Gesundheit selbst Verantwortung übernehmen müssen. Dass die Gesamtmedizin – also Schulmedizin plus Naturheilkunde – zum besten Therapieerfolg beiträgt, steht für mich außer Frage.

Patient*innen können selbst mitwirken, viel lernen und das Gelernte in ihrem Alltag anwenden. Das ist bei der Aufstellungsarbeit nicht anders: Meine Klient*innen laufen bei mir nicht raus und alles ist bereits geregelt. Sie haben Aufgaben zu bewältigen, ganz nach dem Motto: Durch die Tür gehen muss jeder für sich selbst.

Heldinnenreise

Dazu passt, was der amerikanische Mythenforscher Joseph Campbell in seinem Hauptwerk „Der Heros in tausend Gestalten“ als die „Reise des Helden“ beschreibt. Dieses Motiv kennen Sie aus unzähligen Märchen, Filmen und Romanen: Ein Held tritt eine Reise an und muss dabei ständig neue Abenteuer bestehen, Mutproben ablegen und sich beweisen. In „Der Herr der Ringe“, dem berühmten Roman von J. R. R. Tolkien, der mir persönlich sehr wichtig ist und den ich gut und gerne ein Dutzend Mal gelesen habe, brechen die Gefährten um Hobbit Frodo zu einer gefährlichen Reise auf, um Saurons Ring der Macht zu vernichten. Als sie auf den Berg Caradhras im

Nebelgebirge steigen, zwingt sie ein Schneesturm zur Umkehr. Sie versuchen, durch die Minen von Moria an ihr Ziel zu gelangen, doch wieder gibt es Hindernisse: Orks und Bergtrolle tauchen auf und schließlich einer der mächtigsten Dämonen von allen, ein Balrog, über die Tolkien im „Silmarillion“ schrieb: „Im Herzen waren sie von Feuer, doch in einen Mantel von Finsternis gehüllt, und Entsetzen ging ihnen voraus.“ Einer dieser Balrogs bedroht die Gefährten mit dem Tod. Wie sie die Sache meistern, soll dem Leser und der Leserin als Gleichnis dienen, wie man sein Leben meistern kann. Als Mensch, der Geschichten liebt und in der Arbeit Verstrickungen in den Lebensgeschichten der Klient*innen löst, lag mir Campbells „Reise des Helden“ immer sehr am Herzen. Ich kenne die einzelnen Etappen, die jede*r Held*in nach dem Aufbruch durchlaufen muss. Campbell gab ihnen passende Namen wie „Ruf des Abenteuers“, „Überwindung der ersten Schwelle“ oder „Straße der Hindernisse“. An der richtigen Stelle taucht in jeder guten Geschichte auch die „Todeserfahrung“ auf: Der Held gerät in sehr große Gefahr, und es ist möglich, dass er dabei sein Leben lässt. Überwindet er sogar diese Notlage, geschieht Zauberhaftes:

„Die magische Flucht“ nennt Campbell diese nächste Etappe. Auf dieser kehrt der Held in seiner neuen persönlichen Kraft an den Ort zurück, den er am Anfang der Geschichte verlassen hat. Doch ist er nun ein anderer, denn schließlich ist er an all seinen Abenteuern gewachsen. Daher ist er jetzt in der Lage, die Schieflage zu Hause geradezurücken, was ihm vor seinem Aufbruch ins Abenteuer noch nicht gelingen konnte.

Genauso sollte es mir jetzt ergehen. Ich bewarb mich bei einer Physiotherapieschule, und die Direktorin rief zu meiner Überraschung zeitnah an. Sie fragte mich, ob ich nicht schon in den nächsten Wochen bei ihr unterrichten wolle. Sie wünschte sich tatsächlich eine Dozentin mit großer praktischer Erfahrung, die trotzdem jung genug war, um bei Schülerinnen und Schülern keine Distanz zu erzeugen. Damit konnte ich dienen: Für mein Alter hatte ich eine ganze Menge Erfahrung zu bieten in Fächern wie Orthopädie, Geriatrie oder manuelle Therapie – allein, ob ich auch die pädagogischen Fähigkeiten zum Unterrichten besaß, wusste ich zu diesem Zeitpunkt noch nicht.

Diese Frage beschäftigte mich allerdings weit weniger als der Umstand, dass die Schule in der Nähe des Ortes lag, an dem ich aufgewachsen war. Wie bei Campbell beschrieben, erlebte ich auf diese Weise das klassische Ende einer „Reise des Helden": Ich sagte der Direktorin zu, brach meine Zelte im Allgäu ab und kehrte in mein Heimatdorf zurück. Hier erlebte ich zum ersten Mal das Wunder einer Heldenreise: Ich war nicht mehr dieselbe Kerstin, die Jahre zuvor das Dorf verlassen hatte. Ich war gewachsen und in der Lage, eine Aufgabe zu bewältigen, die mich früher mit Schrecken erfüllt hätte: Neben dem Unterricht arbeitete ich als Physiotherapeutin. Meine Patient*innen waren genau die Menschen, die mir wehgetan, mich getreten und schlecht über mich gesprochen hatten und die der Anlass gewesen waren, dass ich mich im Wald verstecken musste.

Nun lagen sie vor mir auf der Liege, und ich hatte sie zu massieren, einzurenken und ihnen zu dienen. Dabei breitete sich dank meiner Hellsicht ihr ganzes Unglück vor mir aus: ihre uralten Familienstreitigkeiten, ihre negativen Glaubenssätze, ihr zwanghaftes Verhalten oder ihr ruinöser Lebensstil. Dadurch, dass ich ihnen jetzt half, konnte ich mich mit ihnen versöhnen. Am Ende war die Zeit meiner Kindheit und Jugend geheilt und meine erste Heldinnenreise auf einem neuen und höheren Niveau abgeschlossen.

Steigt Ihnen beim Lesen der letzten Kapitel der Verdacht auf, dass mein Leben ziemlich turbulent, rasant und ruhelos verlief? So war es, und ich war mir dessen bewusst. Doch in mir brannte schon damals ein Feuer, das genährt von immer neuen Ideen und einer unbändigen Neugierde aufs Leben stets danach verlangte, den nächsten Schritt zu gehen. Und dieser konnte nur Selbstständigkeit heißen, denn dafür bin ich einfach gemacht. Bevor ich Ihnen mehr dazu erzähle, will ich Ihnen einen Eindruck vom Leben chinesischer Reisbauern vermitteln. Warum um alles in der Welt chinesische Reisbauern? Weil uns dieser Einblick wunderbar die Augen dafür öffnet, was der immense Unterschied zwischen Selbstständigkeit und einem Angestelltenverhältnis ist.

„Wer an 360 Tagen im Jahr vor Sonnenaufgang aufsteht, kann gar nicht anders, als seine Familie reich zu machen." So in etwa erinnere ich ein chinesisches Sprichwort, das mir einmal ein erfolgreicher Unternehmer mit auf den Weg gegeben hat. Falls Sie schon einmal in China waren oder in anderen Ländern, in denen sich das satte Grün von Reisfeldern bis zum Horizont erstreckt, haben Sie womöglich nur das idyllische Gesamtbild bewundert. Doch Reisanbau ist knallharte Arbeit. Es herrschen hohe Temperaturen, die Menschen arbeiten ständig gebückt, sind dabei von Moskitos umschwärmt, während sich an Armen und Beinen Blutegel festsaugen. Eine Untersuchung ergab, dass Reisanbau zwanzig Mal so arbeitsintensiv ist wie der Anbau von Weizen oder Mais. Daher kommt ein Reisbauer in Südostasien auf rund 3.000 Arbeitsstunden im Jahr, ein Landwirt in Europa oder in den USA bringt es auf rund 1.800 Arbeitsstunden. Eine zweite Untersuchung brachte zutage, dass die meisten Reisbauern trotzdem sehr zufrieden und glücklich sind. Es gibt so gut wie keine Burn-out-Fälle. Um der Sache auf den Grund zu gehen, wurden weitere Studien durchgeführt. Sie kamen zu dem Ergebnis, dass das selbstständige Arbeiten der Grund für die Zufriedenheit ist. Denn Reisbauern führen ein eigenes Unternehmen. Sie entscheiden selbst über die Auswahl des Saatgutes. Sie bestimmen, wo sie ihre Dämme bauen und wie sie das ausgeklügelte Bewässerungssystem managen. Sie planen die Ernte, während die nächste Aussaat bereits vorbereitet wird. Sie stehen unter starkem Zeitdruck, da ihre Arbeit witterungsabhängig ist. Darüber hinaus führen Ungeziefer, krankes Saatgut und Dammbrüche zu Störungen im Arbeitsablauf. Außerdem sorgt der Klimawandel für steigende

Wer in 360 Tagen im Jahr vor Sonnenaufgang aufsteht, kann gar nicht anders, als seine Familie reich zu machen.

Anforderungen. Anders gesagt: Ein Reisbauer ist rund um die Uhr beschäftigt und trifft dabei ständig Entscheidungen. Er kann sein ganzes Potenzial ausschöpfen. Er tritt den Beweis an, dass Selbstbestimmtheit, Erfolg und Glück untrennbar miteinander verbunden sind.

Diese Selbstbestimmung hatte ich bisher noch nicht erlebt. Zwar hatte ich sowohl in der Allgäu-Clinic als auch im Olympiastützpunkt und am Theater eigenständig handeln können, war aber trotzdem weisungsgebunden geblieben. Es gab Vorgesetzte, es gab Hierarchien, es gab alles, was Arbeitnehmer*innen aus ihrem beruflichen Alltag kennen. Um es klarzustellen: Für viele Menschen ist das eine gute Sache. Sie wollen keine Verantwortung, die über ihre Tätigkeit hinausgeht, und es kann fatal enden, wenn man ihnen doch mehr Verantwortung zuschiebt. Leider passiert das ständig, was dazu beiträgt, dass Beschäftigte so lange befördert werden, bis sie auf einen Posten gelangen, auf dem sie inkompetent sind. Dieses Phänomen wurde nach dem Psychologen Laurence J. Peter „Peter-Prinzip" genannt. Bei mir war das Gegenteil der Fall: Ich vermisste es, neben therapeutischen Entscheidungen auch die Entscheidungen einer Geschäftsfrau zu treffen. Außerdem schreckte ich nicht vor dem zurück, was viele Menschen, die den Weg in die Selbstständigkeit gehen, in den ersten schwierigen Jahren scheitern lässt: Man muss die eigene Arbeit nicht nur tun, man muss sie sich auch organisieren. Dazu kommt die Vorbereitung der Arbeit, zu der auch Kundenakquise und Marketing gehören, aber auch die Nachbereitung samt Buchhaltung und Steuern. Das sind alles Gründe, weshalb sich bei Selbstständigen die Arbeitszeit schnell verdreifacht. Doch wer die Lektion des Reisbauern kennt, wird dabei nicht auf dem falschen Fuß erwischt. Schließlich gibt es als Belohnung Freiheit und Selbstbestimmung. Das wollte ich mir nicht entgehen lassen: Ich wollte Unternehmerin sein, ganz nach dem klassischen Prinzip, dass ein Unternehmer etwas unternimmt und garantiert nicht Däumchen dreht.

Vielleicht erinnern Sie sich: Nach der Jahrtausendwende prägte eine Zeit lang der Begriff der Ich-AGs die Schlagzeilen. Das waren Einzelunternehmen, die von arbeitslosen Menschen gegründet wurden, wofür es damals einen Existenzgründungszuschuss gab. Bei der Ich-AG versteht man den Menschen als kleinste wirtschaftliche Einheit, doch stellte sich schnell heraus: Deutschland ist kein Land des Unternehmertums. Zur Zeit der Ich-AGs gab es gerade einmal 1,8 Millionen Soloselbstständige, und bis heute sind es nicht viel mehr geworden. 2019 versuchten lediglich ca. 605.000 Menschen, sich selbstständig zu machen. Grund für diese niedrige Anzahl ist die Angst vor dem Scheitern, und sie scheint begründet zu sein: Nach drei Jahren existieren nur noch 68 Prozent aller Unternehmensneugründungen. Die Coronapandemie verschärfte diese Entwicklung noch. 90 Prozent aller Selbstständigen und Soloselbstständigen verdienten auf einmal sehr viel weniger, 34 Prozent hatten so gut wie gar keine Einnahmen mehr, 68 Prozent waren nach drei Monaten zahlungsunfähig.

Hatte ich ebenfalls solche Ängste? Ich kann diese Frage mit einem klaren Jein beantworten: Ich hatte sie, aber ich ließ sie nicht in den Vordergrund treten. Viel wichtiger war mir, nicht länger der Regelarbeitszeit unterworfen zu sein. In jedem Angestelltenverhältnis hatte ich Probleme, weil ich länger arbeitete, als ich durfte. Damit war ich nie klargekommen. In der Selbstständigkeit stellte sich diese Frage nicht mehr. Das Einzige, was mich stoppen konnte – und was mich, wie sich herausstellte, auch stoppen sollte –, war meine eigene Belastungsgrenze. Ich hatte vor, diese auszuloten.

Dass es tief in mir aber auch die Sehnsucht nach „weniger ist mehr“ gab, nach Ruhe und Frieden, zeigte sich im Namen, den ich meiner Praxis gab: Ich taufte sie „Ruhepunkt“. Natürlich dachte ich in erster Linie daran, dass sie ein Ruhepunkt im hektischen Alltag meiner Kundinnen und Kunden sein sollte. Doch wie der Kindermund oft die Wahrheit unverblümt kundtut, sprach auch mein Unterbewusstsein seine Wahrheit aus: „Kerstin, bitte vergiss die Ruhepunkte deines

Lebens nicht." Was kann ich dazu sagen? Ich hörte nicht darauf. Doch zunächst einmal war ich einfach nur glücklich. Ich verließ mein Angestelltenverhältnis, suchte und fand ein Haus, in dem ich sowohl arbeiten als auch leben konnte, und legte los.

In die Selbstständigkeit

Das Erste, was ich im „Therapie- und Meditationszentrum Ruhepunkt" einführte: Weg mit den Zwanzig-Minuten-Einheiten, die nur der Kasse dienen, den Patient*innen aber nicht. Ich nahm mir grundsätzlich eine Stunde Zeit für jede*n, die oder der durch die Tür trat. Das kleine Einmaleins genügt, um das Problem dieser patientenfreundlichen Regelung auf den Punkt zu bringen. Bei einer täglichen Arbeitszeit von acht Stunden kommen nicht mehr als acht Patient*innen dran. Was sollte ich mit denen tun, die darauf warteten, von mir behandelt zu werden? Und das wurden schnell sehr viele, ohne dass ich Werbung dafür brauchte. Die gute alte Mund-zu-Mund-Propaganda genügte.

„Geh doch mal zum ‚Ruhepunkt'", hörte ich häufig. „Die Kerstin nimmt sich Zeit und kann was. Ich bin als völlig neuer Mensch rausgelaufen."

Niemand lief als völlig neuer Mensch aus meiner Praxis, doch eines stand fest: Ich gab immer alles, entsprechend dem Motto, das heute auf meinen Seminaren und in meinen Workshops in aller Munde ist. „Gib dich ganz" feierte zu dieser Zeit seinen Ursprung: Ja, ich gab mich ganz – zum ersten Mal in meinem Leben mit allem Wissen und allen Fähigkeiten, die ich draufhatte. Das kann ich heute schreiben, ohne dabei rot zu werden, weil ich mich damals selbst überraschte. Ich hatte mir schon viel Wissen angeeignet; das hatte aber oft brachgelegen, weil es keine Möglichkeit gab, es einzusetzen. Jetzt war die Zeit dafür gekommen. Wer zu mir kam, bekam klassische Manuelle Therapie, Chiropraktik-Anwendungen sowie Akupunktur unter ärztlicher Begleitung und Aufsicht, außerdem

Aufstellungen, Meditation, und Seelenlesen. Jederzeit stand mir ein Team aus Ärzt*innen, Psycholog*innen und Berater*innen zur Seite.

Das Wohl der Patient*innen lag mir am Herzen, und daher hielt ich nichts zurück. Ich war so erfüllt von dem, was ich zu geben hatte, dass ich einmal mehr nicht bemerkte, dass es einen Menschen gab, auf den ich nicht achtete – und das war ich selbst.

Schauen wir uns heute in der Ärzte- und Therapielandschaft um, zeigt sich uns dieses Bild: Überall mangelt es an Fachkräften. Hausärzte auf dem Land? Fehlanzeige! Ein Termin bei der Chiropraktikerin? Wir dürfen gerne kommen – in vielleicht drei, vier oder sechs Monaten. Alle diese Berufe sind mit den Anforderungen an einen Leistungssportler zu vergleichen; das weiß ich nur zu gut, weil ich beide Bereiche kenne. Ein*e Leistungssportler*in hat allerdings einen definierten Zeithorizont, in dem er oder sie auf Medaillenjagd gehen kann. Ärzt*innen und Therapeut*innen dagegen üben den Marathon und den Sprint gleichzeitig aus, mit einem Zeithorizont, der sich bis ins hohe Alter zieht. Wer da nicht auf die eigene Gesundheit achtet, wird anderen Menschen schon bald nicht mehr helfen können. So wie heute beim Leistungssport die Erholungsphasen in der Trainingslehre viel wichtiger genommen werden als in früheren Zeiten, achten auch Ärzt*innen und Therapeut*innen immer mehr auf sich selbst. Das ist gut so, führt jedoch dazu, dass Praxen Patientenstopps verfügen müssen und Therapeut*innen erst am Sankt-Nimmerleins-Tag einen Termin frei haben. Ich hätte damals auch auf mich achten und die Zahl meiner Patient*innen auf ein gesundes Maß beschränken sollen. Doch das brachte ich nicht übers Herz.
Soll ich Ihnen an dieser Stelle einmal ein Berufsgeheimnis erfolgreicher Menschen verraten? Egal, ob es sich um bekannte Schauspieler*innen handelt, erfolgreiche Sportler*innen oder Unternehmer*innen: Sie alle wissen, wie sie Bühne und Privates zu unterscheiden haben. Was ist damit gemeint? Nehmen wir einen Schauspieler aus der oberen Kategorie, also jemanden, den wir aus dem Fernsehen und dem Kino

kennen. Dort ist auch seine Bühne. Dazu gesellen sich PR-Auftritte, Interviews und Talkshows. Privates dagegen ist für die Öffentlichkeit nicht zugänglich, ganz im eigentlichen Sinne dieses Wortes: Das lateinische Verb *privare* bedeutet „vorenthalten, absondern, trennen". Erfolgreiche Menschen trennen strikt zwischen ihrem beruflichen und privaten Leben. Das habe ich in den Anfangsjahren meiner Karriere versäumt. Es begann bereits mit meiner Wohnsituation: Ich hatte ein Haus inklusive der Räume für das „Therapie- und Meditationszentrum Ruhepunkt" für mich angemietet. Alles unter einem Dach! Sie können sich vorstellen: Das ist alles andere, als Beruf und Privates zu trennen. Fiel mir nachts um drei Uhr ein, was noch zu erledigen war, huschte ich in Nachthemd und Pantoffeln in die Praxis. Sonntag, Feiertag, Urlaubstag? Das waren für mich Begriffe aus einer fremden Welt. In der Regel war ich morgens um sieben Uhr zur Stelle, um alles für die ersten Patient*innen vorzubereiten. Ich richtete meine „Ruhepunkt"-Praxis so her, dass sie ein wahrer Ruhepunkt sein konnte. Dazu gehörte, dass ich Tee kochte, für die richtige Musik sorgte, Plätzchen verteilte, lüftete – ich tat also all das, was ich in meinem Privatbereich nicht tat. Dort stapelte sich wieder das Geschirr in der Spüle, weil ich am Tag zuvor kurz vor 21 Uhr in der Praxis aufgeschreckt war: „Kerstin, du hast nichts mehr im Haus!" Ich raste zum Supermarkt, kaufte mir irgendetwas zum Essen – bestimmt nicht das, was ich heute meinen Klient*innen empfehle – raste heim, machte mir das Essen warm, schlang alles hinab, stellte das schmutzige Geschirr in die Spüle und ging zurück in die Praxis, wo es immer noch irgendetwas zu tun gab. Klingt ungesund? Es war ungesund! In der Praxis allerdings war mein Leben stets lichtvoll und sehr spirituell. Zu dieser Zeit wurde ich oft gefragt: „Kerstin, du bist keine dreißig Jahre alt. Wie spirituell willst du noch werden?" Die Betonung lag auf dem Wörtchen „noch".

Mitunter hatte ich selbst Angst vor meiner rasanten Entwicklung als Wissende und Heilerin. In der Nachbetrachtung war das kein Wunder: Ich tat ja nichts anderes. Falls Sie mein privates Leben zu dieser Zeit interessiert, ist diese Frage schnell beantwortet: Es gab keines.

Das Wissen aus der Natur

Schon früh in meinem Leben faszinierte mich das uralte Wissen der Naturheilkunde. Stellen wir uns nur einmal diesen beeindruckenden Zahlenstrang vor: Bevor wir Menschen sesshaft wurden, zogen wir Tausende Jahre als Nomaden oder Halbnomaden umher. Ohne ein großes Wissen über Naturheilkunde hätten wir das schlicht und einfach nicht überlebt. Dazu kommt, dass Sesshaftigkeit uns Menschen wenig Vorteile versprach. Warum es überhaupt dazu kam, damit beschäftigt sich unter anderem der Evolutionsbiologe Josef Reichholf, Honorarprofessor an der Technischen Universität München. Er weist darauf hin, wie mühsam es war, das Land urbar zu machen, um Äcker zu bestellen. Und doch entwickelte sich Landwirtschaft in jener Zeit ganz unabhängig voneinander in drei weit auseinander liegenden Regionen: im Vorderen Orient im „Fruchtbaren Halbmond", sowie in China und in Mittel- und Südamerika. Einem Grund für die Sesshaftigkeit kam Reichholf auf die Spur: Sie brachte den Menschen mehr Zusammengehörigkeit. Damals wurden auch große, religiös geprägte Feste gefeiert, die im wahrsten Sinne des Wortes berauschend waren. Für die nötigen Nahrungsmittel sorgte der Ackerbau. Im Mittleren Osten wurde auf Basis von Gerste noch vor der Erfindung des Brotbackens Bier gebraut. In Mittelamerika wurde der Peyote-Kaktus kultiviert, in Südamerika der Cocastrauch. Im Osten waren Opium, Betelnuss und Khat die Rauschmittel.

Nachdem die Menschen sesshaft geworden waren, verloren sie jedoch viel von ihrem uralten nomadischen Wissen über die Heilpflanzen. Ganz dramatisch wurde es in den letzten 150 Jahren: Mit dem Aufkommen der Schulmedizin ist die Lücke zwischen klassischen Therapien und Naturheilkunde riesengroß geworden. Dabei lassen sich zwei Drittel aller Krankheiten pharmazeutisch gar nicht behandeln. Es gibt eine enorme Versorgungslücke an wirksamen Medikamenten. So haben wir nach wie vor keine Mittel gegen durch Viren hervorgerufene Infektionen, was die Covid-19-Pandemie schmerzhaft aufgedeckt hat. Allergien können von der Schulmedizin nicht behandelt werden, allenfalls deren Symptome. Herz-Kreislauf-Erkrankungen oder Krebs sind bis heute ursächlich nicht zu heilen. Für mich ist die Naturheilkunde deshalb auch ein von Gott gegebenes Geschenk an uns Menschen. Frauen wie Eva Aschenbrenner aus Kochel am See, die zu ihren Lebzeiten eine anerkannte Kapazität in der Naturheilkunde war, oder eine Schamanin aus dem Allgäu, die selbst in Südamerika bei einem Indianerstamm gelebt und gelernt hatte, waren für mich wertvolle Lehrmeisterinnen. Hätte man diese Frauen als Schamaninnen bezeichnet, was sie letzten Endes waren, wären sie geächtet gewesen. Naturheilkunde war „pfui!“; selbst Dr. B.s Klinik wurde ab und an misstrauisch beäugt. Es gab nur wenige prominente Menschen wie den damaligen Vorstand von Bertelsmann, Manfred Köhnlechner, die ein solches Tabuthema ins Fernsehen bringen konnten.

Manfred Köhnlechner hatte im Alter von 45 Jahren nach einem Unfall sein Leben neu geordnet und sich dafür entschieden, noch einmal die Schulbank zu drücken. Für ein Medizinstudium, von dem er als Jugendlicher geträumt hatte, war ihm nun die Zeit zu kostbar. Stattdessen nahm er zwei Jahre lang Privatunterricht bei führenden Kapazitäten aus Schulmedizin und Naturheilkunde. „Ich hielt es für wenig sinnvoll, mich in diesem Alter mit Dingen zu belasten, die für das Staatsexamen, nicht aber für die Praxis von Belang sind“, sagte er in einem Interview. „Ich wollte die medizinische Lücke zwischen klassischen Therapien und Naturheilkunde schließen.“ Das war damals wie heute mit einem regulären Medizinstudium unmöglich. Nachdem Köhnlechner in Grünwald bei München seine Praxis eröffnet hatte, wurde er von Patient*innen geradezu überrannt. In den ersten Wochen verlangten etwa 8.000 Menschen einen Behandlungstermin. Gleichzeitig widmete er sich der vernachlässigten wissenschaftlichen Beweisführung bei alternativen Heilmethoden. 1974 gründete er dafür das Institut für Erfahrungsmedizin, elf Jahre später hob er die Manfred-Köhnlechner-Stiftung aus der Taufe. „Ich frage mich“, sagte er, „ob es sich die Medizin wirklich leisten kann, Heilmethoden abzulehnen, deren Wirkung erwiesen ist, nur weil sich der Beweis dafür noch nicht führen lässt.“ Unermüdlich wies er auf das hin, was wir eben thematisiert haben: Dass Menschen über Tausende Jahre hinweg ihr Überleben sicherten, weil sie sich mit Heilpflanzen sehr gut auskannten. „Man kann die positiven Erfahrungen aus Jahrtausenden nicht einfach wegwischen und sie als ‚wissenschaftlich unbewiesen‘ hinstellen, nur weil sich die Wissenschaft nicht damit befasst hat“, so Manfred Köhnlechner dazu.

Genauso habe ich es auch immer gesehen: Nehmen wir nur einmal pflanzliche Herzmittel wie Adonis, Maiglöckchen, Meerzwiebel oder Weißdorn, deren Wirkung die Erfahrungsmedizin überliefert hat. Oder den Roten Fingerhut: Als der englische Arzt William Withering 1784 den Legenden um eine Kräuterfrau nachging, die mit ihrer Mischung aus Heilkräutern Herzleiden behandelte, fand er heraus, dass der Rote Fingerhut für die positive Wirkung auf die Pumpleistung des Herzens verantwortlich war. Damit legte er den erfahrungsmedizinischen Grundstein für die wissenschaftliche Digitalistherapie. Digitalis wird heute noch erfolgreich bei nachlassender Herzkraft eingesetzt, wenn ACE-Hemmer nicht richtig funktionieren. Es wirkt herzstärkend, ohne den Blutdruck zu senken und eine Veränderung der Herzfrequenz hervorzurufen.

Paracelsus schrieb: „Alle Wiesen und Matten, alle Berge und Hügel sind Apotheken.“ Ich bin überzeugt davon, dass die Nachfrage nach Pflanzenheilmitteln steigen wird, und das aus gleich drei guten Gründen: Sie können ursächlich auf das Krankheitsgeschehen einwirken und helfen, schwere Störungen zu vermeiden. Sie können bei chronischen Prozessen eingesetzt werden. Sie tragen entscheidend zur Verhütung degenerativer Erscheinungen bei. Es gibt kaum ein Therapiegebiet, welches so viel Potenzial bietet wie die Pflanzenheilkunde. Allein die wichtigsten Pflanzenwirkstoffe, wie Alkaloide, Ballaststoffe, Bitterstoffe, Eiweiße, Enzyme, Farbstoffe, Gerbstoffe, Glykoside, Harze, Mucine, Öle und Fette, Toxine und Vitamine, stehen untereinander in derart vielen Wechselwirkungen, dass es fast verständlich erscheint, weshalb sich die Wissenschaft meist auf nur einen Wirkstoff stürzt: Sie ist von dieser Komplexität einfach überfordert.

Pflanzen sind Lehrmeister für uns. Das lernte ich schon als Mädchen im Wald. Sie sind Inspiration und oft die Antwort auf viele Lebenskrisen. Mich hat die immense Vielfalt der Ausdrucksmöglichkeiten von Pflanzen immer begeistert, weil sie wunderbar zeigen, an wie viele verschiedene Situationen das Leben sich anpassen kann: Es gibt Pflanzen, die keine Wurzeln haben und trotzdem leben können. Andere siedeln sich auf nackten Steinen an, wiederum andere werden Tausende Jahre alt. Dann gibt es welche, die so wunderschön aussehen, dass es unsere Fantasie übersteigt. Und wieder andere sind radikal einseitig und haben bestimmte Organe bis ins Extreme entwickelt, wie etwa Kakteen. Heilpflanzen sind in all diesen Formen noch extremer, und dazu sind sie immer auch Giftpflanzen. Aus diesem Grund müssen wir Heilpflanzengärtner*innen einen noch intensiveren Austausch mit ihnen pflegen. Vielleicht haben Sie schon einmal von der Findhorn Community, einer Lebensgemeinschaft im Norden von Schottland, gehört und von deren Gärten, in denen tropische Pflanzen wachsen, die in solchen Breitengraden sonst nicht gedeihen. Dort pflegt man diese sehr intensive Beziehung zu den Pflanzen.

Pflanzen sind Lehrmeister für uns.

Hier schließt sich für mich erneut ein Kreis. Erinnern Sie sich an mein Motto „Gemütlich wird das Große nicht vollbracht“? Sie haben natürlich schon bemerkt, dass ich mein Leben bis dahin nicht gerade gemütlich geführt habe. Meist deshalb, um immer noch mehr zu lernen und immer noch mehr zu erfahren. Von den Pflanzen fühlte ich mich in dieser Einstellung bestätigt. Viele Pflanzen benötigen einen gewissen Stressfaktor, um Substanzen abzugeben und damit eine Wirkung auszulösen. In der Wildnis ist das für sie kein Problem, doch im Anbau machen wir es ihnen oft zu leicht. Wir verweichlichen sie wie Balkon- oder Gartenpflanzen, die zum Beispiel zu viel Wasser erhalten. Dabei sagen uns erfahrene Heilpflanzengärtner*innen, dass wir unsere Pflanzen nicht zu sehr päppeln sollen. Für sie muss der Wind pfeifen, da dürfen auch Blattläuse kommen, da muss mal was abbrechen. Hildegard von Bingen sagte sinngemäß, der Heilpflanzenanbau müsse anstrengend und reell sein. Natürlich tun sich da Parallelen zu uns Menschen auf. Auch wir brauchen Stress – und zwar von der Sorte, die Menschen über Jahrtausende begleitet und abgehärtet hat. Die natürlichen Stresssituationen brachten immer auch eine Reinigung mit sich. Deshalb sollten wir heute ruhig auch mal hungrig sein. Wir sollten immer wieder an körperliche Grenzen gehen. Doch viele Menschen haben sich aus der Natur zurückgezogen und deren Reinigungskraft verloren. Diese Verbindung zur Kraft der Natur ist mit ein Grund, weshalb ich immer früh aufstehe und so oft wie möglich draußen bin. Erst wenn wir unseren Körper stimulieren und in die Polarität gehen, finden wir unsere Mitte. Wir dürfen dem Körper durchaus die Gelegenheit geben, sich mit seiner Außenwelt auseinanderzusetzen. Ein gesunder Organismus ist niemals abgeschirmt, sondern konfrontiert sich mit seiner Umwelt. Zu der Zeit, als ich meine Ausbildung machte, wurden diese Grundsätze im „Gesetz der Homöostase“ ausgedrückt. Es besagt, dass sich unser Körper in einem gesunden Gleichgewicht zwischen den Anforderungen aus der Umwelt und seinem Leistungsvermögen bewegt, und das bedeutet: Erhöhen wir die Anforderungen vonseiten der Umwelt, erhöhen wir auch die Leistungsbereitschaft unseres Körpers. Senken wir die Anforderungen aus der Umwelt, sinkt die Leistungsbereitschaft unseres Körpers. Seit meiner Ausbildung wurde das „Gesetz der Homöostase“ kontrovers diskutiert. Meine Haltung dazu ist klar: Es trifft zu – doch wir müssen dabei achtsam sein und auf unseren Körper hören. Senken wir die Anforderungen vonseiten der Umwelt zu sehr, weil wir es uns zu bequem machen, reagiert der Körper mit Schwäche, Krankheiten, Rückenproblemen. Sie wissen, wovon ich spreche. Erhöhen wir die Anforderungen aus der Umwelt zu sehr, laufen wir Gefahr, unser Immunsystem zu schwächen. Ein gutes Beispiel dafür sind Sportler beim härtesten Triathlon der Welt, dem Ironman auf Hawaii. Man fand heraus, dass die Finisher ihr Immunsystem durch die Anstrengung derart schwächen, dass sie noch Wochen danach äußerst anfällig sind für alle möglichen Infekte, die ihnen sonst nichts ausmachen würden. Ich weiß selbst, was geschehen kann, wenn wir nicht achtsam auf Signale des Körpers hören. Das ist ein wichtiges Thema meines Lebens, daher will ich es nicht verschweigen. Es war mir selbst während meiner Arbeit im Olympiastützpunkt passiert, weshalb ich überhaupt erst ins Allgäu ging. Und jetzt passierte es mir wieder.

Für meine Patient*innen war die Praxis „Ruhepunkt" also tatsächlich ein Ruhepunkt im Leben. Für mich wurde die Arbeit dort zum gefährlichen Stressfaktor. Ich fand keine Ruhe und glich das durch Mehrarbeit aus. Ich erhöhte quasi die Anforderungen, bis mein Körper Alarm schlug. Doch so wie wir manchmal den Wecker ausstellen, wenn er morgens klingelt und nervt, stellte ich diesen Alarm aus.

Das kann man einmal oder auch zweimal machen, vielleicht auch ein drittes und viertes Mal, doch dann sucht sich der Körper eine geeignete Schwachstelle, um zu signalisieren: „Hör auf mich! Es ist zu viel!" Heute übe ich mit Klient*innen, auf diese Warnzeichen zu achten. Das kann ich deshalb so gut, weil ich die Folgen der Missachtung dieser Zeichen nicht aus dem Lehrbuch wiederkaue, sondern aus eigener Erfahrung kenne.

Urkraft

Einige der männlichen Teilnehmer meiner Seminare nennen mich manchmal „Urweib". Da mischt sich unter die Bewunderung möglicherweise eine gewisse Furcht, dass dem Urweib die Kontrolle über seine Kräfte entgleiten könnte. Frauen sind das schwache Geschlecht? Mit einer solchen Kategorisierung mag ich mich nicht auseinandersetzen!

Das angeblich schwache Geschlecht wurde und wird oft genug vom sogenannten starken Geschlecht schwach geredet und entsprechend behandelt. Oft deshalb, weil sich Frauen dem Willen des Mannes nicht unterwerfen. Kennen Sie die Geschichte von Lilith? Nach einer jüdischen Aufzeichnung war sie Adams erste Frau. In der Bibel müssen wir lange suchen, bis wir Lilith aufstöbern, aber immerhin, in Jesaja 34,14 findet sich ihre Erwähnung. Wie Adam war Lilith aus Erde geschaffen und ihm ebenbürtig. Als sie ihn deshalb nicht als ihren Herrscher anerkennt, rappelt es mächtig im Karton. Adam gibt nicht nach und besteht darauf, Herr im Hause zu sein. Er geht zu Gott, petzt und verbiegt in seiner Version ein wenig den Verlauf des Streits. Gott schickt Engel hinter Lilith her, die sich inzwischen aus dem Staub gemacht hat. Zurückkehren will sie nicht. Deshalb, so die Legende, sei sie verflucht und Eva geschaffen worden, aus der Rippe ihres Mannes und daher niemals ebenbürtig. Die Griechen waren da wesentlich mutiger: Ihre Göttin Artemis, Tochter von Leto und Zeus, war als Schutzgöttin der Schwachen alles andere als zimperlich. In der hinduistischen Trinität ist Parvati die Gemahlin von Gott Shiva – und nur eine starke Persönlichkeit wie sie kann dessen furchterregende Stärke ausgleichen. Wir brauchen aber keine Zeitreisen zu unternehmen, um zu wissen, dass Männer und Frauen absolut ebenbürtig sind.

> Finden wir unsere Urkraft – die Kraft, die entsteht, wenn wir uns ganz geben – werden wir wieder zu „Urkerlen" und „Urweibern". Nichts kann uns dann aufhalten und wir strotzen so vor Energie.

Ob Mann oder Frau: Finden wir unsere Urkraft – die Kraft, die entsteht, wenn wir uns ganz geben – werden wir wieder zu „Urkerlen" und „Urweibern". Nichts kann uns dann aufhalten und wir strotzen nur so vor Energie. Dafür braucht es einige ganz wesentliche Voraussetzungen, die wir in den Meisterseminaren erarbeiten, bereitstellen und abrufbar machen. Damals, als der Ruhepunkt begann zu wanken und zu schwanken, da ich die Menge an Anfragen nicht mehr alleine bearbeiten konnte und ich körperlich immer mehr abbaute, hätte ich so ein Meisterseminar gut gebrauchen können. Ich hatte aber keines, und die Folgen ließen nicht lange auf sich warten.

Nein, ich war damals noch kein Urweib. Ich war nicht in meiner Urkraft, doch ich hatte die Anlagen dazu schon ausgebildet. Gut möglich, dass ich deshalb gleich die dreifache Aufmerksamkeit des Universums erhielt, um den Lerneffekt möglichst intensiv zu gestalten.

Alles begann mit einem Gedicht. Ich erzählte Ihnen bereits, wie sehr ich mich in die Literatur vergraben kann, weil ich spüre, wie machtvoll Worte sind. Das sind sie übrigens noch immer: Wir leben in einem Zeitalter, in dem Staatsoberhäupter mit Tweets das Weltgeschehen bestimmen können. Wenige gut gewählte Worte reichen oft, um das Schicksal von Millionen von Menschen zu beeinflussen. Davor sollten wir höchsten Respekt haben. Im Mahabharata, einem der längsten Gedichte der Weltliteratur und neben dem Ramayana das zweite große altindische Epos, wird der Krieg zwischen zwei Familien erzählt, den Pandavas und den Kauravas. Innerhalb dieser großen Geschichte der Bharatas ist auch noch Platz für die Bhagavad Gita, eine der zentralen Schriften des Hinduismus:

Simpler Ausgangspunkt der Geschichte ist ein Würfelspiel, bei dem mächtig betrogen wird, es zunächst einen Verlierer gibt und im Laufe der Zeit alle Beteiligten hohe Verluste beklagen müssen.

Höhepunkt ist die Schlacht zu Kurukshetra, nördlich des heutigen Delhi, wo sich die Kontrahenten 18 Tage lang mit riesigen Armeen bekriegen. Aber auch die Götter sind mit von der Partie und nehmen mal auf der einen Seite, mal auf der anderen Seite Einfluss. Auch Vishnu als Bewahrer und Erhalter der Welt greift ein. Er erscheint in der Form des Gottes Krishna. Dieser ermutigt den besten Bogenschützen der Welt, den Krieger Arjuna, seine Pfeile im Köcher stecken zu lassen und stattdessen mit den Worten der Bhagavad Gita zu kämpfen. Arjunas Pfeile sind tödlich, doch durch die Unterweisungen seines Mentors Krishna findet Arjuna auch wieder zu der nötigen Klarheit, um seine Aufgabe als Krieger erfüllen zu können. Es muss aber nicht immer Krieg und Kampf sein, um die Macht der Worte zu beweisen. Erinnern Sie sich an den Film „Der Postmann", der auf dem Roman „Mit brennender Geduld" des chilenischen Schriftstellers Antonio Skármeta basiert? Eine wunderbare Geschichte darüber, was Worte bewirken können: In den Fünfzigerjahren lebt der Dichter Pablo Neruda im Exil auf einer kleinen italienischen Insel. Der dortige Briefträger studiert seine Gedichte und fasst eines Tages den Mut, mit Nerudas Worten, die er als seine eigenen ausgibt, um die schönste Frau auf der Insel zu werben und sie für sich zu gewinnen.

Mein Engel

Wenn ich damals wie heute Gedichte lese, etwa von Ingeborg Bachmann oder von Rainer Maria Rilke, dringen die Worte durch meine Haut direkt in meine Seele. Die Gedichte erkennen die Lücken in meiner Deckung, so empfinde ich es, und das passierte auch in der Zeit, von der ich Ihnen gerade erzähle: „Ich ließ meinen Engel lange nicht los / und er verarmte mir in den Armen …" Diese Zeilen brannten sich in meine Seele von dem Augenblick an ein, als ich sie zum ersten Mal las. Sie stammen aus den Engelliedern von Rainer Maria Rilke, und nie zuvor hatten mich Worte derart angefasst. Nie zuvor waren meine Tränen leiser und bitterer gewesen, so intensiv wie die Wahrheit in diesen Worten: „Seit mich mein Engel nicht mehr bewacht / kann er frei seine Flügel entfalten …" Mein Engel, der neben mir verendete, weil ich ihn zu fest in den Armen hielt, zeigte mir im Sterben meinen Fehler.

Engellieder

Ich ließ meinen Engel lange nicht los,
und er verarmte mir in den Armen
und wurde klein, und ich wurde groß:
und auf einmal war ich das Erbarmen
und er eine zitternde Bitte bloß.

Da hab ich ihm seine Himmel gegeben, –
und er ließ mir das Nahe, daraus er entschwand,
er lernte das Schweben, ich lernte das Leben,
und wir haben langsam einander erkannt …

Seit mich mein Engel nicht mehr bewacht,
kann er frei seine Flügel entfalten
und die Stille der Sterne durchspalten, –
denn er muss meiner einsamen Nacht
nicht mehr die ängstlichen Hände halten –
seit mein Engel mich nicht mehr bewacht.

„Kerstin, wie spirituell willst du noch werden?", wurde ich gefragt, und meine Antwort lag tief in meinem spirituellen Ego gefangen. Mein Wunsch nach Gott hatte mich nicht zu Höherem geführt, sondern in einer Abwärtsspirale in die Tiefe getragen. Nun lag der Engel sterbend neben mir, und mir wurde klar: „Wenn du so weitermachst, stirbst du auch." Und das war keineswegs in einem verklausulierten Sinne gemeint, denn zu dieser Zeit hatte mein Arzt einen Tumor in meiner linken Brust gefunden.

Am Tag der Diagnose kündigte dazu ein Brief vom Finanzamt eine Betriebsprüfung an. Mein Steuerberater schlug die Hände über dem Kopf zusammen. Noch immer höre ich seine Worte: „Ihre Steuerschuld ist so hoch, da wir in diesem Jahr zusätzlich eine Vorauszahlung leisten müssen. Schaffen Sie das?" Und das, nachdem ich an diesem Tag meine Leistungsfähigkeit für eine Zeit verloren hatte. Ein Teil dieses schwarzen Tages ist in meiner Erinnerung ausgelöscht, ein anderer Teil nicht: Da sitze ich irgendwo in einem Weinberg, sehe die Mosel unter mir und denke: „War's das jetzt?" Ein existenzieller Gedanke schlich sich ein: „Willst du, kannst du, darfst du überhaupt noch weitermachen?"

Bei mir ließ die Antwort keinen Wimpernschlag verstreichen, doch ich wusste nur zu gut, was passieren kann, wenn man diese Frage verneint. Im „Ruhepunkt" war ich nicht nur für Physiotherapie, Aufstellungen oder Meditation zuständig gewesen. Klingelte nachts um zwei Uhr bei mir das Telefon und eine hysterische Mutter schrie: „Kerstin, mein Sohn! Er hat sich erhängt! Du musst kommen!", sprang ich nicht selten noch mit Schlafwäsche unter der Kleidung ins Auto. In unseren dunkelsten Stunden taucht er auf, der geheimnisvolle Begriff der Resilienz, der persönlichen Widerstandsfähigkeit. Ich war resilient. Meine Antwort war prompt gekommen: „Klar will ich weitermachen – nur nicht mehr so!"

In meinen und den gemeinsamen mit meinem Mann stattfindenden Seminaren geht es darum, die Vision und das Ziel unserer Kund*innen zu fixieren und ihnen den schnellsten und kraftvollsten Weg dafür aufzuzeigen. Und zwar klar und deutlich, ohne drumherum zu reden, damit im nächsten Schritt ebenso klar und deutlich wird, was geschehen soll. Denn für unsere Visionen und Ziele müssen wir etwas tun, und das beginnt immer mit dem ersten Schritt. Mein erster Schritt war: Ich rief Dr. B. in seiner Klinik an.

Nicht nur, weil ich ihn kannte und an ihn glaubte, sondern weil wir in einer verzweifelten Situation Zuversicht brauchen und keine Zweifel. Ich schilderte ihm die Diagnose Brustkrebs, und er sagte: „Komm in die Klinik. Wir kriegen das hin!"

Es sind nur acht Worte, und jedes davon ist wichtig – genau wie bei einem Gedicht oder Mantra. Worte sind mächtig, vergessen Sie das nicht! „Komm" bedeutet: raus aus der Passivfalle. Nur aktiv erreichen wir Ziele. „In die Klinik" bedeutet: „Geh dahin, wo kompetente und hilfsbereite Menschen sich deiner annehmen." „Wir" bedeutet:

„Ich bin ganz auf deiner Seite, doch du wirst mittun müssen." Und was „kriegen das hin" bedeutet, liegt auf der Hand.
Es gab noch jemanden, an den ich mich in meiner verzweifelten Situation wandte: an meinen Bruder. Ich hatte mit ihm immer ein wunderbares Verhältnis gehabt, doch nun wurde es noch inniger. Als ich ihn anrief, sprach auch er vier wichtige Zauberworte aus: „Ich hole dich ab!" Kein Wenn und Aber, sondern eine klare Ansage, und so geschah es. Die nächste Zeit verbrachte ich buchstäblich auf der Couch im Wohnzimmer meines Bruders. Es war mir irgendwie noch gelungen, allen Patient*innen abzusagen, und dann war endgültig Feierabend. Dunkle Gedanken zogen heran: „Wieder ein Tumor! Schon wieder ein Tumor, der meine Weiblichkeit angreift!" Die alte Erinnerung, als ich als junges Mädchen mit meiner Mutter den Satz hören musste: „Wir müssen die Eierstöcke entfernen." Die rabiate Operation und die spätere Gewissheit, dass sie nicht nötig gewesen wäre. Sich noch mehr als Außenseiterin zu fühlen, wenn die Mädchen in der Schule mit ihrer Familienplanung prahlten. Zu befürchten, dass ich keinem Mann jemals genügen würde und jetzt schon gar nicht mehr.

Ein Tumor in der Brust. Die Tränen flossen und versiegten nicht. Ich konnte nicht mehr aufstehen, ich war wie gelähmt. Die Paralyse des Schocks kam mit voller Wucht. Ich wurde wieder zum stillen Mädchen von früher, das sich im Wald versteckt. Nur war der Wald fern, ich verbarg mich auf der Coach. Und mein Bruder tat genau das Richtige: Er drängte mich zu nichts, verlangte nichts, war einfach nur da. Einmal legte er mir die Bücher von J. R. R. Tolkien hin, „Der Herr der Ringe" in drei Bänden, weil er wusste, wie sehr ich diese Geschichte liebte. Ich konnte nicht lesen, die Buchstaben verschwammen vor meinen Augen. Aber vielleicht konnte ich mir die Geschichte ansehen? Einige Jahre zuvor war die Filmtrilogie von Peter Jackson in die Kinos gekommen, und mein Bruder besaß die DVDs. Ich nickte, als er den ersten Teil „Die Gefährten" in den Player legte. Ganz nebenbei, als sei es die natürlichste Sache der

Welt, sprach er einen Satz, der sich tief in mein Gedächtnis eingrub: „Weißt du, Schwester, du bist eben auch ein Ringträger."

Es gibt Momente im Leben, in denen sich eine Tür öffnet, die bisher immer verschlossen geblieben ist und oft nicht einmal richtig wahrgenommen wird. Die Teilnehmer*innen in meinen Seminaren kennen diesen beglückenden und mitunter erschreckenden Moment. Großes Staunen zeichnet ihn aus. Worte wie „Das ist doch klar! Warum bin ich da nie drauf gekommen?" begleiten ihn. Wir sehen auf einmal hinter unser aktuelles Sein, der bisher beschränkte Blick wird weit. Scheuklappen fallen ab. „Ja, natürlich!", sagen wir. Es ist so. Wir wollten es nicht sehen. Oder besser: Wir waren noch nicht dazu bereit.

Ich war bis zu jenem Moment in meinem Leben nicht dazu bereit gewesen, mich als Ringträgerin zu sehen. Obwohl ich in den letzten Jahren sehr viel Ringträger-Arbeit geleistet hatte. Ich hatte auch die Ablehnung des Ringträgers erfahren: Neben vielen glücklichen Patient*innen hatte der „Ruhepunkt" auch Feinde hervorgerufen. Nicht selten warfen Unbekannte im Schutz der Nacht Tomaten und Eier gegen Fenster und Fassade. In ihren Augen war ich eine Hexe.

Wann immer das passierte, schob ich die Sache von mir weg. Erinnern wir uns an Aragorns in „Der Herr der Ringe". Jahrelang lebt er unerkannt als Waldläufer, von anderen verächtlich „Streicher" genannt. Es fällt ihm schwer, trotz all seiner vielen positiven Eigenschaften, die Königswürde und Königsverpflichtung anzunehmen. Es braucht einen weisen Mann, in diesem Fall den Elbenfürsten Elrond, der ihn daran erinnert, dass die Zeit nun reif ist.

Mein Elrond war mein Bruder. Er hat mir damals das Leben gerettet und mich gleichzeitig mit diesem Satz auf vieles vorbereitet, was von nun an auf mich zukommen sollte. Als ich mich so weit erholt hatte, dass ich ins Auto steigen konnte, war es an der Zeit, den nächsten Schritt zu gehen und ins Allgäu zurückzukehren. Dieses Mal kam ich nicht als Therapeutin, dieses Mal kam ich als Patientin.

KLOSTER – EIN KRAFTORT

Und es ist noch nicht erschienen,
was wir sein werden.

1 Johannes 3,2

Ich habe in der Erzählung bewusst etwas ausgeklammert, für das nun der richtige Augenblick gekommen ist. Diese Episode rundet mein bisheriges Leben ab und bereitet vor, was danach geschah. So eine Einordnung gelingt in einem Rückblick, wie ich ihn in diesem Buch vornehme, aber auch in der Felderarbeit, die ich mit meinen Klient*innen mache. Das große Ganze sehen wir im Alltag meist nicht – umso wichtiger ist es, immer wieder innezuhalten, um einen neuen Überblick zu gewinnen.

Ich hatte einige Zeit nach der Rückkehr aus dem Allgäu meine Praxis so eingerichtet, wie es mir gefiel, und war stolz auf das bisher Erreichte. Von meinen Patient*innen wurde das „Therapie- und Meditationszentrum Ruhepunkt“ sehr gut angenommen, und meine Gegner, die Hexerei hinter den Mauern mutmaßten, hatten sich noch nicht formiert. Eine meiner Patientinnen war eine evangelische Pastorin. Eines Tages rief sie an und sagte, sie sei leider krank und könne den Termin nicht wahrnehmen. Ich war schon dabei, sie aus dem Kalender zu nehmen, und ging in Gedanken bereits die Liste durch mit Menschen, die gerne einspringen würden, als ich sie tief Luft holen hörte.

„Ich habe fürs Wochenende ein Meditationsseminar gebucht“, hörte ich. „Da kann ich auch nicht hin.“ Sie machte eine kurze Pause und fuhr dann fort: „Willst du an meiner Stelle gehen?“

Zu dieser Zeit bestand mein Leben aus Arbeit und Fortbildungen. Ich war fast jedes Wochenende auf einem Workshop und saugte Informationen und Wissen auf wie ein Schwamm. Meditationsseminare hatte ich schon viele absolviert, daher war ich nur mäßig interessiert und fragte zunächst: „Wo ist es denn?“

„Im Kloster Himmerod.“

„Nie im Leben!“, entfuhr es mir. „Ich und Kirche, das geht ja gar nicht mehr!“

Da hatte ich mir die Falsche ausgesucht. Ich sprach immerhin mit einer Pastorin. Auch wenn sie krank war und sich nicht gut fühlte, wollte sie das nicht so stehen lassen. „Wieso? Ich weiß doch, dass du tief im Glauben verwurzelt bist.“

Das stimmte, und sie hatte davon Kenntnis, weil ich auch mit ihr eine tiefe Therapeutin-Patientin-Beziehung pflegte. Allerdings kannte sie nicht den Grund für meine ablehnende Haltung; den hatte ich für mich behalten: Ich wusste um meine früheren Leben, in denen ich im Auftrag der Kirche gequält und misshandelt worden war. Noch immer verspürte ich eine traumatische Angst, wenn nur Worte fielen wie „Inquisition“ oder der Titel des schrecklichen Buches *„Malleus maleficarum“*, zu Deutsch „Der Hexenhammer“, des Dominikaners und Inquisitors Heinrich Kramer, das die systematische Verfolgung und Vernichtung vermeintlicher Hexen eingefordert hatte. Ausgerechnet in Speyer, nicht weit von meiner Heimat entfernt, war dieses Traktat, das so vielen Menschen auf grausame Art das Leben kosten sollte, im Jahr 1486 zum ersten Mal gedruckt worden.

„Nein, vergiss das!“, erwiderte ich heftiger, als ich wollte.

Doch die Pastorin sprach weiter, als habe sie mich nicht gehört. Sie schwärmte von der einzigartigen Atmosphäre des Klosters und von den reichhaltigen Schätzen seiner Bibliothek. Gleich zwei Argumente, die mich gewinnen sollten. Zum einen hatte ich tiefe Sehnsucht nach Christusliebe und Christusenergie, zum anderen war ich geradezu vernarrt in Bücher, die es nicht in jeder Buchhandlung oder Bücherei gab.

„Schriften des Aristoteles! Mystische Literatur von Bernhard von Clairvaux und Thomas von Aquin! Altchristliche Predigtwerke von St. Antonius von Padua und sogar Briefe der Hildegard von Bingen! Das alles kannst du dort finden!"

Kloster Himmerod war mir natürlich bekannt, liegt es doch ebenfalls nicht weit von meiner Heimat entfernt. Die Abtei wurde im Jahr 1138 eingeweiht, ihre Geschichte reicht weit zurück. Das Kloster befindet sich selbst heute noch abseits der befahrenen Routen – wie einsam muss es wohl erst damals dort gewesen sein? Das war genau der Grund für die Zisterzienser, diesen Platz zu wählen. Er entsprach ihrer Praxis zisterziensischer Abgeschiedenheit. Je einsamer die Gegend, desto stärker die Nähe zu Gott, steckt als Gedanke dahinter. Zugegeben, das passte ganz gut zu mir.

Damals war der Fluss Salm noch ungebändigt, das Tal versumpft und von Urwald umgeben. Ich stellte mir vor, wie fleißige Hände und ein unerschrockener Geist solche Werke begannen. In der Nähe meines Wohnortes, mit dem Therapie- und Meditationszentrum „Ruhepunkt", befindet sich das Kloster Maria Laach. Dieses Kloster hat im Jahr mehr als eine Million Besucher*innen, und darunter sind zahlreiche Heilarbeiter*innen. In Baiersbronn, im Schwarzwald, befindet sich das Örtchen Klosterreichenbach. Das dortige Kloster war die erste Besiedelung des Schwarzwalds, den selbst die Römer nicht zu betreten wagten. Zur Zeit der Gründung des Klosters Reichenbach im Jahr 1085 führten drei Mönche und fünf Laienbrüder die Arbeiten durch.

Damals gab es noch Bären und Wölfe im Wald. Und es waren nicht immer Männerhände, die diese Arbeit verrichteten. Ein paar einsame Täler weiter errichtete Luitgard von Wittichen im Jahre 1324 mit 33 Schwestern ein Kloster, nachdem sie Gottes Stimme vernommen hatte mit den Worten: „Hier sollst du mir ein Haus bauen!“ Luitgard unternahm anstrengende Reisen durch Europa, um Geld dafür aufzutreiben, hatte Hellsichten, etwa als der erste Holzbau abbrannte, während sie in Frankreich unterwegs war. Sie pflegte Pestkranke und rastete und ruhte nicht, bis das Kloster in Stein wieder aufgebaut war. Sie war im besten Sinne des Begriffs eine emanzipierte Frau und wird in Mittelbaden noch immer als Volksheilige verehrt, obwohl sie von den Männerbünden in Rom nie heiliggesprochen worden ist.

Der Schritt über die Schwelle

Am Ende ließ ich mich von der Pastorin überreden, war aber mit dem Herzen nicht dabei. Das zeigte sich, als der Freitag kam und ich um 21:00 Uhr noch immer in der Praxis arbeitete. Erst da kam es mir in Sinn, dass das Kloster zwar nicht allzu weit entfernt, durch seine einsame Lage aber nur über schmale Straßen zu erreichen war. „Womöglich schlafen schon alle, bis du ankommst“, dachte ich mir, als ich hastig ein paar Sachen in eine Tasche warf. Wer wie ich schon derart viele Seminare besucht hatte, war im Packen geübt. Häufig sind es die dicken Wollsocken und die weiche Weste, über die man sich vor Ort am meisten freut. Als ich ins Auto stieg, war es so dunkel, wie es nur im November dunkel sein kann. Kaum näherte ich mich der Eifel, zog dicker Nebel auf.

„Auch das noch“, dachte ich, obwohl ich wusste, dass Eifel und Nebel in dieser Jahreszeit zusammengehören. Ich schaltete das Fernlicht an, was auch nichts half, und tastete mich voran, so gut es ging.

Auf einmal endete meine Fahrt vor einem Hindernis. „Das gibt´s doch gar nicht!“, rief ich aus, denn tatsächlich hatte jemand mitten auf der Straße einen riesigen Misthaufen aufgehäuft. Natürlich war der Misthaufen nicht mitten auf der Straße, sondern es lag an meiner Orientierungslosigkeit, die wiederum nicht nur am Nebel lag. Ich wendete mühsam und fuhr wieder zurück. „Kerstin“, sagte der innere Schweinehund, der nur auf solche Situationen wartet: „Sei vernünftig. Fahr nach Hause."

Wir haben über diesen Schwellenwärter schon gesprochen. Sie erinnern sich? Er will von uns wissen, ob wir gut vorbereitet sind, weil er eine Welt von der anderen trennt. Ich war wirklich nicht gut vorbereitet, doch verspürte ich ein Gefühl der Scham bei dem Gedanken, zu kneifen und meiner Patientin sagen zu müssen: „Ach, ich bin doch nicht hin", oder schlimmer noch: „An einem Misthaufen irgendwo in der Eifel habe ich aufgegeben."

Frisch entschlossen fuhr ich weiter. Die Straße wurde noch schmaler, es ging bergauf und bergab. Ich weiß nicht, ob es zu dieser Zeit schon Navis gab, ich hatte jedenfalls keines. Vermutlich hätte es auf dieser Route gar keinen Empfang gehabt. Die Straßenschilder, die hin und wieder im Scheinwerferlicht auftauchten, schienen mich im Kreis herumzuführen. Ich erinnerte mich an die Geschichte eines Patienten, der aus dem Wendland stammte. Dort sollte einmal das Endlager für Atommüll entstehen, was über Jahrzehnte für heftige Proteste sorgte. „Wir haben alle Straßenschilder umgedreht", hatte er mit Stolz in der Stimme berichtet. „Damit leiteten wir die Polizei in die Irre." Ob hier auch jemand Schilder umgedreht hatte? Vielleicht die kleinen Völker der Eifel, die Zwerge, die immer für einen Schabernack gut sind? Ich stieg auf die Bremse! Eben war ich an einem unscheinbaren Schild vorbeigekommen. Stand da nicht Kloster Himmerod drauf? Ich fuhr zurück und hurra! Da stand „Kloster Himmerod 5 Kilometer". Wenn niemand das Schild umgedreht hatte, dann näherte ich mich dem Ziel.

Auf einmal tauchte die Klosteranlage aus den Nebelschwaden auf und mich schauderte. Falls Sie die Verfilmung von Umberto Ecos Buch „Der Name der Rose" kennen, mit Sean Connery in der Rolle des Franziskaners William von Baskerville, der einen Mord in einer einsamen Abtei im italienischen Apennin aufklären muss: Das war mein erster Eindruck. Große Teile dieses Films wurden im Kloster Eberbach gedreht, ebenfalls eine ehemalige Zisterzienserabtei, nicht

weit entfernt, bei Eltville am Rhein. Kloster Himmerod, dachte ich mir, wäre auch eine gute Wahl gewesen.
Dann verdrängte ich dieses Gedanken und parkte mein Auto in der weitläufigen Anlage. Alles war dunkel und still. Wo war nur der Eingang? Die Pastorin hatte gesagt: „Ach ja, Kerstin, du gehst nicht auf das Haupttor zu, sondern zur Nebenpforte. Da klopfst du an." Ich holte meine Tasche aus dem Kofferraum und machte mich auf den Weg. Falls Sie einmal hierher kommen – womöglich in mein Meisterseminar, das ich inzwischen hier veranstalte –, werden Sie feststellen, wie idyllisch und einladend Kloster Himmerod auf die Besucher*innen wirkt. Doch damals, in tiefster Nacht, nach dieser endlosen Irrfahrt, war es mir etwas unheimlich. Auf einmal kam ich zu einer Holztür. War das die Nebenpforte? Ich wagte kaum zu klopfen und brauchte mich also nicht zu wundern, dass sich niemand rührte. „Also, Kerstin, reiß dich zusammen", mahnte ich mich. „Dieses Mal nimmst du die Faust und pochst gegen die Tür. Was ist bloß los mit dir?" Die Schläge hallten in der Stille. In der Tür öffnete sich ein Fensterchen und das Gesicht eines Mannes lugte hindurch. Gütiger Himmel, das war ja wirklich wie im Film! Nur dass mir nicht Sean Connery entgegensah, sondern ein Pater mit dicker Brille, die seine Augen im fahlen Licht winzig erscheinen ließen.

„Ich bin Kerstin und ich komme zum Seminar", rief ich ihm mit heller Stimme entgegen. Immerhin hatte ich meine Stimme nicht verloren.

Wortlos schloss der Pater das Fenster, dann passierte erst einmal gar nichts. Wenn Sie sich einen Schwellenwärter vorstellen wollen, haben Sie hier ein gutes Beispiel. Die Schwelle in die neue Welt zu übertreten, bedeutete für mich im sprichwörtlichen Sinne, dass sich diese Tür erst einmal öffnen sollte. Dazu musste der Schwellenwärter bereit sein. Dachte er darüber nach, ob er die Anwärterin zu testen hatte?

Als in „Der Herr der Ringe" die Gefährten um Hobbit Frodo zu den Minen von Moria gelangen, versperrt ihnen ebenfalls ein verschlossenes Tor den Weg. Es ist mit einem Zauberspruch belegt und öffnet sich nur für den, der das darin versteckte Rätsel löst. Der weise Zauberer Gandalf ist dazu nicht in der Lage, denn es ist der eigentliche Held der Geschichte, Frodo, der dieses Rätsel lösen muss. Das tut er mit Bravour, und die Tür öffnet sich. So gesehen, hatte ich es einfacher. Wahrscheinlich suchte der Pater nur nach dem Schlüssel. Auf einmal knarrte die alte Holztür und ging auf. Gesprächiger war er inzwischen allerdings nicht geworden.

„Komm!", sagte er nur, und ich übertrat die Schwelle. Es war ein wichtiger Schritt.

Weil wir in einem Buch nicht ausschließlich in einer erzählten Zeit verweilen müssen, sondern spielend leicht in die Zukunft blicken können, kann ich hinzufügen: Es war tatsächlich eine Schwelle, deren Überschreiten weitreichende Folgen für meine Zukunft haben sollte. Wie schon erwähnt, finden heute meine Meisterseminare im Kloster Himmerod statt. In einer Meisterklasse lernt eine ausgewählte Gruppe von weniger als dreißig Menschen mithilfe westlich geprägtem strategischem Coaching und Training, in Kombination mit schamanistischer Arbeit und spirituellen Techniken, das eigene Leben und die damit verbundenen Aufgaben auf eine neue Art zu begreifen und zu meistern. Nicht im Traum hätte ich damals, bevor ich diese Schwelle überschritt, daran gedacht, dass ich einmal zu etwas so Großem in der Lage sein könnte. Das ist auch das Schöne, Aufregende, immer wieder Belebende an unserem Dasein: Sobald wir auf Schwellenwärter treffen und Schwellen überschreiten, öffnen sich neue Wege vor uns, auf denen wir unser ganzes Potenzial entfalten können.

In den folgenden Wochen sollte diese Saat im Kloster gelegt werden. Es dauerte noch seine Zeit, bis sie erblühte, und in der Zwischenzeit fegte auch so mancher Sturm über sie hinweg. Trotzdem: Hier begann mein eigentlicher Weg, um aus mir die Brückenbauerin zwischen uraltem schamanischen Wissen und unserer modernen westlichen Welt zu machen.

Moment mal! Schrieb ich gerade „in den folgenden Wochen"? Es handelte sich doch um ein Wochenendseminar! Ich habe mich nicht verschrieben. Zwei Tage waren vorgesehen, doch ich blieb länger.

Mitten im Zweifel

„Laudes ist um 4:30 Uhr", sagte der Pater. „Zur Kapelle geht es außen herum und dann hinten rein."

Laudes? Ja natürlich, eine Erinnerung regte sich. Das Klosterleben ist streng getaktet, und die Laudes ist der Lobgesang am frühen Morgen, oder besser gesagt, fast noch mitten in der Nacht. Die gewählte Stunde ist nicht zufällig, wie nichts zufällig ist im Tagesablauf eines Klosters: Es ist die Stunde der Auferstehung Jesu. Eine Laudes kann sehr schön sein, weil darin die Sehnsucht der Seele nach Gott ihren Ausdruck findet. Damals, als der Pater mir diese Uhrzeit nannte, wusste ich von all dem noch nicht sehr viel. Gut möglich, dass ich den Gedanken hegte: „Das ist doch keine Uhrzeit, sondern eine Unzeit."

Ich sollte das Klosterleben besser kennenlernen: Nach der Laudes folgt die Terz, auf diese die Sext, dann die Non, die Vesper, und der Tag schloss mit der Komplet. Zumindest das Wort „Vesper" war mir ein Begriff, weil sich dieser lateinische Ausdruck im süddeutschen Raum und auch im Allgäu etabliert hat: Da vespern Menschen, wenn sie das Abendbrot zu sich nehmen. Im Kloster geschieht das durch das Gebet: So wird bei der Vesper für die Kirche gebetet und Psalmen und Bibelauszüge werden aus der Breve gelesen. Darin stehen päpstliche Erlasse, die bis ins Mittelalter zurückgehen. Wir müssen uns vorstellen, dass in früheren Zeiten Priester zu den am besten ausgebildeten Menschen im Staat zählten. So wurden alle Messen auf Latein gehalten, was die meisten gar nicht verstehen konnten. Die einfachen Leute wussten nicht, was man ihnen da von der Kanzel herunter erzählte, und diese Distanz zwischen Kirche und Volk wurde mit aller Macht über die

Jahrhunderte hinweg fortgesetzt. Auf Anregung von Philipp Melanchthon übersetzte Martin Luther im Jahr 1521 das Neue Testament ins Deutsche, in der sagenhaft schnellen Zeit von nur elf Wochen. Das setzte viel in Bewegung: Schon ein Jahr später führten eine Handvoll namhafter Städte die heilige Messe in deutscher Sprache durch. Im gleichen Jahr heirateten die ersten katholischen Priester und folgten damit Luthers Kritik am Zölibat. Natürlich zog das viel Ärger und schließlich auch Glaubenskriege nach sich, wie etwa den Dreißigjährigen Krieg. So begann der Monolith der katholischen Kirche stark zu wanken, wie er es im Moment wieder tut. Für mich war das jedoch noch Neuland.

Allerdings bekam ich in derselben Nacht eine Ahnung davon, wie katholische Würdenträger hinter dicken Klostermauern zu leben pflegten. Zufall oder Schicksal, wies mir der Pater als Unterkunft ausgerechnet die Gemächer zu, in denen der Bischof wohnte, wenn er das Kloster besuchte. Ich hatte mit einem spartanischen Kämmerchen gerechnet, stattdessen umgab mich eine mondäne Welt wie in einer Hotelsuite. Nur die Temperatur war so niedrig wie überall. Es war eiskalt und ich war froh, neben den dicken Wollsocken meinen geliebten Schlafanzug aus Frottee eingepackt zu haben. Ich schlüpfte hinein, war aber zu aufgeregt, um zu schlafen. Einen Fernseher gab es nicht, ein Radio auch nicht, mein Handy empfing keine Signale – was das anging, waren die Bischofsräume anspruchslos. Neben dem Bett entdeckte ich einen kleinen Nachtschrank, und tatsächlich enthielt er eine Ausgabe der Bibel, wenn auch leicht angestaubt. Sollte ich das Buch öffnen? Ich hatte wirklich Angst davor! Als ich es tat, schlug ich gleich die Seiten auf, die alle Ängste bestätigten. Denn es fängt schon in der Genesis an: Eines der ersten Geschehnisse, über die berichtet wird, ist ein Brudermord. Kain ermordet seinen Bruder Abel. Wer zum Buch des Propheten Ezechiel gelangt, muss sich über Albträume danach nicht wundern: Da wird getötet, vergewaltigt und gebrandschatzt, und ein zorniger Gott spricht: „Euer Auge soll kein Mitleid zeigen, gewährt keine Schonung!" (Buch Ezechiel 9,5)

Da war ich also, in einem Kloster, in dem ich nicht sein wollte, mit der Bibel in der Hand, vor der ich mich fürchtete, in eiskalter Nacht. Dachte ich: „Kerstin, was tust du hier?“ Ja, das tat ich!

Ich hätte mir auch denken können: „Okay, halt den Ball flach! Diese schrecklichen Texte sind oft mehr als zweitausend Jahre alt. Einige davon wurden schon etwa fünfhundert Jahre vor Platon, Sokrates und Aristoteles aufgeschrieben. Was kümmern sie dich?“ Aber nein, das dachte ich nicht. Mein ehrlicher Gedanke war, als ich das Buch zuschlug und zurück in den Nachttisch schob: „Gott! Was bist du für eine große Herausforderung!“

Ein Held muss Zweifel haben. Das ist wichtig. Nur über den Zweifel stellt er die kritischen Fragen ans Leben. Wenn Sie der Held oder die Heldin Ihres Lebens werden wollen, dann nicht, weil darin schon alles Friede, Freude, Eierkuchen ist. Die Menschen, die zu mir kommen, haben jede Menge Zweifel, jede Menge kritische Fragen, und das ist gut so. Jesus hatte viele Zweifel. Manchmal verzweifelte er an seiner Umwelt. Martin Luther hatte Zweifel. Er zweifelte den Ablasshandel an, mit dem die katholische Kirche im Mittelalter sehr reich wurde. Wer Ablass bezahlt, so hieß es, erspart sich Jahre im Fegefeuer. Luther sah das kritisch, weil seiner Ansicht nach dem Menschen so der Weg zu Buße verwehrt blieb. Er hatte auch Zweifel am Zölibat, und er hatte Zweifel daran, dass die Mehrheit der Menschen nicht wissen sollte, wovon die Priester in den Kirche sprachen, weil sie das auf Latein taten. Oder nehmen wir Martin Luther King. Er hatte Zweifel an der Rassentrennung in den USA und daran, dass es in Ordnung sei, Afroamerikaner*innen zu unterdrücken. Mahatma Gandhi zweifelte an der britischen Herrschaft über Indien. Willy Brandt zweifelte daran, dass die deutsche Teilung für immer und ewig sein sollte. Ohne Menschen mit Zweifel gäbe es keinen Fortschritt. In dieser Nacht hatte ich ebenfalls große Zweifel, und auch in den Tagen und Nächten, die folgen sollten. Das Gute daran ist, dass uns Zweifel der Wahrheit näher bringen – allerdings nur, wenn wir

Jesus hatte viele Zweifel.

offen sind und uns nicht hinter Meinungen verstecken. Wer das tut, kommt niemals weit.

„Gott! Was bist du für eine große Herausforderung!", hatte ich gedacht und noch im selben Augenblick den Gedanken weitergesponnen: „Kerstin! Was bist denn du für eine Herausforderung!" Im Rückblick liest sich das schön stringent, doch ich kann Ihnen versichern: In den eiskalten Gemächern des Bischofs kamen mir die Tränen über meine Unzulänglichkeit.

Schon als ich dem Pater gefolgt war, der mir die Unterkunft zeigen wollte und auf leisen Gummisohlen nahezu unhörbar vor mir zu schweben schien, während ich meine eigenen Schritte als trampelig empfand, hatte ich gedacht: „Kerstin, du bist so eine laute Frau!" Das war ich zu dieser Zeit, auch wenn nun vielleicht der eine oder andere schmunzelnd hinzufügt: „Leise bist du auch heute nicht." Ich war damals laut in einem anderen Sinn. Ich hatte schon einiges zu geben, doch noch stülpte ich es anderen Menschen über. Keine gute Idee, würde ich heute sagen, doch damals dominierten bei mir Sturm und Drang. Und jetzt, auf dem rotsamtenen Überzug des uralten bischöflichen Bettes sitzend, nahmen mich diese Gedanken ebenfalls im Sturm: „Du gehörst hier nicht her, Kerstin. Das ist der Ort, an dem es keinen Sex vor der Ehe gibt. Und warst du nicht gerade letzte Woche auf dem Tantra-Seminar?" Und auch wenn ich oft rund um die Uhr schuftete: Wie man auf einer Party richtig feierte, wusste ich schon auch.

Schreibe ich das heute nieder, spüre ich ein Gefühl tiefer Trauer, weil wir inzwischen viel besser wissen als damals, was sich hinter Klostermauern alles abgespielt hat. In dieser Nacht konnte ich die Negativspirale meiner Gedanken nicht durchbrechen, im Gegenteil: „Der Pater eben, der war so in sich gekehrt wie ein Zen-Mönch, und du? Hast auch schon Zen-Seminare absolviert, aber was brachten sie dir ein?" Habe ich davon gesprochen, dass der Held Zweifel haben darf, ja, Zweifel haben muss – in dieser Nacht hatte ich genug für ein ganzes Dutzend Held*innen. Ich stellte alles an mir infrage.

Am Ende resultierte daraus ein Fluchtgedanke: „Nichts wie weg", schoss es mir durch den Kopf. „Am besten gleich, wenn es hell wird. Schließlich kennst du die enge Straße und die ist inzwischen nicht besser geworden!"

Ich sehe mich noch dort sitzen auf dem Bett des Bischofs, eine junge Frau mit vielen Fragen und wenig Antworten, in einem Frottee-Schlafanzug, der sie nicht mehr wärmen konnte. Ich sehe, wie sie sich an diesen einen Gedanken klammert: „Abhauen, so schnell wie möglich, und dann geht das Leben schon irgendwie weiter." Ich weiß, dass sie damals schon wusste, das Abhauen nur eine große Selbstlüge ist. Wenn wir uns mitten im Zweifel befinden, gibt es keinen Weg zurück. Die Menschen, die zu mir kommen, ahnen, dass es nur eine Richtung geben kann, und die führt nach vorne, so schmerzhaft dieser Prozess auch ist. Ich gebe dann die Richtung vor, damit niemand dabei abstürzt. So wie die Leitplanken an der schmalen Straße auf dem Weg zum Kloster mir die Richtung vorgegeben hatten.

Und dann riss mich etwas so Profanes aus dem Gedankenkarussell, dass ich heute herzlich darüber lachen kann. Punkt vier Uhr rauschten überall WC-Spülungen. Eine halbe Stunde vor Laudes konnte ich auf einmal Leben um mich herum spüren. Noch hatte mich die Furcht im Griff: „Da gehst du jetzt aber nicht hin", doch sie hatte schon etwas von ihrer Macht eingebüßt. Eine andere Stimme wurde laut: „Ach, Kerstin, du bist doch immer neugierig! Das wird dir gefallen!" Auf einmal erhob ich mich, schüttelte mich wie eine Katze und zog meine Jeans über die Schlafanzughose. Ich kramte meinen dicksten Pulli aus der Tasche, zog eine Jacke darüber, und zur Sicherheit gleich noch eine. Als ich vorsichtig die Tür öffnete und in den leeren Gang spähte, muss ich wohl ausgesehen haben wie das Michelin-Männchen. Ein Michelin-Männchen, das keine Ahnung hatte, wohin der Weg führte. In diesem Augenblick bog Jesus um die Ecke: ein junger Mann in einem weiten Gewand, barfuß in diesen Schlappen, die man zu dieser Zeit auch Jesus-Schlappen nannte, mit langen Haaren, einem Bart und den freundlichsten Augen, die mich seit langer Zeit angeblickt hatten.

„Hi", sagte Jesus. „Ich bin Ilko[4]. Und wer bist du?" So eine normale menschliche Begegnung hatte ich nicht auf dem Schirm. Er stellte mich gleich allen anderen vor, und ich fand es bemerkenswert, dass diese jungen Menschen so tief und offen an Gott glaubten und das Gebet regelmäßig praktizierten. In meinem damaligen Bewusstsein kannte ich nur ältere Leute, die in tiefer Liebe zu Jesus und Gott lebten.

---

4 Name geändert

DEMUT UND ERLEUCHTUNG

Unkontrolliert wandeln Gedanken zwischen Vergangenem und Zukünftigem. Halten wir uns aber in der Gegenwart auf, leben wir wahrhaftig.

Über den Begriff der Demut ist schon so viel geschrieben worden, dass sich ganze Bibliotheken damit füllen lassen. Seltsam nur, warum die Menschen trotzdem zu mir kommen und wissen wollen: „Kerstin, was genau ist Demut und wie fühlt sie sich an? Du bist derart die Inkarnation von Demut – das hast du doch nicht im Schlaf erreicht." Allein, wenn Sie die letzten Kapitel aufmerksam gelesen haben, wissen Sie bereits: Im Schlaf habe ich gar nichts erreicht, auch Demut nicht. Selbst da gilt die bekannte Regel: Gemütlich wird das Große nicht erreicht, sondern nur, wenn wir uns ganz geben. Alles beginnt mit der Frage: Warum kommen die Menschen zu mir? Ihr Potenzial steckt schließlich schon in ihnen. Ich zaubere es nicht in sie hinein. Ich helfe bloß, es zu entfalten und in die Sichtbarkeit zu bringen. Und schon sind wir bei der Demut: Es braucht Demut, um zu ertragen, was man eigentlich schon ist, um die inneren Widerstände und Schwellen zu überwinden, damit man der Welt da draußen zu zeigen vermag: „Siehe Welt, so strahle ich."

Dieser Prozess benötigt Demut. Denn ohne Demut wird der Glanz sehr matt ausfallen und nicht von langer Dauer sein. Beispiele solcher Menschen mit mattem Glanz finden Sie viele in der medialen Welt: Da taucht jemand eine Zeitlang im Rampenlicht auf und verschwindet wieder, als hätte es ihn nie gegeben. Meist ist mangelnde Demut der Grund dafür. Meine besten Lehrer*innen mit dem umfassendsten Wissen waren auch stets die demütigsten Menschen. Reichtum entsteht durch Geben und durch die Demut, selbst Gaben anzunehmen. Wenn Menschen mit offenem Herzen in der Demut sind, kann sie niemand mehr irritieren oder verletzen. Demut ist Erdung im wahrsten Sinne des Wortes: Hören Sie sich Gespräche von Astronauten an, die unsere Erde umkreisten – aus ihnen spricht gleichzeitig die tiefste Demut und die tiefste Liebe zur Schöpfung.

An jenem Morgen bei der Laudes im Kloster Himmerod erlebte ich diesen Gnadenakt tiefster Demut. Gut möglich, dass es geschehen konnte, weil ich erschöpft war und keinen Widerstand mehr aufzubieten hatte. Ilko, den ich wirklich für einen Moment für Jesus gehalten hatte und der darüber herzlich lachen konnte, als ich ihm das sagte, nahm mich Michelin-Männchen unter seine Fittiche und wies mir den Weg zur Kapelle. „Außen herum und hinten rein" hätte ich in meinem Zustand auf mich alleine gestellt auch nicht gefunden. Da haben wir bereits ein simples Beispiel dafür, dass Reichtum entsteht durch Geben und die Demut, Gaben anzunehmen. Ilko war schon eine Zeit lang im Kloster und kannte sich gut aus. Er hatte mir etwas zu geben. Ich war bereit, diese Gabe anzunehmen, und sie führte zu Reichtum im allerbesten Sinne.

Bevor ich es vergesse: Dass ich keinen Widerstand mehr leistete, war in der Tat wichtig. Kaum waren wir in der Kapelle, begann die Laudes und es hieß, uns hinzuknien. Noch verband ich das Knien mit Unterwerfung, bedingt durch meine Erfahrungen aus Kindheit und Jugend. Das hätte schon genügen können, um trotzig zu reagieren: Ich knie nicht! Das Wort „trotzig", das in früheren Jahrhunderten einmal „wagemutig" und „kühn" bedeutete, verkörpert heute eher das Gegenteil, weil der Trotzkopf starrsinnig im Status quo verweilt. Und so ist Trotz der Feind der Demut. Wer trotzig ist, bleibt ein Kind und wird niemals in die Demut gelangen.

Und so kniete ich mich wahrhaft nieder. Vielleicht dachte ich noch, dass die beiden Jacken über dem Pulli gar nicht gegen die Kälte reichen, doch dann war auch dieser Gedanke weg. Auf einmal war da nur noch Zustimmung: Ja, es ist kalt. Ja, ich knie. Ja, das ist die Urform des Betens.

Demut – Stille – Eins

Ja zu dem, was ist! In diesem wahren Moment kam etwas über mich, das ich heute Jesus nenne. Als ummantelte mich ein helles, nie da gewesenes Licht. Demut - Stille - Eins.

Ein Moment des Einswerdens

„Ah, du wurdest also erleuchtet!" Wie oft ich das später hörte, wenn ich von dieser Begebenheit erzählte! Kaum ein Begriff wird so missverständlich verwendet wie die Mär von der Erleuchtung. Es lohnt sich, da sehr genau hinzuschauen. Wissen Sie, was Jesus, Buddha und alle großen Weisen, die ihrem Weg folgten, vereint? Die tiefe Erkenntnis, dass alles beseelt ist! Franz von Assisi nannte jede Kreatur „Schwester" oder „Bruder". In seinem „Sonnengesang" verband er das Wunder der Schöpfung mit dem Lob Gottes. Er wandelte auf den Spuren von Jesus, der niemals gesagt hat, dass wir uns die Erde untertan machen sollen. Jesus sprach Aramäisch, was in der Region des heutigen Irak, Iran, Israel, Libanon, Syrien und der Türkei die damalige Alltagssprache war. Seine Worte wurden ins Griechische, dann ins Lateinische und schließlich auch ins Deutsche übersetzt. Ungewollt, und oft auch gewollt, wurde da viel verändert. Und doch können wir in den Zeilen und zwischen den Zeilen seinen Unmut erkennen, dass schon damals viele seiner Zeitgenossen glaubten, nicht ohne noch mehr weltliche Genüsse existieren zu können. Im Buddhismus nennt man das „Anhaftung" - und diese führt zu Leiden. Wie man sich davon befreien kann, beschreibt der „Edle Achtfache Pfad". Wer diesen Pfad bis zum Ende beschreitet, beendet den Kreislauf der Reinkarnation, erreicht den Zustand der Erleuchtung und wird selbst zum Buddha.

In japanischen Zen-Klöstern lautet der Begriff für Erleuchtung „Satori“. Satori wird als eine so große Dimension beschrieben, dass unvorbereitete Menschen daran zerbrechen können. Deshalb gibt es viele vorbereitende Aufgaben und viele Schwellen, die es zu überwinden gilt. Bei jedem neuen Übergang fragen die Schwellenwärter: „Hast du deine Hausaufgaben gemacht? Bist du bereit für den nächsten Schritt?“ Erst wenn das geklärt ist, lassen sie zu, dass die Schwelle überschritten werden kann. Das ist sehr wichtig: Schwellenwärter sind nicht unsere Gegner, auch wenn es sich manchmal so anfühlt, denn wer hört schon gerne, wenn einer sagt: „Du kommst da nicht rein.“ Stattdessen sind sie unsere Freunde. Sie beschützen uns davor, einen Raum zu betreten, der für uns noch zu viele Gefahren beinhaltet.

Aus diesem Grund gibt es bei mir eine Meisterklasse. Weil Meister eben nicht vom Himmel fallen, sondern gemacht werden, Schritt für Schritt, Schwelle für Schwelle.

Es gibt viele Berichte darüber, dass Satori durch einen Klang ausgelöst wird. Wir haben schon angesprochen, dass das Universum auf Klang, Rhythmus und Schwingungen aufgebaut ist, und Sie erinnern sich sicher an die Worte im Johannes-Evangelium: „Im Anfang war das Wort, und das Wort war bei Gott, und Gott war das Wort.“ Dieses Wort ist Klang, und genauso erlebte ich es an jenem frühen Morgen in der Kapelle des Klosters Himmerod. Jesus kam über mich, als wir die ersten Worte des Gebetes sprachen: „Das ist dein Tag, Herr Jesus Christ / der Tag, von deinem Glanz erhellt / da du vom Tod erstanden bist / als König der erlösten Welt.“

Diese Worte waren Klang, gleichzusetzen mit dem Ur-Ton aus den Upanischaden, der alles in Bewegung setzt. Es war das Licht und der Moment des Einswerdens und die vollkommene Verschmelzung mit dem, was Gott ist – und meine Demut wurde derart intensiv, dass ich nie wieder das Wort Gott einfach so aussprechen wollte, dass ich nie wieder banal über Jesus sprechen möchte. Die Dimension war wirklich so groß, dass sie kaum auszuhalten ist. Offenbar hatte ich aber meine Hausaufgaben gemacht und genügend Schwellen überwunden, um darauf vorbereitet zu sein.

Im Zen-Buddhismus wird auf dem langen Weg zum Satori oft das Herz-Sutra rezitiert. Es spielt keine Rolle, ob wir das auf Altjapanisch tun wie Zen-Mönche oder in einer anderen Sprache, weil der Sinn auch hier im Klang verborgen ist. Daher ist die Wiederholung wichtig, denn das höchste Erleben im Zen-Buddhismus ist die intensive Erfahrung des Augenblicks. Dieser Zustand vollkommener Weisheit heißt in Sanskrit *Prajnaparamita*. In ihm gibt es keine geistigen Hindernisse mehr, keine verzerrten Sichtweisen und Verblendungen, keine Falschheit, keinen Neid, keine Angst. *Anuttara Samyak Sambodhi* – die alles durchdringende, vollkommene Erleuchtung des Buddha. Es ist ein Augenblick völliger Stille, die nicht still ist.

Es ist ein Augenblick völliger Stille, die nicht still ist.

Wir können Ausflüge in den Buddhismus machen, wir können Ausflüge in den Hinduismus machen, in den Islam, das Christentum, ins Judentum; wir können ins alte Ägypten reisen, nach West-, Zentral-, Ost- oder Südafrika, nach Nord- oder Südamerika oder nach Ozeanien: Überall wird der Schöpfungsakt der Erleuchtung angestrebt, und überall ist die Demut die Voraussetzung dafür. Aus diesem Grund entstand im Christentum sehr früh das Jesus-Gebet. Seine Wurzeln reichen ins dritte Jahrhundert zurück, als viele Frauen und Männer aufgrund der Christenverfolgungen in die Wüste fliehen mussten. Dort entwickelte unter anderem der Asket Euagrios Pontikos das Jesusgebet, um spirituelle Erfahrung zu vermitteln. Ihm ging es um das „reine Gebet", das ohne Gedanken, Bilder oder eine Vorstellung von Gott auskommt. Er verlangte nach der Aufmerksamkeit im Herzen und – da sind wir nicht überrascht – nach der Wiederholung. Es ist spannend, dass sich aus diesem reinen Gebet biblische Stoßgebete wie „Jesus Christus, erbarme dich meiner!" entwickelt haben. Nie sind wir aufmerksamer und bereiter zur Wiederholung als in Augenblicken, in denen wir ein Stoßgebet sprechen.

Dort in der Kapelle, in der Kälte, mit Schmerzen im Rücken und in den Beinen vom Niederknien, war mein Herz aufmerksam und ich bereit für die Wiederholung. Ich hatte jeden Widerstand abgelegt, Zweifel gab es keine mehr: „Das ist dein Tag, Herr Jesus Christ / der Tag, von deinem Glanz erhellt." In diesem Moment wurde ich berufen. Von da an war ich nie wieder dieselbe.

In diesem Moment wurde ich berufen.

Kloster auf Zeit

Doch noch einmal zurück: Wie schon erwähnt, habe ich mein Einswerden mit dem Universum und meine Berufung zu dem, was ich heute bin, als Exkurs aus der chronologischen Abfolge meines Lebens herausgenommen. Sie erinnern sich: Ich wollte ja gerade ins Auto steigen und ins Allgäu fahren, weil ich die Diagnose Brustkrebs bekommen hatte. Davor hatte ich mich halb zu Tode geschuftet und mich selbst vernachlässigt. Drängt sich da nicht die Frage auf: „Moment mal, Kerstin, ein paar Jahre zuvor hast du Erleuchtung erfahren? Und dann dieser Absturz? Wie passt das zusammen?"

Es passt zusammen. Satori ist ein Momentum – also etwas, das geschieht, dabei viel offenbart und eine Bewegung auslöst. Was in der katholischen Kirche wohl nicht vorkommt, sehr wohl aber im Zen-Buddhismus, ist die Tatsache, dass Mönche nach ihrer Erleuchtung häufig das Kosterleben gegen ein ziviles Leben eintauschen. Sie gründen eine Familie und ergreifen einen Beruf. In diesem „neuen Leben" werden sie neue Hürden zu überwinden haben und Zeiten erleben, in denen sie alles andere als „erleuchtet" durch die Gegend irren. Das ist aber gleichgültig im besten Sinne dieses Wortes: Denn sie haben die Urkraft der Schöpfung erfahren und werden in diesem Vertrauen auch das neue Leben meistern, komme, was wolle. Das werden sie in aller Demut tun, und darum geht es: Nur in Demut ist Erleuchtung möglich und zu ertragen. Um somit die Fragen vom Anfang des Kapitels aufzugreifen, was Demut ist und wie sie sich anfühlt: Ich habe die wahre Demut nicht im Schlaf erreicht, sondern im tiefen Gebet. Es fühlt sich wunderbar an – nach nichts und nach allem. Viel besser werden die Worte, die wir zur Verfügung haben, diesen Zustand nicht beschreiben können. Das ist ebenfalls gleichgültig. Streben Sie den Zustand der Demut an und Sie werden es selbst spüren. Ab diesem Zeitpunkt kommt man vielleicht noch vom Weg ab, aber man vergisst niemals mehr das Licht. Es bringt einen auch auf Umwegen wieder zurück zum Ziel.

Nur in Demut ist Erleuchtung möglich und zu ertragen.

An diesem Morgen machte ich noch eine weitere spannende Erfahrung: Schon als die Mönche in die Kapelle einzogen, fühlte ich ihren Herzenswunsch, Jesus zu dienen. Da war nichts von all den Dingen, über die wir heute so oft lesen, wenn wir etwas über die Kirche lesen. Als wenig später die meisten Gebete auf Lateinisch gesprochen wurden, wurde mir klar, dass ich diese Sprache nicht kennen muss, um die Tiefe des Gebets zu verstehen. Denn das Wort ist der Urklang, und ihn verstehen wir nicht über die Fähigkeit, eine Fremdsprache zu sprechen, sondern allein über die Seele. Später dachte ich: „Womöglich entsprach die Gewohnheit im Mittelalter, Messen auf Lateinisch zu lesen, gar nicht so sehr dem Wunsch, das Volk vom Wissen zu trennen, womöglich entsprach sie eher dem Wunsch, dass die Menschen allein mit der Seele lauschen.“ Hätte mir in diesem Augenblick Jesus den Auftrag in die Seele gesprochen: „Hier sollst du mir ein Haus bauen!“, wie es bei Luitgard von Wittichen der Fall gewesen ist, ich hätte es getan. Doch meine Aufgabe sollte eine andere sein, unserer Zeit des 21. Jahrhunderts angepasst: Zur Brückenbauerin sollte ich werden, um modernes Wissen mit schamanischen Wissen zum Wohle der Menschen zu verknüpfen.

Dabei kommt mir zugute, dass ich Menschen liebe und die Gemeinschaft von Menschen liebe. Dieses Gefühl überwog und nicht das Gefühl, mich ins Kloster zurückzuziehen oder ein Leben als Kanonissin zu führen, indem ich in ein weltliches Frauenstift ohne Ordensgelübde eintrat.

Bevor ich mich mit all diesen Fragen beschäftigte, machte ich aus dem Wochenende im Kloster ein verlängertes Wochenende im Kloster, aus dem dann mehrere Wochen wurden, obwohl ich eine Menge Termine kurzfristig dafür absagen musste. Ilko gab mir auf die Schnelle die nötigen Tipps: „Du kannst dir eine Arbeit aussuchen: Es gibt die Gärtnerei, es gibt eine Fischräucherei für Hechte, Schleien, Karpfen, und dann gibt es noch …" – und nachdem das alles geklärt war, stand meinem Aufenthalt nichts im Weg. Immer wieder zog es mich in den kommenden Tagen zur Kapelle. Ich habe schon angesprochen, dass es nicht leicht ist, ein Bild von Jesus zu finden, auf dem er freundlich und uns Menschen zugewandt wirkt. Bei dem Bild in der Kapelle war das der Fall. Außerdem gibt es eine weiße Jesus-Statue im hinteren Bereich des Gartens, gleich vor der kleinen Kapelle. Vor dieser Kapelle steht diese beeindruckende weiße Skulptur von Jesus aus Sandstein gehauen, und allein diese strahlte seine umfassende Liebe aus. Sie wurde zum Vorbild des Aufstellers, der mir auf allen Seminaren zur Seite steht. In ihm ist die Energie gespeichert, die ich in jenen Tagen im Kloster Himmerod spüren durfte.

Es versteht sich von selbst, dass ich von diesem Zeitpunkt an immer wieder ins Kloster ging, meist zwei- bis dreimal im Jahr. Das ist für jeden Menschen eine wunderbare Möglichkeit, um sich eine Auszeit vom Alltag zu nehmen. „Kloster auf Zeit" nennt sich dieses Angebot. In der Abtei „Unsere Liebe Frau" Himmerod, so der ursprüngliche Name des Klosters, widmet man sich der Meditation. Es gibt Meditationswochenenden und die „Himmeroder Meditationsnächte" mit Meditationsstationen rund um die Abtei, mit Gebeten, Musik und Taizé-Gesängen. Diese Abende enden meist mit einer Eucharistiefeier. In anderen Klöstern, wie etwa in Untermarchtal, finden auch Musikwochenenden und Tanztage, Yoga oder Exerzitien statt. Die Abtei Oberschönenfeld bietet Ikonen-Malkurse und in der Abtei zur Heiligen Maria in Fulda arbeiten Gäste im historischen Kräutergarten mit. Ich selbst veranstalte im Kloster Himmerod meine Meisterklasse. Bis es allerdings so weit kommen konnte – Erleuchtung hin oder her – musste ich noch einen weiten und steinigen Weg zurücklegen.

HEILUNG

Wenn du nicht weißt, worauf du im Leben ausgerichtet bist, was wirst du dann wohl vom Leben erhalten?

Ich war voller aufgewühlter Gefühle, als ich mich dem Allgäu näherte. Die Berge hatten vor Jahren eine große Sehnsucht nach der unverfälschten und rauen Natur in mir wachgerufen. Oft hatte ich in der Zeit, in der ich in der Klinik von Dr. B. gearbeitet hatte, Wanderungen unternommen. Unter der Woche ganz und gar für die Patient*innen da zu sein, am Wochenende aber raus in die Natur – was konnte schöner sein? Im „Ruhepunkt" hatte ich diesen Ausgleich verloren. Da hatte ich ständig, auch samstags und sonntags, unter Strom gestanden, und an allen Feiertagen ebenfalls. „Deshalb kommst du jetzt als Patientin zurück und nicht als Therapeutin." Dieser Gedanke wollte mich nicht mehr verlassen. Ein Tumor, eine Tumordiagnose und diese Frage nach dem Warum, die sich unerbittlich zwischen alle anderen Gedanken schiebt.

Warum? Warum ich? Warum ich schon wieder? Es war schließlich nicht das erste Mal, dass ich eine niederschmetternde Diagnose erhalten hatte. Also: Warum? Fragen, die sich täglich Millionen von Menschen stellen, und doch spürt jede*r den eigenen Schmerz.

Ein ganz normaler Mensch

Ich erzähle Ihnen so offen und ehrlich von meinen Ängsten und Zweifeln in der damaligen Zeit, damit Sie verstehen, dass auch eine Schamanin ein ganz normaler Mensch sein kann. Wie auch die Frau, die an der Spitze eines großen Unternehmens steht, ein ganz normaler Mensch ist. Selbst diese außergewöhnliche Kombination aus Schamanin und CEO, wie ich sie verkörpere, ist ein ganz normaler Mensch. Gut, ich gebe zu: Vielleicht ist sie das nicht immer. Wer mich in den Seminaren erlebt, weiß, dass sich Übersinnliches und Hellsichtiges nicht in die Kategorie „normal" einordnen lassen. Doch in den Zeiten außerhalb meiner vielschichtigen Tätigkeiten, wenn ich für meine Familie da bin, mit meinen Hunden im Wald spaziere, mit Freunden ein Glas Wein trinke, bin ich ein Mensch wie jeder andere. Und Sie dürfen mir gerne glauben: Auch Jesus war ein ganz normaler Mensch, der lachte und weinte, Pläne schmiedete und womöglich flirtete, der gerne mit Freunden zusammen war, und mit der Familie. Die Geschichtsschreibung unterschlägt das gerne, und dem möchte ich einen Riegel vorschieben: Wenn Gurus und Heiler*innen, Anführer*innen und Visionär*innen keine normalen Menschen wären – wie um alles in der Welt sollten sie andere Menschen etwas lehren? Wie sollten sie Menschen führen? Wie sollten sie neue Ideen verbreiten? Oder bahnbrechende Entwicklungen?

Natürlich gibt es darunter abschreckende Beispiele von Gurus aller Art, die ihre Position missbrauchten. Die sich selbst künstlich erhöhten, was man nur tut, wenn man sich im Grunde seines Herzens klein fühlt. Wie Sie inzwischen wissen, gibt es ein spirituelles Ego, das wir uns wie einen störrischen Esel vorstellen können. Er schreit am lautesten, wenn ihn das Ego übermannt. Echte Anführer*innen haben so etwas nicht nötig. In diese Egofalle hätte ich ebenfalls tappen können. In den Wochen und Monaten, die kommen sollten, fand ich den Grund für den Tumor heraus: Er war auf das Ego zurückzuführen. „Ich will, ich will, ich will" – darauf ließ sich mein Leben rund um den „Ruhepunkt“ zusammenfassen. Dabei steckte in „Ich will“ gar nichts Negatives, denn ich wollte nur Gutes: „Ich will meinen Patient*innen helfen, und ja, ich will allen Menschen auf dieser Welt helfen! Ich will noch viel mehr lernen, und ja, ich will alle Fortbildungen dieser Welt absolvieren!“ Aber das Gegenteil von gut ist gut gemeint. Sehen Sie, was der störrische Egoesel macht? Er ist davon überzeugt, dass er das Richtige tut, und niemand auf der Welt ihn davon abbringen kann. Er ist das, was wir beratungsresistent nennen. Er ist der Besserwisser in Reinform, denn niemand weiß es schließlich besser als er selbst. Was tut dann unser Körper, wenn er merkt, wie das Ego an die Wand fährt? Er zieht die Notbremse. Das gelingt ihm am einfachsten dort, wo wir schon anfällig sind. Bei vielen Menschen ist das der Rücken – bei so vielen Menschen, dass mir als Physiotherapeutin die Arbeit niemals ausging. Bei anderen kann es das Herz sein. Bei mir war der schwächste Punkt, dass ich mich als eine Frau zweiter Klasse fühlte. Schließlich konnte ich keine Kinder zur Welt bringen und würde wohl niemals eine eigene Familie gründen. Der Tumor wusste, wo er sich einnisten konnte.

Für mich persönlich kam es nicht infrage, eine künstliche Befruchtung vornehmen zu lassen. Ich weiß, dass die Natur ihre Gesetze hat, die stärksten und gesündesten Zellen unter Millionen und mehr Zellen auszusuchen. Ich wollte nicht, dass dies ein Mensch für mich tut. Dennoch gibt es zahlreiche Frauen und Männer, die sich anders entscheiden und damit wertvolles Leben schenken!

Reinigungsprozess

Dr. B. leitete inzwischen eine Klinik in Rosenheim. Diese Stadt mit ihrem prächtigen Ausblick aufs Kaisergebirge und Hochries sollte für die nächsten Wochen meine Heimstatt sein, der Ort meiner Gesundung. Ob der schöne Name jetzt auf Rösser zurückzuführen ist, wie manche glauben, oder doch auf die Rose, mag ich nicht zu beantworten. Jedenfalls haben die Schiffer voriger Jahrhunderte, die auf dem Fluss Inn unterwegs waren, die Stadt als „Heimat der Rosen" bezeichnet. Und da diese Blume sehr viel älter ist als die Menschheit, ist es auch kein Wunder, dass ihre Heilkräfte schon früh beschrieben wurden, unter anderem bei Angstzuständen, Traurigkeit und depressiven Verstimmungen. So gesehen, war jemand wie ich, die die Kräuterheilkunde liebt und gerne anwendet, in Rosenheim am richtigen Ort.

Die vielen Menschen, die zu mir in den „Ruhepunkt" gekommen sind, klagten über Beschwerden jeglicher Art: Die einen litten unter Kopfschmerzen, waren chronisch müde oder hatten Verstopfung. Der Rücken schmerzte, der Nacken war verspannt, die Haut unrein. Nasen und Augen liefen, sobald ein paar Blüten in der Luft waren oder Hausstaub sich ausbreitete. Andere hatten Magengeschwüre, Beschwerden in der Leber, der Gallenblase, der Bauchspeicheldrüse. Es gab viele Fälle von Migräne oder, wie bei mir, von Tumoren. Was haben diese Krankheiten gemeinsam? Sie sind ein Stadium – und manchmal, wie Krebs, sogar das Endstadium – einer Übersäuerung des Körpers. Davon wusste ich, weil Dr. B. zu seiner Zeit unter den ersten Ärzten war, die nachgewiesen haben, dass dieses gestörte Säure-Basen-Gleichgewicht zu den gefährlichsten Zivilisationskrankheiten zählt.

Eine Zivilisationskrankheit entsteht durch unsere Lebensgewohnheiten – und damit meist durch falsche Ernährung. Das ist die Krux der menschlichen Historie: Wir freuen uns über den wachsenden Wohlstand, gleichzeitig hat er auch seine Schattenseiten. Wie immer zeigt die duale Welt beide Seiten der Medaille auf. Die wenigsten Menschen in der westlichen Welt müssen unter Aufbietung ihrer letzten Körperkräfte Tag für Tag harte Arbeit leisten. So war es in den Jahrhunderten davor gewesen. Trotzdem ernähren sich viele Menschen so, als ob sie das noch immer täte: Sie essen sehr eiweißreich und sehr zuckerlastig oder nehmen zu viel Fertignahrung zu sich, was zu einer Überflutung des Körpers mit Säure führt.

Das sind chemische Verbindungen, die Wasserstoff enthalten und dazu neigen, Salze zu bilden. Am Anfang wird der Organismus noch damit fertig, aber es stellt sich vielleicht Sodbrennen ein oder ein unerklärlicher Durchfall. Dann wird die Sache ernster: Es entstehen Krankheitsbilder wie oben geschildert, zu denen sich auch Rheuma und Arthrose gesellen. Heute weiß man, dass jede Krankheit durch Säure im Körper gefördert wird. Man weiß aber auch, dass rasche Besserung eintritt, wenn das Grundübel behandelt wird.

Abgesehen vom Säureschutzmantel der Haut, der hilft, Krankheitserreger abzuwehren, und unserem Magen, der mit Salzsäure die Verdauung bewältigt, sollte ein Mensch überhaupt nicht sauer sein. Unser Organismus funktioniert am besten im neutralen und basischen Bereich. Für viele Menschen ist allerdings erstaunlich, dass ausgerechnet Süßigkeiten sauer machen, Orangen und Zitronen aber vom Stoffwechsel her einen basischen Schub hervorbringen. Über all das hatte Dr. B. früher als andere bahnbrechende Erkenntnisse gesammelt und in seinen Kliniken erfolgreich angewendet. Ich selbst hatte viel von ihm gelernt und das Gelernte im „Ruhepunkt" bei meinen Patient*innen eingesetzt – doch nicht bei mir selbst. Was ich also in den nächsten Wochen tun wollte und sollte, war die komplette Entsäuerung meines Körpers. Da kam mir zugute, dass ich viele dieser Behandlungen liebe und mit Begeisterung meinen Patient*innen angedeihen ließ. Nun durfte ich sie selbst auskosten, und empfand es als ein wertvolles Geschenk, mich einmal nur um mich zu kümmern.

Dieses Kümmern begann mit Heilfasten, um die Leber zu entgiften. Das Heilfasten ist mir so wertvoll, dass es seither ganz in mein Leben integriert ist. Dabei schwöre ich heute aufs Kurzzeitfasten – damals, zu Beginn der Entsäuerungskur, blieb ich länger dabei, nahm zehn Kilogramm ab und meine Haut wurde gesund sowie der restliche Organismus. Ich will aber nicht verheimlichen, dass ich am Abend davor noch eine traditionelle bayerische Wirtschaft aufsuchte, um mir eine große Portion Käsespätzle schmecken zu lassen. Das soll

Ihnen sagen, dass aller Anfang schwer ist, und zwar für jede*n von uns. Lassen Sie sich davon nie ins Bockshorn jagen! Sind Sie erst einmal in den Heilprozess eingetaucht, in dem Ihr Körper und Ihre Seele realisieren, dass ihnen endlich die nötige Aufmerksamkeit geschenkt wird, werden sie Ihnen auch mitteilen, was nun angesagt ist und auf was Sie jetzt besser verzichten. Dieses Verzichten fühlt sich dann nicht mehr wie ein schmerzhafter Prozess an. Im Gegenteil, Sie schwelgen geradezu darin, und genau das tat ich auch: Ein großes Wohlgefühl kam auf, wie ich es nie zuvor empfunden hatte, als ich mit echtem Fango und Torfbädern begann, das Gift aus mir herauszuziehen.

An dieser Stelle möchte ich Ihnen gerne einen wichtigen Hinweis auf das schamanische Arbeiten geben: Schaman*innen sind in der Lage, die negativen Energien ihrer Patient*innen aufzunehmen. Sie können sich das wie einen Staubsauger vorstellen, mit ähnlichen Folgen: Ist der Beutel gefüllt, muss er geleert werden, sonst wirkt das Gerät nicht mehr. Ein Schamane oder eine Schamanin muss also die Krankheiten, negativen Energien und seelischen Verstrickungen, die er oder sie den Patient*innen entnimmt, abgeben können. Das ist ein schwieriger, intensiver Prozess, was dazu führt, dass Schaman*innen indigener Völker oft nicht sehr alt werden. Auch ich musste dieses Loslassen nach Aufnahme dieser Energien erst lernen, und außerdem die Akzeptanz entwickeln, einen Körper zu haben, dem diese Arbeit anzusehen ist. Zu Zeiten meiner Arbeit im „Ruhepunkt" konnte ich das noch nicht. Ich konnte meinen Patient*innen zwar auch dort helfen, wo die meisten anderen bereits aufgegeben hatten, doch ich zahlte einen hohen Preis dafür, dass ich die Kunst der Ableitung und Erdung nicht beherrschte.

Deshalb arbeitete ich in Rosenheim viel mit Erdkräften wie Torf, Fango, Salzbädern und Heilsteinen. Für diese Steine hatte ich damals schon eine Vorliebe, und die ist bei uns in der Familie begründet. Ich kann meine Ahn*innen bis ins erste Drittel des 17. Jahrhunderts zurückverfolgen. Wir sind tief mit dem Hunsrück und der Gegend an der Mosel verbunden. Viele meiner Vorfahr*innen stammen aus der Ortschaft Longkamp, andere kommen aus Dörfern rund um Trier. Auch mein Großvater Peter Braun wurde 1890 in Longkamp geboren, wo er sich zeit seines Lebens aufhielt.

Heilsteine

Ich habe Ihnen von den Sympathieheilern des Schwarzwaldes erzählt. Die gab es natürlich nicht nur dort, die gab es überall, wo Menschen mit der Natur in Einklang lebten. So ein Mensch war mein Großvater. Er brachte seinen Mitmenschen Heilung, indem er ihnen die Hand auflegte. Diese Gabe gab er an meinen Vater weiter. Mein Vater ist gelernter Kfz-Mechaniker; einer von denen, die noch jedes Modell reparieren konnten, und denen egal war, ob das Fahrzeug zwei, vier oder sechzehn Räder hat. Doch es waren nicht nur Maschinen, mit denen mein Vater so gut umgehen konnte wie kaum einer. Auch mit Menschen verstand er es.

Durch ihn kam ich auch zu den Edelsteinen. Es gibt in Deutschland drei Zentren, an denen sich die Gold-, Silber und Edelsteinindustrie konzentriert. Neben Pforzheim und Schwäbisch Gmünd ist das vor allem Idar-Oberstein. Welch ein Glück, dass diese Stadt ebenfalls in der Nähe meines Heimatortes liegt! Dort haben sich bedingt durch bedeutende Gewässer wie Nahe und Idarbach schon früh Edelsteinschleifereien niedergelassen. Drei Jahre vor meiner Geburt wurde in Idar-Oberstein die Diamant- und Edelsteinbörse gegründet, was damals weltweit die erste Börse für Diamanten und Farbedelsteine unter einem Dach war. Dort, in diesem Städtchen, erhielt ich im Alter von vier Jahren ein wertvolles Geschenk: einen grünen Stein. Ich bewahrte ihn auf wie einen Schatz, und Sie können sicher meine kindliche Aufregung verstehen, als ich in „Der Herr der Ringe" zum ersten Mal über den Sternenstein Elessar las, den grünen Juwel, in dem das Licht der Sonne in der Farbe lichtdurchfluteter Blätter eingefangen war. Natürlich trug das dazu bei, meine Liebe zu

Edelsteinen noch mehr entflammen zu lassen. Heute kann ich von gut tausend Steinen deren Kräfte einsetzen. Da ist auch deshalb viel Erfahrung vonnöten, weil es viele Edelsteine gar nicht mehr gibt, denn die Fundorte sind längst ausgebeutet.

Auch gibt es in aller Welt Händler, die Edelsteine radioaktiv bestrahlen. Dadurch gewinnen sie an Farbe – doch die negativen Folgen liegen auf der Hand. Diese Steine haben nicht nur ihre Heilkraft verloren, sondern sind eine Gefahr für unsere Gesundheit. Es ist nicht leicht, solchen Händlern auf die Schliche zu kommen. Ähnlich verhält es sich mit Zuchtdiamanten. Sie sehen echten Diamanten sehr ähnlich, haben aber längst nicht dieselbe Kraft.

Auch das ist nicht überraschend: Der Diamant aus der Erde entstand in Millionen von Jahren viele Hundert Kilometer unter der Erdkruste unter extremem Druck und bei glühender Hitze. Nur so fügen sich die Kohlenstoffatome zu einem festen Kristallgitter. Dann wurde der Rohdiamant bei Vulkanausbrüchen an die Erdoberfläche transportiert, und manchmal, wie in den ehemaligen Diamantenfeldern von Namibia, in Flüssen über eine große Distanz weitergeschwemmt. All diese Energie nahm der Stein auf. Ein Laborstein kann damit niemals konkurrieren. Er hat einfach nicht dieselbe Strahlkraft. Wobei die Intensität eines glasklaren echten Diamanten auch nicht für alle Menschen gedacht ist. Im energetischen Bereich ist es übrigens nicht von Belang, ob ein Diamant Risse hat. Das ist nur für die Schmuckherstellung wichtig. Ich selbst nutze gerne ungeschliffene Diamanten, die für Laien eher grau und unscheinbar wirken.

Durch die Arbeit mit den Heilsteinen fand ich heraus: Für jedes körperliche und für jedes psychische Leiden ist auf dieser Erde ein Stein gewachsen. Es ist für alles gesorgt, wie es auch bei Kräutern und Pflanzen der Fall ist. Weil ich vorhin schrieb, dass es viele Heilsteine nicht mehr gibt, da die Lagerstätten erschöpft sind, kann ich jetzt hinzufügen: Es gibt auch Steine, die erst entdeckt wurden. Der Charoit gehört dazu. 1948 wurde er in Sibirien erstmals gefunden und damals falsch zugeordnet. Erst in den Siebzigerjahren konnte das Mineral beschrieben werden, was zeigt, welche Wunder noch immer in der Erde stecken. Der Charoit ist ein Edelstein, den Kinder lieben. Für mich wäre er wie gemacht gewesen: Kinder, die in der Schule schwer zurechtkommen und sich unter Druck fühlen, wollen einen Charoit gar nicht mehr hergeben, wenn sie so einen Stein bekommen. Einfach im Schulmäppchen mitführen, schon sieht die Welt besser aus. Auch für uns Erwachsene ist er ein toller Stein, wenn es darum geht, Blockiertes zu lösen.

Natürlich gehört der seltene Charoit nicht zu den Basis-Edelsteinen, mit denen ich häufig arbeite. Es gibt davon drei: den Bergkristall, den Amethyst und der Rosenquarz. Bergkristalle passen in die Kategorie der klärenden Edelsteine. In diese Familie gehört auch der Rauchquarz, ein sehr alter und sehr intensiver Bergkristall. Wenn Sie sich so einen anschaffen wollen, ist Vorsicht geboten: Rauchquarze werden oft radioaktiv bestrahlt, damit sie noch dunkler werden. Das ist auch deshalb verwerflich, weil man diesen Stein in Zeiten von Trauer und Traurigkeit in die Hand nimmt. Natürlich sind diese Edelsteine auch in ihrer Entstehungsphase in der Erde radioaktiver Strahlung ausgesetzt. Das ist aber etwas völlig anderes als die künstliche Bestrahlung. Mir genügt meine Sensibilität, um zu spüren, ob ein Stein vom Händler auf so eine Weise missbraucht wurde. Dazu nehme ich ihn in die Hand. Fühlt er sich schlecht an, ja, geradezu eklig, mag der Händler sich noch so sehr winden – in mir hat er eine Kundin verloren.

Ich kenne mich in der Händlerszene gut aus und weiß, wo man noch hingehen kann und wo nicht. Deshalb handle ich inzwischen selbst mit Steinen, damit sich meine Kund*innen hundertprozentig darauf verlassen können, beste Qualität zu erhalten. Einige Edelsteine sind gefärbt oder radioaktiv bestrahlt, und das möchte man natürlich vermeiden, da die Steine nahe am Körper sind. Wie zum Beispiel beim Amethyst: Er wirkt meditativ-zentrierend und hilft sehr gut, sich von alten Themen freizumachen. Ich habe gerade einen zur Hand, um etwas näher darauf einzugehen: In ihm steckt Ametrin, eine seltene Kombination aus violettem Amethyst und goldgelbem Citrin. Dieses Ametrin stärkt Nerven und Gehirn. Es ist ein kraftgebendes und aufputschendes Gestein, das zwar auch die meditative Qualität des Amethysts hat, gleichzeitig aber vermittelt: „Hey, komm mal in die Puschen. Da geht noch was!“ Sie können sich denken, warum ich diesen Stein liebe.

Den Rosenquarz benutzen viele Menschen, die am Computer arbeiten, und das aus gutem Grund: Rosenquarz ist ein schützender Stein, und in dieser Eigenschaft schützt er uns auch vor Computer- und Handystrahlungen. Bei mir zu Hause finden Sie überall Rosenquarz, denn Schutz können wir gar nicht genug haben. Es lohnt sich, ihn in die Hand zu nehmen. Rosenquarz hat eine sehr sinnliche Ausstrahlung, die ich an ihm schätze.

Der Amazonit trägt seinen Namen eigentlich zu Unrecht, weil er trotz seiner weltweit großen Verbreitung am Amazonas nicht gefunden wurde. Doch Alexander von Humboldt berichtete von einem indigenen Stamm, in dem die Frauen ohne Männer lebten und Amulette aus Amazonit trugen. So ist die Verbindung zur Bezeichnung Amazone hergestellt. Gesichert ist dagegen, dass der Amazonit ein wunderbarer Stein für die Augen ist. Dazu übergießt man einige Steinchen mit heißem Wasser, lässt sie wie beim Tee ziehen und beträufelt mit der Flüssigkeit Wattepads, die man sich dann auf die Augen legt. Das funktioniert bei Erwachsenen, bei Kindern und auch bei Tieren. Auch wenn Sie unter Heuschnupfen leiden und ihre Augen tränen, können Sie die Kraft des Amazonits nutzen.

Auf allen Kontinenten der Welt finden wir Achat. Er ist einer der besten Schutzsteine, die uns zur Verfügung stehen. Achate können bunte Streifen vorweisen, sind aber auch einfarbig oder streifenlos. Sind die Farben zu grell, erkennt man gut, dass der Stein manipuliert und künstlich eingefärbt wurde – dann heißt es wieder: Lieber die Finger davon lassen. Manche Achate ähneln der Struktur eines menschlichen Gehirns. So einen setze ich dann ganz gezielt ein. Andere sind geeigneter für alle Angelegenheiten rund ums Herz. Andere wiederum sind wunderbare Kinderschutzsteine. Es gibt also verschiedene Varianten, und die wirken jeweils unterschiedlich: Nehmen wir den grünen Moosachat, der wasserausleitend ist – eine Wohltat bei dicken Beinen mit Wassereinlagerungen. Der Schlangenhautachat schützt uns, wenn wir uns häuten und unser Leben verändern. Er ist ideal für jede Art von Transformation. Er hilft uns dabei, Antworten zu finden auf Fragen wie: „Will ich das so oder will ich es lieber so?" oder „Wie geht es mit mir jetzt weiter?"

Auch der Quarz tritt in vielen Manifestationen auf. Der Blauquarz zum Beispiel, den ich oft Männern empfehle, sorgt für klare Gedanken und einen ruhigen Geist. Der Rosenquarz dagegen wirkt zart und wird gerne dem Sternzeichen Krebs zugeordnet, was jedoch nicht zwingend ist.

Und dann gibt es noch das Tigereisen. Das ist ein sehr interessantes Mineraliengemisch, das ich selten einer Frau empfehle. Für Männer dagegen kann das Tigereisen Wunder bewirken: Auf der einen Seite werden Männer damit stärker, klarer und reagieren unmittelbarer. Auf der anderen Seite wird auch das Sensitive nicht vernachlässigt. Er wirkt wie ein stärkender Türöffner für Transformation und Spürigkeit. Eine Kombination, wie man sie sich nur wünschen kann.

Ein guter Stein für Frauen ist dagegen der Mondstein. Ihn kann man geradezu als den Klassiker unter den Frauensteinen bezeichnen. Aber Vorsicht: Leider werden Mondsteine sehr oft bestrahlt, damit sie deutlicher schimmern. Viele Kundinnen sagen dann: „Wie schön er glänzt!" Dabei braucht ein Mondstein gar nicht zu schimmern, um seine Kraft zu übertragen. Da der Mondstein die Zirbeldrüse reguliert, ist er der ideale Stein für die Wechseljahre. Auch Mädchen, die in die Pubertät kommen, profitieren von ihm. In der Steinkunde ist ein wichtiger Aspekt, dass wir den richtigen Heilstein tragen, um entwickeln zu können, was gerade ansteht.

„Und was ist mit dem Selenit?“, werde ich häufig gefragt. Es ist ein Stein, der manchmal fast durchsichtig in Erscheinung tritt. Das ist für mich auch ein Männerstein, auch wenn er unter anderem unter dem weniger bekannten Namen „Frauenglas“ zu finden ist. Der Selenit wirkt auf die Prostata, und dieses Organ hat in der männlichen Wahrnehmung häufig etwas mit dem eigenen Revierverhalten des Mannes zu tun. Geht es um Revierverlust – und bei jedem Mann geht es irgendwann um diese Thematik–, dann geht auch es um die Fragen: „Wie war ich mal? Welche Bedeutung hat Mann-Sein für mich? Wo sind Grenzen? Was bedeutet neue Männlichkeit in der heutigen Zeit?“ In diesem Zusammenhang bekommen viele Männer etwa im Alter von sechzig Jahren und darüber hinaus Schwierigkeiten mit der Prostata. Hier kann der Selenit sehr dienlich sein.

So wie es Männersteine und Frauensteine gibt, gibt es natürlich auch gute Steine für familiäre Themen, ebenso wie für alle Einzelthematiken des Lebens. Da ist zum Beispiel der Regenbogenfluorit. Fluorit stammt von dem lateinischen Verb *fluere*, was „fließen“ bedeutet. Gibt es familiäre Blockaden – und mal ehrlich, wo gibt es sie nicht –, hilft der Regenbogenfluorit, diese aufzulösen.

Für einen Smaragd muss man ein Vermögen ausgeben, höre ich häufig! Kann man, muss man aber nicht. Und man bekommt für sein Geld einen der stärksten Steine, sowohl geistig als auch spirituell. Der Smaragd wirkt auf die gesamte Herzensebene und gehört neben dem Saphir, dem Schungith und Sugilith zu den absolut schamanischen, geistig erweiternden und kraftgebenden Steinen. Kein Wunder, sind sie doch stark und klar in ihrer Aussage und gehen auch seltener kaputt.

Sie wissen inzwischen, dass ich eine große Hundeliebhaberin bin. Kommt mir auf meinen Spaziergängen ein Passant mit einem Dalmatiner entgegen, dann kann dies etwas aussagen. Hier kommt vielleicht ein Mensch daher, der die Dinge manchmal zu genau nimmt, der eventuell gerne andere missioniert, da er von etwas sehr begeistert ist und sich eine klare Meinung gebildet hat, jemand, der gerne spricht und manchmal eine Grenze nicht einzuhalten vermag, da er nach bestem Wissen und Gewissen gerne etwas kundgibt. Warum ich das weiß? Es liegt an den Hunden. Ihr Besitzer hat sie sich ausgesucht, da sie ihm etwas zeigen, das Fokus und gleichzeitig ein schnelles Erreichen eigener Ziele vermittelt. Die Dalmatiner können diese Erdung vermitteln – und der Edelstein Dalmatiner-Jaspis kann es auch. Es ist gesund, seine Meinung frei zu äußern, aber auch die Grenze des Gegenübers zu spüren und zu achten. Auch das Wichtige vom Unwesentlichen zu unterscheiden, schafft eine Kraft, die auf den Punkt kommt. Mit einem Dalmatiner-Jaspis verschafft man sich in diesen Situationen deutlich mehr Klarheit, Kraft und Harmonie.

Es ist vielleicht etwas verwunderlich, aber auch Gold und Silber werden als wirkungsvolle Kräfte eingesetzt, um etwas zu intensivieren oder zu relativieren. Das Gold hat die Menschen schon immer fasziniert, steht es doch für Macht, Reichtum, Sicherheit und manchmal auch für Schönheit. Um Gold wurde schon immer gekämpft, gefeilscht und gestritten, ähnlich wie bei den Diamanten. Es bereichert seit Jahrtausenden die Kunst, viele Religionen sind ohne Goldschmuck gar nicht denkbar, und noch heute gilt das Material als beste Staatsreserve. Es wird als finanzielle Sicherheit im Schrank verwahrt oder an der Börse damit gehandelt. Lassen wir die menschliche Gier im Grundgedanken beiseite, zeigt das Gold eine beruhigende und kraftgebende Wirkung auf den Körper oder auf psychische Aspekte. Erinnern Sie sich an Menschen, die sehr viel Gold tragen? Ketten, Ringe, Armbänder, ja sogar manchmal goldene Kleidung. Ich nenne dies einen „Overloaded-Menschen". Diese Menschen sind in ihrer aktuellen Lebenssituation sehr hoch gefahren. Wenn diesen Menschen das Runterfahren und eine ruhige

Ausgangsposition sehr schwerfällt, sie nie zur Ruhe kommen, wenig schlafen und die Stimme immer lauter wird, dann bringt Gold die Ruhe und den sogenannten Downer. Dabei ist es egal, ob es sich um Gelbgold, Weißgold oder Roségold handelt, und es kann uns unglaublich kraftfördernd und zeitgleich beruhigend begleiten.

Umgekehrt ist es mit dem Silber. Zeigt sich in einem Menschen seine Schattenseite, ist er von negativen Gedanken Burn-out und wenig Lebenskraft betroffen, so kann das Silber der Turbo und Kraftverstärker sein. Vielleicht denken Sie gerade an Menschen, die dunkle Kleidung gerne mit Silber kombinieren. Das ist eine durchaus sinnvolle Möglichkeit.

Es gibt noch so viele weitere Steine, über die ich sprechen könnte – vielleicht braucht es einmal ein eigenes Buch in dieser Sache. Den schwarzen Turmalin und den Hämatit möchte ich an dieser Stelle noch erwähnen, da diese Steine dabei behilflich sein können, Trauer abzubauen. Der schwarze Turmalin ist wie ein Staubsauger der Negativität bei gleichzeitiger Transformation der Negativität zu lichtvolleren Perspektiven. Der Hämatit ist ein klarer Unterstützer in den Phasen tiefer Trauer und Haltlosigkeit.

Der Granat wiederum stabilisiert unser Wurzelchakra und ist gerade für Frauen ein sehr aktivierender Stein bei allen Thematiken des Unterleibs. Der blaue Calcit stärkt unsere Knochen. Kommt es zu Brüchen, selbst beim Wirbelsäulenbruch, ist er der ideale Heilstein. Ich empfehle dabei allerdings, das Edelsteinwasser nur dann zu trinken, wenn Sie einen nicht splitternden, polierten Calcit verwenden können, da es bei einer Absplitterung der Edelsteine zu Verletzungen der Darmwand kommen kann.

Für mich sind die Edelsteine neben den Heilkräutern eine wahre Hausapotheke – jederzeit anwendbar und mit wenigen Nebenwirkungen. Und an dieser Stelle darf auch die Rede davon sein, dass es durchaus extreme Reaktionen auf den einen oder anderen Stein geben kann. So kann es zu Durchfällen, Kopfschmerzen oder Harndrang kommen, und der Einsatz von Heilsteinen ersetzt selbstverständlich keine ärztliche Behandlung oder eine notwendige medizinische Therapie. Aber es ist immer wieder sinnvoll, therapiebegleitend mit diesen Steinen zu arbeiten.

So setzte ich in Rosenheim verstärkt Bäder mit Turmalinpulver ein. Ich spürte viel Traurigkeit in mir und konnte sie damit transformieren. Von der Auswahl an Heilpflanzen gibt es für mich seit dieser Zeit eine Pflanze, die geradezu die Königin unter unseren Heilpflanzen und noch dazu überall und fast immer frisch verfügbar ist, wenn Sie einen Garten besitzen. Es ist die Brennnessel.

Nach acht Wochen in Rosenheim inklusive einer medizinischen Therapie war der Tumor beinahe verschwunden. Zu dieser Zeit wurde mir ein Lebensprinzip bewusst: Wenn wir den Weg, der uns krank machte, zurückgehen, erfahren wir Heilung. Dadurch können wir die Ursache tilgen – der Rest ist Regeneration. Und es ist ein wahres Wunder, wie regenerationsfähig unser eigener Körper ist.

Redlich arbeiten

Zu dieser Regeneration zählte für mich sicher der völlige Rückzug. Ich lebte die ganze Zeit in der Klinik und blieb dort auf meinen Wunsch hin völlig allein. Das war gar nicht einfach. Mehrmals musste ich mir nahestehende Menschen abweisen, die mich besuchen wollten. Es war jedoch wichtig, die wenige Energie, die mir noch zur Verfügung stand, zu fokussieren. Besuch hätte eine gegensätzliche Wirkung gehabt. So spürte ich von Tag zu Tag, wie meine Kräfte zurückkehrten. In diesen Wochen befand ich mich in einer Art Niemandsland, auf meinem persönlichen Zauberberg. Ich dachte an nichts, weder positiver noch negativer Art. Denn mein ständiges Gedankenrad hatte seinen Teil zur Erkrankung beigetragen.

Als dann nach der Untersuchung in der Klinik klar wurde, dass der Tumor auf dem Rückzug war, zog ich mir Schuhe an, schnappte mir eine Jacke und machte einen ausgedehnten Spaziergang. Der Weg führte mich von der Klinik in Richtung Stadt; dorthin, wo der Fluss Mangfall in die Inn fließt. Dann wandte ich mich flussaufwärts, bis ich zu einer Bank kam, die mich zu einer Pause einlud. Sanft schien mir die Sonne ins Gesicht, und auf einmal löste sich mein Niemandsland durch einen Gedanken auf. Er lautete: „Was willst du wirklich?"

Inzwischen weiß ich, dass dies wohl eine der schwierigsten aller Fragen ist, die nach unserer Antwort verlangen: Was will ich? Sie begleitet mich durch ungezählte Seminare, in denen Tausende Teilnehmer*innen sich genau dieselbe Frage stellen. Die Antwort kennen wir nur, wenn wir wissen, wer wir sind. Um die Fragen „Was will ich? Und was gibt meinem Leben Sinn?" zu beantworten, muss ich daher wissen, wer ich bin. Das ist die Grundfrage des menschlichen Daseins.

Deshalb lassen sich diese Fragen auch nicht auf die Schnelle beantworten. In meinen Seminaren leiten wir die Teilnehmer*innen zu der Antwort hin. Dafür darf keine*r die tiefste innere Krise meiden. Danach leuchtet die Antwort geradezu auf. So war es auch bei mir: Durch die Erkrankung ging ich durch meine tiefste innere Krise. Als ich mich auf die Bank setzte und die Fragen „Was willst du wirklich? Und ergibt das alles wirklich Sinn?" auftauchten, erschien mit ihnen auch die Antwort.

Wir müssen die Antwort also nicht länger aktiv suchen – sie kommt, sie ist wahr, sie darf umgesetzt werden.

Meine Antwort lautete: „Redlich arbeiten." Zwei Worte, mehr nicht. Eines davon klar und deutlich: Ich möchte arbeiten, weil ich Menschen liebe. Dieser Wirkungskreis ist meine Lebensaufgabe und verkörpert all das, was ich der Menschheit geben kann. Doch was bedeutet „redlich"? Es ist ein altes Wort aus dem Mittelhochdeutschen und hat heute nicht mehr den Stellenwert, den es einst hatte.

In jener Zeit war einer redlich, wenn er über sein Tun Rechenschaft ablegen konnte. Heute nutzt man diesen Begriff, um einen ehrlichen und aufrichtigen Menschen zu beschreiben, der ehrliche und aufrichtige Dinge tut. Das also war es, nach dem sich meine Seele sehnte: Meine Arbeit sollte ehrlich und aufrichtig sein. War sie denn das nicht gewesen? War meine bisherige Arbeit womöglich unredlich?

Von meiner Bank aus blickte ich über das Wasser hinüber zum anderen Ufer. Von dort strahlte das Zeichen einer Apotheke zu mir herüber: Die Schlange, die sich um die Schale der Hygieia windet, Göttin der Gesundheit aus der griechischen Mythologie. Wie in einem inneren Film liefen vor meinem geistigen Auge Szenen aus dieser Apotheke ab. Darin kamen eine Apothekerin und ein Apotheker vor. Ein Ehepaar, das sich jeden Tag vornahm, seinen Kund*innen Gutes zu tun und zeitgleich seine wunderbare Partnerschaft nicht zu vernachlässigen. Ich glaube nicht, dass es Hellsichtigkeit war, die mir diese Bilder schenkte, sondern dass es die Umdeutung meiner Antwort „redlich arbeiten" war. Ja, es stimmte: Ich war unredlich gewesen, weil ich mich nicht um mich gekümmert hatte. Ich lebte allein, ohne einen Partner, und noch immer mit der falschen Idee im Kopf, dass ich zu wahrer Partnerschaft in diesem Leben gar nicht in der Lage sei. Ich zweifelte an mir. Daher bedeutete „redlich arbeiten" schlicht und einfach: „Mach deine Arbeit, in der du dich ganz gibst – doch wenn sie beendet ist, kümmere dich mit derselben Seelenliebe um dich selbst. Gelingt dir diese Selbstliebe, gewinnst du Selbstvertrauen, Urvertrauen und Gottvertrauen. Es ist das sichere Fundament eines stabilen inneren Bewusstseins."

> Gelingt dir diese Selbstliebe, gewinnst du Selbst-, Ur- und Gottvertrauen.

> Gib dich ganz.

So wurden mir an diesem Tag zwei Geschenke in die Wiege gelegt, denn es war tatsächlich wie eine Neugeburt: Mein Motto „Gib dich ganz" entstand aus dem Wunsch nach redlicher Arbeit. Gleichzeitig kümmere ich mich auch um mich selbst. So gibt es jeden Tag in meinem Leben eine Zeit, die nur mir gehört. Selbst wenn es sich mitunter nur um fünf Minuten handelt – in dieser Zeit existiert nur Kerstin Scherer und sonst niemand. Ich denke an nichts, ich fordere nichts von mir und ich gebe auch nichts. Es geht um das einfache Sein im Jetzt. Das hat nichts mit Ego zu tun, sondern damit, der Seele den nötigen Frieden zu geben. Auch den negativen Glaubenssatz, keiner gesunden Partnerschaft entsprechen zu können, nicht zuletzt, weil ich einem Mann keine Kinder schenken kann, legte ich auf dieser Bank am Fluss im Zeichen der griechischen Göttin der Gesundheit ab. Nur so konnte das Wunder geschehen, das alsbald geschehen sollte.

WUNDER GESCHEHEN

Jugend und Alter können nicht zugleich im Leibe sein, aber in Deiner Seele.

Sind Sie im letzten Kapitel womöglich über den Satz gestolpert: „Wir müssen die Antwort also nicht länger aktiv suchen – sie kommt, sie ist wahr, sie darf umgesetzt werden"? Natürlich ist dieses „sie darf umgesetzt werden" eine neue Reise, ganz nach dem Motto: Die Tür wird uns zwar gezeigt, doch hindurchgehen müssen wir selbst. In diesem Sinn plante ich nach meiner Rückkehr aus Rosenheim, den „Ruhepunkt" neu zu eröffnen.

Auch wenn es mir schwerfiel, weil ich diesen Teil meiner Arbeit ebenfalls liebte, wollte ich von nun an auf physiotherapeutische Angebote verzichten. Jetzt sollten Seelenlesen und Familienaufstellungen im Fokus meiner Tätigkeit stehen. Damit verschaffte ich mir den nötigen Freiraum für mich selbst, und aus diesem Grund konnte ich auch eine der ersten Männergruppen aufbauen, die es in diesem Kontext in Deutschland gegeben hat.

Felder der Männer und der Frauen

Ich empfinde es heute noch als ein Geschenk, dass so etwas geschehen konnte. Die Vorstellungen, wie Männer zu funktionieren haben und wie Frauen zu leben haben, waren in unserer Gesellschaft geradezu einzementiert – und ich mache mich da gar nicht von frei: Auch ich hatte das Vorurteil, dass Frauen ihren Gefühlen gegenüber sehr viel offener sind, und fragte mich: „Wie wird das wohl mit den Männern sein?“ Zu meinem ersten reinen Männerseminar kamen sechs Männer, und was soll ich sagen? Von der ersten Sekunde an waren sie völlig offen und ließen ihren Gefühlen freien Lauf. Die Tempos genügten schnell nicht mehr, und ich reichte Küchenrollen und später sogar Handtücher, so viele Tränen und inneren Druck hatten sie in sich gespeichert. Sie schienen sehr ehrlich mit sich und dem Umfeld zu sein. Die direkte Wahrnehmung und der Wunsch, das Leben in die Hand zu nehmen, ohne sich selbst zu verleugnen, habe ich ehrlich gesagt in den reinen Frauengruppen so nicht erlebt. Aber Frauen haben auch eine ganze Kollektivgeschichte an Unterdrückung und Gewalt hinter sich. Ein Segen für uns Frauen, was die Frauenbewegung alles in die Veränderung gebracht hat.

Und dann gibt es aber auch noch den Weg des neuen, heutigen wahren Mannes, der ein großes Thema geworden ist, oft verknüpft mit Überforderung: Auf der einen Seite steht da die große Erwartung, dass Männer „spürig“ sein und eine tiefe Empathie aufbringen sollen, aber gleichzeitig gelten auch bei uns noch die gesellschaftlichen Normen, die an das traditionelle Männerbild angepasst sind. In den letzten zwanzig Jahren hatte ich das Gefühl, dass Männer dadurch so manches Mal ganz schön durcheinander gekommen sind. Es ist wohl an der Zeit, die Gleichberechtigung von Frau und Mann auf eine neue Ebene zu bringen, hin zu wahrer Sexualität, Partnerschaft und tiefen Verbindungen, die alte dogmatische Werte und Fesselungen lösen.

Ich habe mich in diesem Buch sehr bewusst für die Gendersprache entschieden, aber ich bemerke beim Lesen auch, dass dadurch der Lesefluss verändert ist. In meinem Bewusstsein gab es nie eine Trennung zwischen den Geschlechtern oder die Thematik gleichgeschlechtlicher Beziehungen. Ehrlich gesagt, ist mir erst vor ein paar Jahren aufgefallen, wie anmaßend verschiedene Institutionen damit umgehen. Da ich mich persönlich nie als Frau herabgesetzt gefühlt habe, wirkte ich auch nicht aktiv dagegen. Ich bin in einer Zeit geboren, in der das Wahlrecht und viele andere Themen bereits durchgesetzt waren. In der Berufswahl fühlte ich mich ebenfalls nie eingeschränkt. Aber mit den Jahren bemerkte ich schon, dass es nicht gerade einfacher ist, auf eine Bühne erfolgreich zu sein, wenn man eine Frau ist. Dies wird häufig dementiert. Aber ganz ehrlich: Wenn beispielsweise fünf Vortragende gebucht werden, sind es oft vier Männer und eine Frau. Und mir wurde auch schon einmal mitgeteilt, dass ich die Buchung nur bekommen habe, da ich eine Frau bin. In mir entsteht dann schnell eine innere Haltung, auf diese Buchung zu verzichten. Und so geht es mir mit einigen Themen ehrlicher Gleichberechtigung. Ich mag es *echt*, nicht, weil es jetzt so durchgesetzt wurde. Vielleicht ist das die Erklärung dafür, dass ich zu manchen Themen eine neutrale Position einnehme, ohne dabei aber auf Schutz und Gleichberechtigung von Frauen zu verzichten.

Ein Thema, das selten offen angesprochen wird und dennoch in vielen Männergruppen auftaucht, ist, dass sich Männer nicht wirklich in den Prozess von Schwangerschaft und Geburt eingebunden fühlen. „Da kannst du noch so oft das Ohr auf den Bauch halten", ist fast schon ein Standardsatz geworden. Oft entsteht dabei eine Form von Eifersucht oder Hilflosigkeit, die bei manchen Männern zum Rückzug führt. Die enge Verbindung zwischen Mutter und Kind ist sehr machtvoll. Da innerlich stabil und voller Liebe zu bleiben und der Frau den Schutz und die Wärme zu geben, die sie in dieser fragilen und dennoch kraftvollen Zeit benötigt, ist ein tief männlicher Prozess, auch wenn diesen Prozess Partnerinnen, Freundinnen oder Mütter übernehmen. In den Aufstellungen zeigt sich das dann wie folgt: Der Mann sagt zur Frau: „Ich empfinde tiefen Respekt davor, was du alles gegeben hast, um Leben zu schenken." Und die Frau sagt zum Mann: „Dass ich das kann und du darauf verzichten musst, ehre ich." Allein dadurch nehmen wir unzählige Konflikte aus der Beziehung. Auch für das Kind ist das ideal: Dann weiß es sich in der Mitte und verliert sich nicht. Dabei ist nicht wesentlich, ob die Eltern zusammenleben oder nicht. Es geht allein um die Grundhaltung, die Menschen zueinander haben.

Weil wir hier die Felderarbeit berühren und verdeutlichen, wie Felder überhaupt entstehen können, möchte ich Ihnen ein anrührendes Beispiel nicht vorenthalten:

Eines Tages kamen ein Mann und seine Frau mit ihrem Kind zu mir in den „Ruhepunkt". Denis[5] war mit einem Wasserkopf auf die Welt gekommen. Dieser Hydrozephalus ist eine krankhafte Erweiterung der Gehirnräume, in denen sich Hirnwasser einlagert. Dadurch blähen sich die Hirnventrikel auf, mit – wie Sie sich vorstellen können – schlimmen Folgen. Als Ursache nennt die Schulmedizin Rückenmarksfehlbildungen, postnatale Hirnblutungen oder Hirnhautentzündungen, aber kann natürlich nicht sagen, weshalb es zu diesen Komplikationen kommt. Denis war zu diesem Zeitpunkt 15 Jahre alt, saß im Rollstuhl, litt unter epileptischen Anfällen und roch übersäuert. Seine Eltern waren liebende Eltern. Sie steckten ihr ganzes Geld in die Verbesserung seiner Situation, standen Nacht für Nacht alle zwei Stunden auf, um ihren Sohn zu versorgen, führten selbst kein eigenes Leben. Sie kamen mit einem klassischen Physiotherapierezept in die Praxis, doch schnell war klar: Damit würden wir nicht weit kommen. Also fragte ich: „Denis, was ist dein sehnlichster Wunsch?" Seine Antwort lautete: „Drei Schritte zu gehen."

Denis war noch nie in seinem Leben drei Schritte gegangen; er war noch nie in seinem Leben auch nur einen Schritt gegangen. Sein Wunsch entsprach einer Utopie, und doch antwortete ich: „Das ist auch mein tiefster Wunsch. Und weißt du was? Das wünsche ich mir von dir zu meinem Geburtstag!" Damit wir dahin kommen konnten, begannen wir eine Familienaufstellung. Zusammen mit der Mutter, dem Vater und sechs Stellvertreter*innen zeigten sich die Felder auf. Ein Vorleben erwies sich als besonders wichtig: Zwischen der Mutter und Denis gab es eine Verbindung, in der starke Verfehlungen aus einem Vorleben im Hier und Heute gesühnt werden sollten.

5 Name geändert

Das konnte die Hauptursache sein, doch ein zweites Feld erforderte ebenfalls meine Aufmerksamkeit: Der Vater des Vaters hatte andere Menschen tief ins Leid gezogen, was dazu führte, dass das Hauptfeld noch einmal verstärkt wurde. Das also hatte Denis übernommen: „Wenn ich Leid habe, könnt ihr, meine Eltern, weiterleben. Deshalb nehme ich mich noch stärker zurück."

So etwas kann geschehen, weil eine Seele vor der Inkarnation entscheidet, wie viel sie ertragen will. Je mehr Felder jetzt aufgestellt wurden, desto besser erging es dem Jungen: Auf einmal konnte er in seinem Rollstuhl aufrecht sitzen, davor war er bloß eine in sich zusammengesunkene Figur gewesen. Der säuerliche Geruch verschwand. Die Lösung war so einfach, wie sie auch schwer ist: Es gibt diese Schuld nicht. Nachdem das geklärt war, konnten wir in die Physiotherapie zurückkehren. Schließlich waren die Muskeln, Sehnen, Bänder und der ganze Bewegungsapparat von Denis über Jahre hinweg in Mitleidenschaft gezogen worden. Nach der Therapie kam ein magischer Moment: Zum ersten Mal in seinem Leben konnte Denis sich aus dem Rollstuhl erheben. An meinem Geburtstag kam mein Vater, der gerade drüben in der Praxis gewesen war, aufgeregt zu mir herüber.

„Kerstin, du hast Besuch! Und er hat ein Geschenk mitgebracht!" Es war Denis mit seinen Eltern. Stolz führte er mir seine ersten Schritte vor. Es waren allerdings keine drei Schritte, die er schaffte: Es waren gleich fünf.

Wenn von Wundern die Rede ist, die an Kraftorten dieser Welt geschehen, können wir davon ausgehen, dass davor Felder aufgelöst wurden, in denen es um Schuld und Sühne ging. Das war auch bei mir nicht anders. Denn in mein Leben trat ebenfalls ein Wunder, von dem ich Ihnen erzählen möchte.

Wendepunkt

Nach dem Tag, als mir mein neues Lebensmotto „redlich arbeiten“ in den Sinn gekommen war, konnte ich mich wieder der Außenwelt öffnen.

Als ich beschlossen habe, dieses Buch zu schreiben, stellte ich mir die wichtige Frage: Was haben Sie als Leser*in davon? Viele Menschen, die mich kennen, wollen oft von mir wissen: „Kerstin, wie bist du das geworden?“ Mit „das“ meinen sie die Verknüpfung der klaren Businessfrau mit uralter schamanischer Arbeit. Um es zu erklären, genügen ein paar Sätze nicht. Aus diesem Grund dachte ich mir immer wieder: „Da müsstest du wohl dein ganzes Leben erzählen. Dann erst bekommen die Menschen ein Bild von meiner Kindheit, und wie schwer alles für mich war. Dann erst bekommen sie ein Bild davon, weshalb mir die Heilkunde ans Herz gewachsen ist. Und dann erst bekommen sie ein Bild davon, wie ich meine Hellsichtigkeit und das Seelenlesen entwickelte. Und nicht zuletzt kriegen sie ein Bild davon, warum ich sehr früh den Weg der selbstständigen Unternehmerin wagte; erst in kleinen, und dann in größeren Schritten.“ Auch Menschen, die mich noch nicht kennen und dieses Buch in der Hand halten, werden so damit vertraut gemacht, wie wichtig die Brücke zwischen schamanischem Wissen und der modernen westlichen Welt ist. Als ein Talkmaster im Fernsehen einmal sagte, es sollte viel mehr Frauen wie mich geben, empfand ich das als Bestätigung. Es tut unserer westlichen Welt gar nicht gut, dass wir das schamanische Feld negieren – da ist man in der östlichen Welt viel schlauer und erfolgreicher.

Dieses Bild, das Sie bisher von mir erhalten haben, möchte ich jetzt gerne etwas abrunden. Vollkommen genesen verließ ich Rosenheim, um zu Hause meine Praxis wiederzueröffnen. Erinnern Sie sich? Als ich sie Monate zuvor schließen musste, hatte sich auch noch das Finanzamt angekündigt. Wie ein unüberwindbarer Berg waren mir alle Probleme vorgekommen – jetzt lösten sie sich auf wie Rauch im Wind. In den kommenden zwei Jahren tat ich, was mir auf der Bank am Fluss in den Sinn gekommen war: Ich arbeitete redlich und passte unter anderem meine Seminarpreise an. Natürlich gab ich mich dabei ganz; natürlich kam es vor, dass ich meinen Patient*innen mehr Zeit widmete als mir selbst, trotzdem vergaß ich niemals, gut auf mich zu achten. Ich baute meine Fähigkeiten in der Hellsichtigkeit aus und verfestigte meine Erfahrungen im Seelenlesen und bei den Familienaufstellungen.

Übung macht den Meister, auch in den Bereichen öffentliche Auftritte und Training, und ich bekam sehr viel Übung.

Zu jener Zeit lernte ich meinen Mann kennen und verbrachte einige Zeit mit ihm in New York City. Diese Stadt schläft wirklich nie, und ich selbst habe dort ehrlich gesagt auch nicht geschlafen. Trubelig, aufregend und alles andere als ruhig: So kann ich meine Erinnerung an diesen Aufenthalt in New York zusammenfassen. Als ich zurück war und im „Ruhepunkt" meine Arbeit wieder aufnahm, blieb überraschend meine Periode aus. Erst schob ich es auf den Jetlag, dann verspürte ich eine dunkle Furcht, dass der Tumor womöglich zurückkehrt war. Bei der gynäkologischen Untersuchung machte die Ärztin einen ziemlich nachvollziehbaren, für mich aber zunächst völlig idiotischen Vorschlag: Machen wir einen Schwangerschaftstest? Unfassbar! Ich sagte zu ihr: „Bitte, können Sie mir diese Frage noch einmal stellen?" Ich wollte einmal das Gefühl haben, wie eine normale, gesunde Frau behandelt zu werden. Es gab genügend Gründe, warum ich das bisher nicht gefühlt hatte, doch gleichzeitig spürte ich in mir eine jähe Freude. In ihrer Praxis hatte sie natürlich Schwangerschaftstests vorrätig. Ich ging dort ins Badezimmer, machte den Test – und errötete. Daran erinnere ich mich heute noch so, als ob es erst gestern geschehen ist: Ich sah mich im Spiegel erröten, weil das Ergebnis eindeutig war: Ich war schwanger! Dann kamen alle Zweifel dieser Welt über mich, zusammengefasst in einem Satz: Das ist völlig unmöglich! Seit der Operation ging ich mit der Gewissheit durchs Leben, dass ich keine Kinder bekommen konnte. Und jetzt zeigte der Test … und ich dachte: „Ach was, Tests, die können auch falsch sein!“ Wie oft hat man davon schon gehört! Nervös ließ ich mir Blut abnehmen, und es brachte dasselbe Ergebnis. Weil ich der Sache noch immer nicht traute, machte ich zu Hause noch einmal einen Test und kaufte sogar noch vier weitere Tests. Auch diese waren eindeutig: Ich war schwanger. Ich verließ mein Badezimmer und ging zur Rezeption meiner Praxis. Dort arbeitete seit einiger Zeit meine Mutter, damit ich mich noch intensiver um die Patient*innen kümmern konnte.

„Mama, du wirst es nicht glauben, ich bin schwanger!“ Waren das meine Worte? Ich weiß es nicht mehr. Was ich noch weiß, ist, dass ich es noch immer nicht glauben konnte, und sich das nicht ändern würde, selbst wenn ich weitere Tests vornahm – und doch: Ich war schwanger von meinem Ausflug aus New York zurückgekommen und war so tief von meiner Freude berührt, dass ich es nicht in Worte fassen konnte.

Als Seelenleserin und Familienaufstellerin habe ich schon viele Wendepunkte im Leben von Menschen vorbereitet und begleitet. Echte Wendepunkte zeichnen sich dadurch aus, dass das Leben danach nicht mehr so ist wie das Leben davor und es auch keinen Weg zurück ins alte Leben gibt. Die Tür dazu ist verschlossen. Es ist also eine Art Wiedergeburt, und dementsprechend aufregend für alle Beteiligten. Genau so einen Wendepunkt sollte ich jetzt durchlaufen, und natürlich auch mein Mann. Zu dieser Zeit in seinem Leben war er noch gut und gerne 300 Tage im Jahr auf Achse – ein moderner Nomade, der bisher wenige Gedanken an eine künftige Sesshaftigkeit verschwendet hatte. Ich war zwar weitaus sesshafter und der Heimat verbundener als er, doch als agile Unternehmerin und engagierte Therapeutin konnte ich mir wiederum nicht vorstellen, als alleinerziehende Mutter zu Hause zu sein. Zunächst einmal sollte es aber so kommen – und das nicht nur mit dem ersten Kind, das in den ersten Tagen des Jahres 2010 auf die Welt kam, sondern schon bald mit zwei Kindern. Dass ich alles so gut hinbekam, lag sicher auch daran, dass mich die Geburten zur reifen Frau machten. Dabei musste ich völlig die Kontrolle abgeben. Wir berühren ja noch immer ein Tabuthema, wenn wir feststellen, dass es bei jeder Geburt eines Kindes um Leben und Tod geht.

Schon nach der ersten Geburt verspürte ich in mir eine neue Kraft, die ganz klar ausdrückte: „Von nun an kann kommen, was will, du wirst es schaffen." Daran hat sich bis heute nichts geändert. Als Mutter unserer beiden Kinder habe ich mir auf die Fahnen geschrieben: „Egal, wie dunkel die Nacht auch ist, für diese Kinder wird morgen die Sonne scheinen."

Selbst diese Gabe ist uns Menschen gegeben: Für unsere Mitmenschen, aber auch für uns selbst, aus jedem Tag einen Sonnentag zu machen.

Das Leben in diesen sich erfüllenden Kreisen zu erleben und auf ein besseres ausgerichtet zu sein, ist mein größter Wunsch für uns alle.

Und dank meiner Kinder weiß ich, was wahre bedingungslose Liebe bedeutet. Und kenne gleichzeitig die damit einhergehende Angst, die zu einer wahren Hürde werden kann, bis diese in Dankbarkeit und Freude gewandelt wird.

SCHLÜSSELERKENNTNISSE

Das Verrückte ist, dass das größte Zentrum der Wahrnehmung, das Gehirn, sich im dunkelsten Ort des Körpers befindet. Sich zu erinnern und dazu einen Zugang zu erlangen, ist ein Weg und eine Kunst. Wie oft werden wir von der Wirklichkeit, die wir als solche bezeichnen, getäuscht, denn die Vorstellungskraft beginnt erst dann, wenn die Wirklichkeit schon vorüber ist. Die Fähigkeit, sich so zu konzentrieren und den Geist im Hier und Jetzt auf einen Punkt zu bringen, ist die höchste Disziplin und der größte Wunsch.

Ob mein Leben oder das eines anderen Menschen: Jeder und jede hat eine ganz eigene Geschichte. Ich saß in der Kirche bei der Beerdigung eines engen Freundes. Er war Arzt gewesen, und wir hatten uns damals häufig darüber ausgetauscht, was wir tagtäglich an Geschichten des Lebens zu hören bekommen. Wenn ich auf meines zurückblicke, gab es Momente in denen ich mich deutlich kleiner gefühlt habe und beim Betrachten von anderen Menschen gedacht habe, dass deren Leben leichter, reicher, wertvoller sei. Vielleicht gehen wir bewusst oder unbewusst den Seelenweg, um unsere eigenen Thematiken zu heilen. Und so ist es meine Lebensaufgabe, von unzähligen dramatischen Situationen zu hören und die Menschen darin zu begleiten. Das ist für mich nach wie vor eine Gnade. Denn Menschen tun manchmal ganz verrückte Dinge, die kaum zu verstehen sind, wenn man die Hintergründe nicht kennt. Ob Fremdgehen, Mord, Missbrauch, Diebstahl, Gewalt und Unterdrückung, so manches wurde mir im Seelenlesen oder im persönlichen Gespräch geschildert, und ich erkannte, dass jeder Mensch seine eigenen Geheimnisse hat und keiner unfehlbar ist. Da ich nicht selten die Hintergründe kennenlernte, verstand ich damit so manche Ursache.

Ich lernte zum Beispiel im Laufe meiner Arbeit viele Frauen und Männer kennen, die fremdgingen, doch eine Geschichte ist mir ganz besonders in Erinnerung geblieben: Eine Ärztin, ihr Mann, ein angesehener Anwalt und überregional sehr bekannt, schilderte mir, dass sie seit über zwanzig Jahren eine Parallelbeziehung zu einem anderen Mann pflegt. Jedes Jahr um die gleiche Zeit verbrachte sie zwei Wochen Urlaub auf den Malediven mit diesem Mann. Diese Familie, inklusive der vier erfolgreichen Söhne, lebte ein äußerst konservatives Leben und war recht schnell im Urteil gegenüber dem Fehlverhalten anderer Personen. Als ich zum ersten Mal ihre Geschichte sah und später auch von ihr hörte, war ich überrascht, vielleicht sogar ein wenig erschüttert. Aber es war nicht so sehr deren Bild, das in mir Anklang fand, sondern mein ganz eigenes Bild über andere Personen – und wenn ich eben das „schnell im Urteil gegenüber anderen sein" erwähnte, kann ich sagen, dass ich das zweifelsohne auch bin. Ich entwickle ein inneres Bild, wie ich andere sehe, nicht umgekehrt. Es ging dann also nicht mehr darum, ob etwas okay ist oder nicht, sondern darum, wie ich die Welt betrachte. Aus Liebe entsteht nur Liebe, aber aus diesen inneren Vorbehalten entwickeln sich Schuldzuweisungen, die auf unterschiedliche Art und Weise zum eigenen Leben zurückkommen.

Aus Liebe entsteht nur Liebe, aber aus diesen inneren Vorbehalten entwickeln sich Schuldzuweisungen, die auf unterschiedliche Art und Weise zum eigenen Leben zurückkommen.

Als ich dies durch zahlreiche Geschichten selbst erlebte, wurde mein mahnender Zeigefinger sehr klein, bis er irgendwann gar nicht mehr auftrat. Die Dinge sind, wie sie sind, und die Auswirkungen sind die Darstellungen der inneren Bilder der eigenen Persönlichkeit. Irgendwann bekommen wir die Chance, dass uns das Leben aufweckt. Dann haben wir die Möglichkeit, aus diesem lebendigen Tod zu erwachen und das Leben als Geschenk zu ehren und es zu nehmen, wie es ist.

Wenn ich mal tot bin, werde ich viele, viele Geheimnisse, die mir anvertraut wurden, mit ins Grab nehmen. Irgendwann habe ich mir die Frage gestellt, was es mit mir macht, so viel Wissen mitzutragen. Die Erkenntnis, diese Geheimnisse zu nutzen, um immer wertfreier im Umgang mit Menschen zu werden und sie als Erfahrungen und abgewandelte Bildnisse für interessierte Menschen zu formulieren, erschien mir sinnvoll. Es ist ein großer Dienst, die Erfahrungen, die andere Menschen gemacht haben, für sich selbst zu nutzen, um nicht die gleichen Fehler zu machen. Wir sind nicht angetreten, um nur aus eigenen Fehlern zu lernen. Es wäre schade, wenn wir deshalb noch mehr machen müssten, als wir ohnehin schon tun. Vielmehr geht es darum, anzuerkennen, was wirklich ist, und dankbar andere Menschen zu beobachten und eigene Einsichten zu finden.

Es ist ein großer Dienst, die Erfahrungen, die andere Menschen gemacht haben, für sich selbst zu nutzen, um nicht die gleichen Fehler zu machen.

Aufwachen bedeutet für mich, eine Einsicht oder Erkenntnis zu erlangen. Das geschieht selten durch große Prozesse wie tagelanges Fasten oder Meditieren, vielmehr durch kurzes Innehalten, Beobachten, Fühlen, Verstehen, Sein.

SIEBEN STADIEN ZUR MEISTERSCHAFT

„Die ganze Welt ist eine Bühne / Und alle Frauen und Männer bloße Spieler / Sie treten auf und gehen wieder ab / Sein Leben lang spielt einer manche Rollen / Durch sieben Akte hin."

William Shakespeare, „Wie es euch gefällt", 11/7

Ich werde oft gefragt: „Kerstin, wie komme ich zu einem erfüllten Leben?" Tatsächlich durchlaufen wir verschiedene Stadien. Sie zu kennen – wann in meinem Leben findet was statt – ist eine wesentliche Voraussetzung, um sich jederzeit glücklich und ausgeglichen zu fühlen.

1. Stadium der Geburt und Entwicklung – Ankommen auf dieser Welt

Mit der Entwicklung im Mutterbauch bekommen wir – neben einem geradezu explosionsartigem Wachstum eines Körpers – viele Informationen. Die ersten Jahre der Kindheit prägen unsere Persönlichkeit. Diese Phase endet mit dem 21. Lebensjahr und ist wohl die intensivste Zeit, in der wir sowohl inspirierende Erfahrungen machen, als auch erschütternde Erlebnisse haben. Sehnsüchte werden gebildet und Ideen für ein weiteres Leben reifen.

2. Stadium des Aufbruchs in die Umsetzung – die Macht des Lebens erkennen

Wir sind nun in der Lage, für unsere Interessen zu kämpfen und alte Ideologien, die von einem kraftvollen Leben abweichen, loszulassen. Beziehungen werden neu definiert und das Abenteuer Leben nimmt frische Formen an. Die ersten Wegweiser treten auf: Wer in der Lage ist, diese zu erkennen, bleibt auf der Hauptstraße des Lebens. Eine falsche Abfahrt wird schnell bemerkt durch Krankheit, Verluste und Sorgen. Erfolge stellen sich ein und weisen auf die natürliche innere Macht hin.

3. Stadium des linearen Lebens – das normale Leben

Es gibt nun längere Phasen der Ruhe oder man empfindet Stagnation. Das Leben befindet sich in der aktuell entwickelten Phase und ist lebbar mit einem routinierten Alltag. Aus tief erworbenen Mustern bildet sich ein gesamter Lebenskomplex. So werden manche zu Helfer*innen und Diener*innen, andere wiederum zu ausgeprägten Umsetzer*nnen. Von Aufopferung und selbstzerstörerischen Tendenzen bis hin zu Arbeitssucht und großen Erfolgen kann alles stattfinden. Am Ende dieser Phase steht der Wunsch nach Veränderung und einem schöneren Leben. Dieser Wunsch nach Mehr tritt hier prägnanter auf.

4. Stadium des Ankommens bei sich selbst – mit sich eine tiefe Beziehung leben

Wir wissen, wer wir sind und was wir uns wünschen. Wir haben einen eigenen Lebensstil gefunden. Wir sind mit uns selbst, unserem Leben, unserem Verhältnis zu anderen und dem beruflichen Erfolg im Reinen. Es ist eine Zeit der eigenen neuen Revolution. Wir haben das Gefühl, dass dies das Leben ist, das wir leben wollen. Kraft, Liebe und Erfüllung werden zum Quell des Lebens und wir sind in der Lage, das Leben zu genießen.

5. Stadium führender Persönlichkeit – Führung übernehmen

Wer an Kraft gewinnt, entdeckt noch mehr Potenzial und Talent. Ob im Angestelltenverhältnis oder in der Selbstständigkeit – auf vielen Beziehungsebenen können wir eine neue Rolle der Führung bekommen. Das entsteht durch eine natürliche Entwicklung und wird nicht erkämpft. Die Führungsrolle erfüllt sich automatisch und leicht. In dieser Phase ist der Mensch dazu da, anderen etwas zu geben und eine Vorbildfunktion einzunehmen.

> Wer führt, ohne dass jemand folgt, befindet sich fern des wahren Erfolges.

Wer führt, ohne dass jemand folgt, befindet sich nicht in dieser Phase. Er oder sie hat die natürliche Macht eines Daseins noch nicht erkannt und kämpft zu sehr. Nimmt dieser Mensch sich an in dem, wofür er gemacht ist, kommt er leichter voran.

6. Stadium der Weisheit – Kraft der Erkenntnis

Hier ist ein Mensch in der Lage, positive Erkenntnisse aus allen Erfahrungen des Lebens zu ziehen. Opferhaltungen und Schuldgefühle gehören zum Prozess des Erkennens und des Wandels. Aus jeder Lebensperspektive entwickeln sich Visionen zur neuen Ebene der Transformation zum eigenen Sein. Das Leben wird sinnvoll.

7. Stadium der Meisterschaft – das Leben der Meisterschaft

Der Himmel und die Erde werden eins. Trennung und Schmerz werden durch Kommunikation ersetzt und erkannt. Wunder werden nicht in der Zukunft erwartet, sondern im Lebensimpuls erkannt. Ab hier gibt es Liebe im Sein, wahre Hoffnung und Erfüllung, damit Freude und Glück im Leben Wirklichkeit werden.

Wir durchlaufen alle sieben Stadien des Lebens nacheinander, können aber je nach Lebenserfahrung und Schicksal immer wieder in das normale oder stagnierende Leben zurückgeworfen werden. Immer wenn wir den Eindruck gewinnen, das Leben sei langweilig oder nicht gut zu uns, stehen wir kurz vor dem nächsten Schritt in Richtung Erkenntnis und Meisterschaft. Diese Entwicklung wird lediglich durch unser Bewusstsein aufgehalten.

Unser Leben ist kein Job, kein Spiel. Es ist ein Ruf!

Somit entwickeln wir mehr und mehr den Wunsch, die eigene Melodie des Lebens zu spielen, die wir zeit unseres Daseins schon hören. Unser Leben ist kein Job, kein Spiel. Es ist ein Ruf! Folgen wir ihm!

EPILOG: IHR WEG IN EIN ERFOLGREICHES LEBEN

In den vergangenen zehn Jahren habe ich viel Negatives über mich gelesen, gehört und gesehen. Das fing an bei der Kritik, dass unsere Kinder sicher auf einem Internat seien oder von Supernannys betreut werden, bis hin zu Äußerungen wie: „Wer so einen reichen Mann hat, muss sich um nichts mehr Gedanken machen." Diese Aussagen haben mich nie verletzt, aber sie haben mir sehr deutlich gemacht, welche Bilder noch immer entstehen, wenn eine Frau selbstbestimmt ihren ganz eigenen Weg geht und dennoch auch die Wege der Familie und des Partners begleitet.

Unser Junge war noch klein, als ich nachts aus einem Traum aufschreckte. Mein Mann hatte eine Beinoperation hinter sich, und im Traum sah ich ihn ersticken. Ich kenne meine Träume gut und ließ mich in dieser Nacht nicht davon abbringen, ihn zu wecken. Ich wickelte das Bein ab und hatte genug Erfahrung, um zu wissen, dass wir ein handfestes Problem haben. Mehrere harte, heiße Stellen deuteten auf Thrombosen hin.

Mein Mann ist – genau wie ich – als Patient nicht gerade ein leichter Fall, und ich wusste, er würde nicht wollen, dass ich die Rettungssanitäter rief. Vielmehr hielt er meine Reaktion für übertrieben und schlief schnell wieder ein.

Ich tat kein Auge mehr zu und rief einen guten Freund an, einen hervorragenden Chirurgen, der sich sofort zu uns auf den Weg machte. Was ein Segen! Mein Mann wurde noch rechtzeitig in die Klinik gebracht.

Wir leben auf Messers Schneide: Wie oft habe ich es erfahren, dass sich das Leben innerhalb eines Moments für Menschen komplett verändern kann. In dieser Nacht habe ich keineswegs über meinen beruflichen Lebensweg nachgedacht. Aber es kam der bekannte Aktionismus in mir auf, der während der Mutterschaft, beim Stillen und bei Organisation unseres Haushalts immer in mir war.

An jenem Abend ist er endgültig erwacht, und ich kümmerte mich zu Beginn um die Buchhaltung und das Steuer- und Rechnungswesen, später um die Personalführung. Von Woche zu Woche baute ich mein Engagement im Unternehmen weiter aus. Ich kümmerte mich schließlich um die Digitalisierung und unsere Strategie. Dabei werde ich die herablassenden Blicke der Anwälte nie vergessen, als ich mich dazu rechtlich beraten ließ. Einer dieser Anwälte schämte sich nicht, mich darauf hinzuweisen, dass es wohl völlig naiv sei, falls ich glaubte, je zum CEO des Unternehmens ernannt zu werden.

Zu diesem Zeitpunkt befand ich mich im Übergang von der Lebensphase 5 – dem Stadium des Ankommens bei mir selbst – in die Phase 6, dem Stadium führender Persönlichkeit. Die Wenigsten nahmen mich damals wirklich ernst. Denn sie kreierten ihr Bild über mich anhand von diesen Faktoren: Frau und Mutter, eine, die spirituell ist, und eine, die mit einem erfolgreichen Mann verheiratet ist.

Immer dann, wenn diese Außenwirkung auftrat, fragte ich mich, welcher Teil in mir selbst nicht an mich glaubt und wo ich noch nicht befreit bin von alten Glaubenssätzen. Es wird immer negative Menschen im Umfeld geben, doch es war an der Zeit, auf mich selbst zu sehen.

Damals erkannte ich an, dass ich Geld sehr gerne habe. Denn wir leben in einer Welt, in der Geld und materielle Werte auch Freiheit für den Körper, den Geist und das Leben bedeuten. Bis dahin hatte ich stark daran festgehalten, dass alle nicht sichtbaren Dinge, wie Liebe, wahrhafte Beziehung, Empathie, Verständnis und tiefes spirituelles

Bewusstsein, alleine zum Glück führen. Genau genommen hatte ich Angst davor, zu viel Geld zu nehmen und teure Kleidung zu tragen, auch wenn mir das Freude machte.

Es musste für mich also einen Weg geben, ein intensives erfolgreiches Business zu betreiben, dabei aber nie das spirituelle Bewusstsein zu verlieren. Auf diesem Weg erfuhr ich, dass Geld und Erfolg nicht wehtun. Es war allerdings ein steiniger Weg: Denn auf der einen Seite wollte ich genauso erfolgreich werden wie viele Kolleg*innen, auf der anderen Seite zierte ich mich noch immer. Das fühlte sich an, wie wenn Sie einen Porsche auf der Autobahn ausfahren wollen, aber dabei die Handbremse angezogen haben.

So war es kein Wunder, dass es immer wieder zu peinlichen Situationen kam. Diese passieren, wenn man mit sich noch nicht im Reinen ist. Eine der peinlichsten war mein erster Auftritt mit meinem Mann in Frankfurt. Wir hatten die Idee, zusammen auf die Bühne zu gehen und uns im Stundentakt abzuwechseln. Wir hielten es für spannend, wenn er seinen Erfolgsteil abdeckt und ich den spirituellen Part. Zu diesem Zeitpunkt war ich noch unbekannt, während mein Mann unzählige Fans hatte und bereits 53 Bücher geschrieben hatte, die meisten davon Bestseller.

Ich überlegte lange, was ich auf der Bühne zeigen wollte, und entschied mich dafür, weder meine Hellsichtigkeit noch die Aufstellungsarbeit offen zu präsentieren.

Und so stand ich vor etwa 1000 Menschen, von denen mich 900 nicht sehen wollten. Sie waren nur wegen Hermann gekommen. Dementsprechend war die Stimmung recht kühl, außer bei meiner eigenen kleinen Fangemeinde, auf die ich mich zu konzentrieren versuchte. Doch je frustrierter die Gesichter der Besucher*innen wurden, desto mehr redete ich mich um Kopf und Kragen – und wer das tut, redet eine Menge Unsinn.

Ich schaffte es, dass innerhalb einer Stunde etwa ein Drittel der Besucher*innen den Saal verlassen hatte. Ich bekam einen Reizhusten und konnte nicht mehr weitersprechen. Und genau da erhielt ich eine Einsicht, die mein Leben von nun an auf ein ganz neues Niveau erhob:

GIB DICH GANZ.

Denn die Menschen spüren, ob wir etwas zurückhalten oder ob wir uns frei und ganz zeigen, so wie wir sind.

Erst als ich alle Ängste hinter mir gelassen hatte und mit den Aufstellungen und der Seelensprache auftrat, war der Bann gelöst. Und das ist nur ein Beispiel von vielen, bei denen ich mir die Knie blutig geschlagen habe. Doch Aufgeben war nie eine Option. Ob auf der klassischen Bühne oder der Bühne des Lebens: Es ist alles Energie. So wie Sie sind und wie Sie den Mut haben, sich zu zeigen, holen Sie sich Ihren Lohn.

Etwas zurückzuhalten, ist für die Seele wie eine Lüge.

Ich habe mir in den vergangenen Jahren bei der Betreuung bekannter Firmen und Konzerne oft die Frage gestellt, was das Geheimnis wahren Erfolges ist. Neben Fleiß und „Gib dich ganz" gehören für mich diese Ebenen dazu, um wahrhaft und stets erfolgreich zu sein:

1. Unternehmerische Fähigkeit

Eine Persönlichkeit mit unternehmerischen Fähigkeiten folgt stets der tiefen Sehnsucht nach Verbesserung. Dazu gehören eine gesunde Resilienz sowie kompetente Marktkenntnisse.

2. Wissensfähigkeit

Erfolg wird dann sichtbar, wenn das Business auf einer Basis großen Wissens, bestenfalls neuen Erkenntnissen, mit guten Erfahrungswerten, gesunder Markttauglichkeit und in einem zeitgemäßen Gewand präsentiert wird.

3. Einbeziehen des Körpers

Unser Körper ist mehr als reine biologische Masse. Die Erhaltung der Gesundheit und Beweglichkeit sind immens wichtig.

4. Erfolgsfähigkeit

Wirklich erfolgreiche Menschen stehen früh auf. Sie sind sich bewusst, dass die stärkste geistige Zeit zwischen fünf und sechs Uhr am Morgen liegt. Disziplin bedeutet, auch dann weiterzumachen, wenn andere aufgeben. Diese Einstellung wird zum Ausdruck Ihrer Identität und natürlichen Führung.

5. Charakterfähigkeit

Die Charakterfähigkeit steht über Narzissmus, Ellbogenmentalität und Ich-Universen. Je erfolgreicher Sie werden, desto stabiler dürfen die eigenen Werte und Umgangsformen sein. In der neuen Zeit sorgt das für inneren Frieden, gesunde Ordnung und Vertrauen.

Spielregeln des eigenen Erfolges

Erfolg ist, sich vom Misserfolg zu trennen.

Das Gegenteil von Reichtum ist Armut, und diese ist auf allen Ebenen zu vermeiden. Arm im Geiste, arm im Herzen oder arm auf dem Bankkonto – das führt auf keinen Fall zum Erfolg.

Vielmehr sind spirituelle Gesetzmäßigkeiten sinnvoll, um sich voll und ganz dem Reichtum des Lebens zu widmen.

Eine der größten Hürden in unserem Leben sind unsere eigenen Gefühle, vor allem das Basisgefühl Angst. Die Hauptängste im menschlichen Dasein sind:

Die Angst vor Armut

Die Angst vor Kritik

Die Angst vor Krankheit

Die Angst, die Liebe eines anderen Menschen zu verlieren

Die Angst vor dem Alter

Die Angst vor dem Tod

Wir erleben diese Angst auch zyklisch im Kollektiv, wie etwa während der Pandemie, als sich die Menschen vor allem vor Krankheit und Armut ängstigten. Umso wichtiger ist es, sich bewusst zu machen, dass diese Ängste nur im Kopf stattfinden.

Diese Angst vor dem drohenden Unheil ist stärker als die Angst während des aktiven Erlebens einer Krise. Umso wichtiger ist es, aktiv zu werden. Denn jede Seele tritt angstlos in das Leben ein und ist ausgestattet mit all ihren Fähigkeiten, Talenten und Potenzialen, die ausgelebt werden möchten. Legen Sie daher fest, welche Talente Sie gerne ausleben möchten. Legen Sie fest, wo, wie und womit Sie gerne arbeiten. Gibt es für diese Talentpalette noch keine passende Arbeitsstelle, dann stellen Sie sich die Frage, ob Sie sich damit selbstständig machen wollen. Jeder Mensch ist entweder für die Selbstständigkeit oder das Angestelltenverhältnis geboren und beides ist ebenbürtig zu sehen. Sind Sie bereit, für die Selbstständigkeit genügend Disziplin aufzubringen? Stehen Ihnen nur noch alte Muster im Weg? Haben Sie genügend Mut, Ihren Weg selbstbestimmt zu gehen? Der Erfolg beginnt immer mit dem ersten Schritt. Denken Sie daran: Sie können jeden Tag einen neuen Weg einschlagen.

Wenn in Ihnen im Laufe dieses Buches die Frage aufgekommen ist, warum Sie selbst noch nicht den eigenen Weg eingeschlagen haben, und wenn Sie aber das Gefühl haben, dass da noch etwas mehr in Ihrem Leben zum Positiven verändert werden kann, ist eine Selbstanalyse zum eigenen Wandel im Leben sicher sinnvoll. Wer sein eigenes Glück unbedingt erreichen möchte, hat jederzeit die Möglichkeit dazu. Es gibt Menschen, die halten ihr Leben für wenig wichtig, vor allem in Bezug auf ihre eigene Leistung. Zum Beispiel hat in einem großen Seminar eine Frau einmal in etwa Folgendes zu mir gesagt: „Ich bin Mutter von fünf Kindern und habe bis heute noch keine Idee, welche Fähigkeiten und Potenziale ich habe. Irgendwann muss ich doch auch mal etwas richtig Wichtiges machen, damit sich mein Leben lohnt."

Natürlich ist jeder Mensch für andere Menschen wichtig, aber eine Frau, die fünf Kindern das Leben geschenkt und diese durch das Leben begleitet hat, lebt große Fähigkeiten und Potenziale, bestenfalls Liebes- und Organisationsfähigkeit und sicher noch vieles mehr. Dennoch hat diese Frau natürlich ein Recht darauf, sich auch als Frau neu zu finden oder eigene neue berufliche Wege einzuschlagen.

Bestenfalls bemerken Sie, welche Fähigkeiten und Talente wirklich in Ihnen sind, und achten jede noch so kleine Möglichkeit Ihres einzigartigen Facettenreichtums. Sonst entgeht Ihnen womöglich, dass gerade Sie für manche Menschen unglaublich wichtig im Leben sind.

Sollten Sie also etwas zu Ihrem unbedingten Glück verändern oder immer wiederkehrende Muster im eigenen Leben unterbrechen wollen, dann finden Sie hier nun noch eine Anleitung zur Selbstanalyse. Antworten Sie sich selbst darauf stets ehrlich und intuitiv. Sie werden über Ihre Erkenntnisse staunen!

Zur Anwendung

Beantworten Sie die unten stehenden Fragen handschriftlich auf einem separaten Block und nehmen Sie für jede Frage eine neue Seite. Schreiben Sie dafür die Frage als Überschrift ab und beantworten Sie diese schnell und intuitiv.

Fügen Sie dann darunter bitte drei Beispiele aus Ihrem Leben an, woran Sie diese Frage im Leben erinnert oder welche drei Bilder, Farben oder Ideen dabei entstehen.

Beantworten Sie diese Fragen innerhalb von vier Tagen und beschäftigen Sie sich täglich mindestens eine Stunde damit. Sie können auch gerne wesentlich mehr Zeit dafür verwenden.

Wenn Sie mit dieser intensiven Testbatterie fertig sind, empfehle ich Ihnen im Anschluss dieses Fragenkatalogs noch eine wichtige Übung zur Manifestation Ihrer Wünsche.

Den Fragebogen können Sie unter folgendem Link herunterladen:

www.kerstinscherer.com/analyse

Wie häufig fühlen Sie sich unwohl in einer Woche?

Was möchten Sie sich gerne geben, um sich besser zu fühlen?

Was ist die häufigste Kritik, die Sie anderen entgegenbringen?

Welcher Elternteil hat Sie ähnlich kritisiert?

Sind Sie im Gespräch sarkastisch und aggressiv?

Welche heimlichen Freuden wurden Ihnen verwehrt?

Welchen Sinn ergibt Ihr Leben?

Fehlt Ihnen dieser Sinn, und wenn ja, weshalb?

Denken Sie häufiger an das Scheitern oder an den Erfolg?

Sind Sie häufig glücklich oder ist es schon lange her, dass Sie glücklich waren?

Haben Sie das Gefühl, aus Fehlern zu lernen?

Wenn nein, aus welchen Fehlern lernen Sie nicht?

Bemitleiden Sie sich?

Haben Sie große Stimmungsschwankungen?

Haben Sie Selbstvertrauen?

Haben Sie Gottvertrauen?

Fühlen Sie tiefe Selbstliebe?

Stehen Sie in der Kritik einer anderen Person?

Was an Ihnen wird kritisiert?

Leiden Sie an den oben genannten Ängsten?

Schaffen Sie es, aus dem Kreislauf negativer Gedanken auszubrechen?

Greifen Sie zu bewusstseinsverändernden Substanzen wie Alkohol, Drogen oder Zigaretten?

Kennen Sie mindestens eine Methode, um sich vor äußeren negativen Einflüssen zu schützen?

Setzen Sie mentales Training ein, um sich und Ihr Feld zu stärken und positiv zu verändern?

Sind Sie sich Ihrer Gedanken bewusst?

Nimmt Ihre Seele helle oder dunkle Farben durch Ihre Gedanken an?

Wer sind die fünf Personen in Ihrem Umfeld, mit denen Sie am meisten Zeit verbringen?

Sind diese fünf Personen positiv ausgerichtet?

Hat Ihre Anwesenheit in der Regel eine positive Auswirkung auf andere Menschen?

Haben Sie die Fähigkeit, sich auch in stressigen Situationen in eine positive Geisteskraft zu versetzen?

Sind Sie sich darüber bewusst, das sich alles,
was Sie denken, in Ihrem Leben widerspiegelt?

Wie viel Zeit investieren Sie pro Tag in:

Beruf,
das Erfüllen täglicher Aufgaben,
Hobbys,
Schlaf,
Sport und Bewegung,
Zeit in der Natur,
Wissensaufnahme,
gesunde Ernährung,
Meditation/Entspannung,
Freunde und Familie,
Zeit mit Tieren,
Zeit mit Pflanzen,
Zeitverschwendung?

Stellen Sie sich vor, Sie seien nicht geboren.
Was hätte dadurch weniger oder nicht auf dieser Erde stattgefunden?

Für wen ist die Tatsache, dass Sie auf dieser Welt sind, wichtig?

Bringen Sie immer zu Ende, was Sie anfangen?

Wer ist für Sie die derzeit vorbildlichste lebende Persönlichkeit?

Wer wollen Sie in zehn Jahren sein?

Übung zur Manifestation von Wünschen:

Sie nehmen sich für diese Übung einen neuen Block und beginnen nun, über vierzig Tage hinweg täglich ganze fünf Minuten lang Ihre Wünsche zu formulieren – klar mit den Anfangsworten:

Ich will … Ich möchte … Ich hätte gerne …
Ich wünsche mir … Ich bitte um …

Sie schreiben, ohne in diesen fünf Minuten auch nur einmal den Stift abzusetzen und darüber nachzudenken. Falls Ihnen nichts mehr einfällt, schreiben sie bis zum Ende der fünf Minuten immer das Gleiche weiter.

Sie werden überrascht sein, wie Wünsche in Erfüllung gehen!

Ich persönlich wünsche Ihnen, dass nun die unbedingte Erreichbarkeit des Glücks in der Geschwindigkeit eines Flügelschlages mit Licht, Liebe, Freiheit, Gnade, Erfüllung, Demut, Tiefgang, Verbundenheit und echtem Schutz ganz leicht gegeben ist. Und bitte lassen Sie uns nie vergessen: Was wir selbst empfangen, sind wir auch zu geben in der Lage. Laden wir den Himmel auf diese Erde ein und gestalten eine gesunde, friedliche, kraftvolle Welt.

KERSTIN SCHERER
THEAWAKENING